广东改革开放40年研究丛书

广东区域协调发展40年
Guangdong Quyu Xietiao Fazhan 40 Nian

彭璧玉　主编　徐向龙　副主编

·广州·

版权所有　翻印必究

图书在版编目（CIP）数据

广东区域协调发展40年/彭壁玉主编；徐向龙副主编. —广州：中山大学出版社，2018.12

（广东改革开放40年研究丛书）

ISBN 978-7-306-06508-7

Ⅰ. ①广… Ⅱ. ①彭… ②徐… Ⅲ. ①区域经济发展—研究—广东 Ⅳ. ①F127.65

中国版本图书馆 CIP 数据核字（2018）第 278020 号

出版人：	王天琪
责任编辑：	王　睿
封面设计：	林绵华
版式设计：	林绵华
责任校对：	陈　霞
责任技编：	何雅涛
出版发行：	中山大学出版社
电　　话：	编辑部 020-84110283，84111997，84110779，84113349
	发行部 020-84111998，84111981，84111160
地　　址：	广州市新港西路135号
邮　　编：	510275　　传　真：020-84036565
网　　址：	http://www.zsup.com.cn　　E-mail：zdcbs@mail.sysu.edu.cn
印刷者：	广州家联印刷有限公司
规　　格：	787mm×1092mm　1/16　16 印张　250 千字
版次印次：	2018 年 12 月第 1 版　　2018 年 12 月第 1 次印刷
定　　价：	88.00 元

如发现本书因印装质量影响阅读，请与出版社发行部联系调换

广东改革开放 40 年研究丛书

主　任　傅　华

副主任　蒋　斌　宋珊萍

委　员　(按姓氏笔画排序)

丁晋清　王天琪　王　珺　石佑启

卢晓中　刘小敏　李宗桂　张小欣

陈天祥　陈金龙　周林生　陶一桃

隋广军　彭壁玉　曾云敏　曾祥效

创造让世界刮目相看的新的更大奇迹

——"广东改革开放40年研究丛书"总序

中国的改革开放走过了40年的伟大历程。在改革开放40周年的关键时刻，习近平总书记亲临广东视察并发表重要讲话，这是广东改革发展史上具有里程碑意义的大事、喜事。总书记充分肯定广东改革开放40年来所取得的巨大成就，并提出了深化改革开放、推动高质量发展、提高发展平衡性和协调性、加强党的领导和党的建设等方面的工作要求，为广东新时代改革开放再出发进一步指明了前进方向，提供了根本遵循。深入学习宣传贯彻习近平总书记视察广东重要讲话精神，系统总结、科学概括广东改革开放40年的成就、经验和启示，对于激励全省人民高举新时代改革开放旗帜，弘扬敢闯敢试、敢为人先的改革精神，以更坚定的信心、更有力的举措把改革开放不断推向深入，创造让世界刮目相看的新的更大奇迹，具有重要意义。

第一，研究广东改革开放，要系统总结广东改革开放40年的伟大成就，增强改革不停顿、开放不止步的信心和决心。

广东是中国改革开放的排头兵、先行地、实验区，在改革开放和现代化建设中始终走在全国前列，取得了举世瞩目的辉煌成就，展现了改革开放的磅礴伟力。

实现了从一个经济比较落后的农业省份向全国第一经济大省的历史性跨越。改革开放40年，是广东经济发展最具活力的40年，是广东经济总量连上新台阶、实现历史性跨越的40年。40年来，广东坚持以经济建设为中心，锐意推进改革，全力扩大开放，适应、把握、引领经济发展新常态，坚定不移地推进经济结构战略性调整、经济持续快速健康发展。1978—2017年，广东GDP从185.85亿元增加到89879.23亿元，增长约482.6倍，占全国的10.9%。1989年以来，广东GDP总量连续29年稳居全国首位，成为中国第一经济大省。经济总量先后超越新加坡、中国香港和台湾地区，

2017年超过全球第13大经济体澳大利亚,进一步逼近"亚洲四小龙"中经济总量最大的韩国,处于世界中上等收入国家水平。

实现了从计划经济体制向社会主义市场经济体制的历史性变革。改革开放40年,是广东始终坚持社会主义市场经济改革方向、深入推进经济体制改革的40年,是广东社会主义市场经济体制逐步建立和完善的40年。40年来,广东从率先创办经济特区,率先引进"三来一补"、创办"三资"企业,率先进行价格改革,率先进行金融体制改革,率先实行产权制度改革,到率先探索行政审批制度改革,率先实施政府部门权责清单、市场准入负面清单和企业投资项目清单管理,率先推进供给侧结构性改革,等等,在建立和完善社会主义市场经济体制方面走在全国前列,极大地解放和发展了社会生产力,同时在经济、政治、文化、社会和生态文明建设领域的改革也取得了重大进展。

实现了从封闭半封闭到全方位开放的历史性转折。改革开放40年,是广东积极把握全球化机遇、纵深推进对外开放的40年,是广东充分利用国际国内两个市场、两种资源加快发展的40年。开放已经成为广东的鲜明标识。40年来,广东始终坚持对内、对外开放,以开放促改革、促发展。从创办经济特区、开放沿海港口城市、实施外引内联策略、推进与港澳地区和内地省市区的区域经济合作,到大力实施"走出去"战略、深度参与"一带一路"建设、以欧美发达国家为重点提升利用外资水平、举全省之力建设粤港澳大湾区,广东开放的大门越开越大,逐步形成了全方位、多层次、宽领域、高水平的对外开放新格局。

实现了由要素驱动向创新驱动的历史性变化。改革开放40年,是广东发展动力由依靠资源和低成本劳动力等要素投入转向创新驱动的40年,是广东经济发展向更高级阶段迈进的40年。改革开放以来,广东人民以坚强的志气与骨气不断增强自主创新能力和实力,把创新发展主动权牢牢掌握在自己手中。从改革开放初期,广东以科技成果交流会、技术交易会等方式培育技术市场,成立中国第一个国家级高科技产业集聚的工业园区——深圳科技工业园,到实施科教兴粤战略、建设科技强省、构建创新型广东和珠江三角洲国家自主创新示范区,广东不断聚集创新驱动"软实力",区域创新综合能力排名跃居全国第一。2017年,全省研发经费支出超过2 300亿元,居全国第一,占地区生产总值比重达2.65%;国家级高新技术企业3万家,跃居全国第一;高新技术产品产值达6.7万亿元。有效发明专利量及专利综合实力连续多年居全国首位。

创造让世界刮目相看的新的更大奇迹

实现了从温饱向全面小康迈进的历史性飞跃。改革开放40年,是全省居民共享改革发展成果、生活水平显著提高的40年,是全省人民生活从温饱不足向全面小康迈进的40年。1978—2017年,全省城镇居民、农村居民人均可支配收入分别增长了98倍和81倍,从根本上改变了改革开放前物资短缺的经济状况,民众的衣食住行得到极大改善,居民收入水平和消费能力快速提升。此外,推进基本公共服务均等化,惠及全民的公共服务体系进一步建立;加大底线民生保障资金投入力度,社会保障事业持续推进;加快脱贫攻坚步伐,努力把贫困地区短板变成"潜力板",不断提高人民生活水平,满足人民对美好生活的新期盼。

实现了生态环境由问题不少向逐步改善的历史性转变。改革开放40年,是广东对生态环境认识发生深刻变化的40年,是广东生态环境治理力度不断加大的40年,是广东环境质量由问题不少转向逐步改善的40年。广东牢固树立"绿水青山就是金山银山"的理念,坚决守住生态环境保护底线,全力打好污染防治攻坚战,生态环境持续改善。全省空气质量近3年连续稳定达标,大江大河水质明显改善,土壤污染防治扎实推进。新一轮绿化广东大行动不断深入,绿道、古驿道、美丽海湾建设等重点生态工程顺利推进,森林公园达1373个、湿地公园达203个、国家森林城市达7个,全省森林覆盖率提高到59.08%。

40年来,广东充分利用毗邻港澳的地理优势,大力推进粤港澳合作,率先基本实现粤港澳服务贸易自由化,全面启动粤港澳大湾区建设,对香港、澳门顺利回归祖国并保持长期繁荣稳定、更好地融入国家发展大局发挥了重要作用,为彰显"一国两制"伟大构想的成功实践做出了积极贡献。作为中国先发展起来的区域之一,广东十分注重推动国家区域协调发展战略的实施,加大力度支持革命老区、民族地区、边疆地区、贫困地区加快发展,对口支援新疆、西藏、四川等地取得显著成效,为促进全国各地区共同发展、共享改革成果做出了积极贡献。

第二,研究广东改革开放,要深入总结广东改革开放40年的经验和启示,厚植改革再出发的底气和锐气。

改革开放40年来,广东在坚持和发展中国特色社会主义事业中积极探索、大胆实践,不仅取得了辉煌成就,而且积累了宝贵经验。总结好改革开放的经验和启示,不仅是对40年艰辛探索和实践的最好庆祝,而且能为新时代推进中国特色社会主义伟大事业提供强大动力。40年来,广东经济社会发展之所以能取得历史性成就、发生历史性变革,最根本的原因就在于党中央的正确领导和对广东工作的高度重视、亲切关怀。改革开放以来，党中央始终鼓励广东大胆探索、大胆实践。特别是进入新时代以来，每到重要节点和关键时期，习近平总书记都及时为广东把舵定向，为广东发展注入强大动力。2012年12月，总书记在党的十八大后首次离京视察就到了广东，做出"三个定位、两个率先"的重要指示。2014年3月，总书记参加第十二届全国人大第二次会议广东代表团审议，要求广东在全面深化改革中走在前列，努力交出物质文明和精神文明两份好答卷。2017年4月，总书记对广东工作做出重要批示，对广东提出了"四个坚持、三个支撑、两个走在前列"要求。2018年3月7日，总书记参加第十三届全国人大第一次会议广东代表团审议并发表重要讲话，嘱咐广东要做到"四个走在全国前列"、当好"两个重要窗口"。2018年10月，在改革开放40周年之际，习近平总书记再次亲临广东视察指导并发表重要讲话，要求广东高举新时代改革开放旗帜，以更坚定的信心、更有力的措施把改革开放不断推向深入，提出了深化改革开放、推动高质量发展、提高发展平衡性和协调性、加强党的领导和党的建设四项重要要求，为新时代广东改革发展指明了前进方向，提供了根本遵循。广东时刻牢记习近平总书记和党中央的嘱托，结合广东实际创造性地贯彻落实党的路线、方针、政策，自觉做习近平新时代中国特色社会主义思想的坚定信仰者、忠实践行者，努力为全国的改革开放探索道路、积累经验、做出贡献。

坚持中国特色社会主义方向，使改革开放始终沿着正确方向前进。我们的改革开放是有方向、有立场、有原则的，不论怎么改革、怎么开放，都始终要坚持中国特色社会主义方向不动摇。在改革开放实践中，广东始终保持"不畏浮云遮望眼"的清醒和"任凭风浪起，稳坐钓鱼船"的定力，牢牢把握改革正确方向，在涉及道路、理论、制度等根本性问题上，在大是大非面前，立场坚定、旗帜鲜明，确保广东改革开放既不走封闭僵化的老路，也不走改旗易帜的邪路，在根本性问题上不犯颠覆性错误，使改革开放始终沿着正确方向前进。

坚持解放思想、实事求是，以思想大解放引领改革大突破。解放思想是正确行动的先导。改革开放的过程就是思想解放的过程，没有思想大解放，就不会有改革大突破。广东坚持一切从实际出发，求真务实，求新思变，不断破除思想观念上的障碍，积极将解放思想形成的共识转化为政策、措施、制度和法规。坚持解放思想和实事求是的有机统一，一切从国情省情出发、从实际出发，既总结国内成功做法又借鉴国外有益经验，既大胆探索又脚踏实地,敢闯敢干,大胆实践,多出可复制、可推广的新鲜经验,为全国改革提供有益借鉴。

坚持聚焦以推动高质量发展为重点的体制机制创新,不断解放和发展社会生产力。改革开放就是要破除制约生产力发展的制度藩篱,建立充满生机和活力的体制机制。改革每到一个新的历史关头,必须在破除体制机制弊端、调整深层次利益格局上不断啃下"硬骨头"。近年来,广东坚决贯彻新发展理念,着眼于推动经济高质量发展,不断推进体制机制创新。例如,坚持以深化科技创新改革为重点,加快构建推动经济高质量发展的体制机制;坚持以深化营商环境综合改革为重点,加快转变政府职能;坚持以粤港澳大湾区建设合作体制机制创新为重点,加快形成全面开放新格局;坚持以构建"一核一带一区"区域发展格局为重点,完善城乡区域协调发展体制机制;坚持以城乡社区治理体系为重点,加快营造共建共治共享社会治理格局,奋力开创广东深化改革发展新局面。

坚持"两手抓、两手都要硬",更好地满足人民精神文化生活新期待。只有物质文明建设和精神文明建设都搞好、国家物质力量和精神力量都增强、人民物质生活和精神生活都改善、综合国力和国民素质都提高,中国特色社会主义事业才能顺利推向前进。广东高度重视精神文明建设,坚持"两手抓、两手都要硬",坚定文化自信、增强文化自觉,守护好精神家园、丰富人民精神生活;深入宣传贯彻习近平新时代中国特色社会主义思想,大力培育和践行社会主义核心价值观,深化中国特色社会主义和中国梦宣传教育,教育引导广大干部群众特别是青少年坚定理想信念,培养担当民族复兴大任的时代新人;积极选树模范典型,大力弘扬以爱国主义为核心的民族精神和以改革创新为核心的时代精神;深入开展全域精神文明创建活动,不断提升人民文明素养和社会文明程度;大力补齐文化事业短板,高质量发展文化产业,不断增强文化软实力,更好地满足人民精神文化生活新期待。

坚持以人民为中心的根本立场,把为人民谋幸福作为检验改革成效的根本标准。改革开放是亿万人民自己的事业,人民是推动改革开放的主体力量。没有人民的支持和参与,任何改革都不可能取得成功。广东始终坚持以人民为中心的发展思想,坚持把人民对美好生活的向往作为奋斗目标,坚持人民主体地位,发挥群众首创精神,紧紧依靠人民推动改革开放,依靠人民创造历史伟业;始终坚持发展为了人民、发展依靠人民、发展成果由人民共享,让改革发展成果更好地惠及广大人民群众,让群众切身感受到改革开放的红利;始终坚持从人民群众普遍关注、反映强烈、反复出现的民生问题入手,紧紧盯住群众反映的难点、痛点、堵点,集中发力,着力解决人民群众关心的现实利益问题,不断增强人民群众获得感、幸福感、安全感。

坚持科学的改革方法论,注重改革的系统性、整体性、协同性。只有坚持科学方法论,才能确保改革开放蹄疾步稳、平稳有序地推进。广东坚持以改革开放的眼光看待改革开放,充分认识改革开放的时代性、体系性、全局性问题,注重改革开放的系统性、整体性、协同性。注重整体推进和重点突破相促进相结合,既全面推进经济、政治、文化、社会、生态文明、党的建设等诸多领域改革,确保各项改革举措相互促进、良性互动、协同配合,又突出抓改革的重点领域和关键环节,发挥重点领域"牵一发而动全身"、关键环节"一子落而满盘活"的作用;注重加强顶层设计,和"摸着石头过河"的改革方法相结合,既发挥"摸着石头过河"的基础性和探索性作用,又发挥加强顶层设计的全面性和决定性作用;注重改革与开放的融合推进,使各项举措协同配套、同向前进,推动改革与开放相互融合、相互促进、相得益彰;注重处理好改革发展与稳定之间的关系,自觉把握好改革的力度、发展的速度和社会可承受的程度,把不断改善人民生活作为处理改革发展与稳定关系的重要结合点,在保持社会稳定中推进改革发展,在推进改革发展中促进社会稳定,进而实现推动经济社会持续健康发展。

坚持和加强党的领导,不断提高党把方向、谋大局、定政策、促改革的能力。中国特色社会主义最本质的特征是中国共产党的领导,中国特色社会主义制度的最大优势是中国共产党的领导。坚持党的领导,是改革开放的"定盘星"和"压舱石"。40年来,广东改革开放之所以能够战胜各种风险和挑战,取得举世瞩目的成就,最根本的原因就在于坚持党的领导。什么时候重视党的领导、加强党的建设,什么时候就能战胜困难、夺取胜利;什么时候轻视党的领导、漠视党的领导,什么时候就会经历曲折、遭受挫折。广东坚持用习近平新时代中国特色社会主义思想武装头脑,增强"四个意识",坚定"四个自信",做到"两个坚决维护",始终在思想上、政治上、行动上同以习近平同志为核心的党中央保持高度一致;注重加强党的政治建设,坚持党对一切工作的领导,不断增强党的政治领导力、思想引领力、群众组织力、社会号召力,提高党把方向、谋大局、定政策、促改革的能力和定力,确保党总揽全局、协调各方。

第三,研究广东改革开放,要积极开展战略性、前瞻性研究,为改革开放再出发提供理论支撑和学术支持。

改革开放是广东的根和魂。在改革开放40周年的重要历史节点,习近平总书记再次来到广东,向世界宣示中国改革不停顿、开放不止步的坚定决心。习近平总书记视察广东重要讲话,是习近平新时代中国特色社会主义思想的理论逻辑和实践逻辑在广东的展开和具体化,是我们高举新时代改革开放旗帜、以新担当新作为把广东改革开放不断推向深入的行动纲领,是我们走好新时代改革开放之路的强大思想武器。学习贯彻落实习近平总书记视察广东重要讲话精神,是当前和今后一个时期全省社会科学理论界的头等大事和首要政治任务。社会科学工作者应发挥优势,充分认识总书记重要讲话精神的重大政治意义、现实意义和深远历史意义,以高度的政治责任感和历史使命感,深入开展研究阐释,引领和推动全省学习宣传贯彻工作往深里走、往实里走、往心里走。

  加强对重大理论和现实问题的研究,为改革开放再出发提供理论支撑。要弘扬广东社会科学工作者"务实、前沿、创新"的优良传统,增强脚力、眼力、脑力、笔力,围绕如何坚决贯彻总书记关于深化改革开放的重要指示要求,坚定不移地用好改革开放"关键一招",书写好粤港澳大湾区建设这篇大文章,引领带动改革开放不断实现新突破;如何坚决贯彻总书记关于推动高质量发展的重要指示要求,坚定不移地推动经济发展质量变革、效率变革、动力变革;如何坚决贯彻总书记关于提高发展平衡性和协调性的重要指示要求,坚定不移地推进城乡、区域、物质文明和精神文明协调发展与法治建设;如何坚决贯彻总书记关于加强党的领导和党的建设的重要指示要求,坚定不移地把全省各级党组织锻造得更加坚强有力、推动各级党组织全面进步全面过硬;等等,开展前瞻性、战略性、储备性研究,推出一批高质量研究成果,为省委、省政府推进全面深化改革开放出谋划策,当好思想库、智囊团。

  加强改革精神研究,为改革开放再出发提供精神动力。广东改革开放40年波澜壮阔的伟大实践,不仅打下了坚实的物质基础,也留下了弥足珍贵的精神财富,这就是敢闯敢试、敢为人先的改革精神。这种精神是在广东改革开放创造性实践中激发出来的,它是一种解放思想、大胆探索、勇于创造的思想观念,是一种不甘落后、奋勇争先、追求进步的责任感和使命感,是一种坚韧不拔、自强不息、锐意进取的精神状态。当前,改革已经进入攻坚期和深水区,剩下的都是难啃的硬骨头,更需要弘扬改革精神才能攻坚克难,必须把这种精神发扬光大。社会科学工作者要继续研究、宣传、阐释好改革精神,激励全省广大党员干部把改革开放的旗帜举得更高更稳,续写广东改革开放再出发的新篇章。

加强对广东优秀传统文化和革命精神的研究,为改革开放再出发提振精气神。总书记在视察广东重要讲话中引用广东的历史典故激励我们担当作为,讲到虎门销烟等重大历史事件,讲到洪秀全、文天祥等历史名人,讲到广东的光荣革命传统,讲到毛泽东、周恩来等一大批曾在广东工作生活的我们党老一辈领导人,以此鞭策我们学习革命先辈、古圣先贤。广大社会科学工作者要加强对广东优秀传统文化和革命精神的研究,激励全省人民将其传承好弘扬好,并化作新时代敢于担当的勇气、奋发图强的志气、再创新局的锐气,创造无愧于时代、无愧于人民的新业绩。

广东有辉煌的过去、美好的现在,一定有灿烂的未来。这次出版的"广东改革开放40年研究丛书"(14本),对广东改革开放40年巨大成就、实践经验和未来前进方向等问题进行了系统总结和深入研究,内容涵盖总论、经济、政治、文化、社会、生态文明、教育、科技、依法治省、区域协调、对外开放、经济特区、海外华侨华人、从严治党14个方面,为全面深入研究广东改革开放做了大量有益工作,迈出了重要一步。在隆重庆祝改革开放40周年之际,希望全社会高度重视广东改革开放问题的研究,希望有更多的专家学者和实际工作者积极投身到广东改革开放问题的研究中去,自觉承担起"举旗帜、聚民心、育新人、兴文化、展形象"的使命任务,推出更多有思想见筋骨的精品力作,为推动广东实现"四个走在全国前列"、当好"两个重要窗口",推动习近平新时代中国特色社会主义思想在广东大地落地生根、结出丰硕成果提供理论支撑和学术支持。

"广东改革开放40年研究丛书"编委会
2018年11月22日

目录

第一章 区域协调发展与广东改革开放 /1
- 第一节 区域协调发展的理论阐释 /1
- 第二节 广东区域协调发展问题的由来 /9
- 第三节 广东区域协调发展的重要性 /14
- 第四节 改革开放促进广东区域协调发展 /17

第二章 广东区域协调发展的历史演进 /20
- 第一节 开发山区以推动广东区域协调发展 /20
- 第二节 "分类指导、梯度推进"以推动广东区域协调发展 /28
- 第三节 区域协调发展战略的确立和实施 /36
- 第四节 以"三大抓手"构建广东区域协调发展新格局 /43
- 第五节 新时代广东区域协调发展的新谋划 /49

第三章 产业转型升级与广东区域协调发展 /52
- 第一节 广东产业转型升级成就 /54
- 第二节 产业转型升级对广东区域协调发展的影响 /62
- 第三节 产业转型升级对区域经济社会协调发展的广东经验 /68

第四章 产业园区建设与广东区域协调发展 /74
- 第一节 产业园区建设对广东区域协调发展的作用 /75
- 第二节 产业园区建设作用于广东区域协调发展的主要成就 /78
- 第三节 产业园区建设对区域协调发展的广东经验 /88

第五章　新型城镇化与广东区域协调发展 /93
第一节　广东省新型城镇化的战略与政策 /93
第二节　新型城镇化对促进广东区域协调发展的重要作用 /118
第三节　新型城镇化对促进广东区域协调发展的主要经验 /124

第六章　基础设施建设与广东区域协调发展 /127
第一节　交通基础设施建设在广东区域协调发展中的作用 /128
第二节　广东省基础设施建设发展现状 /135
第三节　交通基础设施建设促进广东省区域协调发展的成就 /149
第四节　大交通战略促进广东区域协调发展的主要经验 /155

第七章　新农村建设与广东区域协调发展 /159
第一节　新农村建设与广东区域协调发展概述 /159
第二节　区域协调发展视阈下广东新农村建设取得的成就 /162
第三节　新农村建设促进广东区域协调发展的主要经验 /166

第八章　公共服务均等化与广东区域协调发展 /172
第一节　公共服务均等化对广东区域协调发展的作用 /172
第二节　公共服务均等化作用于广东区域协调发展的主要成就 /177
第三节　公共服务均等化促进广东区域协调发展的主要经验 /181

第九章　扶贫攻坚与广东区域协调发展 /186
第一节　扶贫攻坚对广东区域协调发展的作用 /186
第二节　扶贫攻坚作用于广东区域协调发展的主要成就 /191
第三节　扶贫攻坚促进广东区域协调发展的主要经验 /207

第十章　广东区域协调发展的成效、特点及经验 /211
第一节　广东区域协调发展的主要成效 /211

第二节　广东区域协调发展的主要特点 /220
第三节　广东区域协调发展的基本经验 /224

参考文献 /230

后　记 /237

第一章　区域协调发展与广东改革开放

广东是改革开放的前沿地带，改革开放 40 年经济总量居全国前列，为我国经济社会发展做出了重要贡献。然而，随着广东改革开放的推进，珠三角与粤东西北发展不平衡的矛盾凸显，繁荣的珠三角和发展滞后的粤东西北之间构成了极大的落差，区域发展不平衡的问题已引起了极大的重视。党的十九大报告指出："我国社会主要矛盾已经转化为人民日益增长的美好生活需要和不平衡不充分的发展之间的矛盾。"这里所说的不平衡，主要是指生产力、区域、城乡发展的不平衡；这里所说的不充分，主要是指发展质量、发展程度的不充分。为解决发展不平衡不充分的问题，党的十九大报告提出实施乡村振兴战略、区域协调发展战略。"不平衡不充分的发展"，在广东表现尤为突出。改革开放以来，广东省委、省政府高度重视区域发展不平衡问题，协调区域发展的理念与战略贯穿广东改革开放的始终，但问题并没有得到完全解决。推动区域协调发展，仍是广东经济社会发展面临的紧迫任务。

第一节　区域协调发展的理论阐释

一、区域协调发展的内涵

协调发展是系统或系统内各要素在和谐一致、配置得当、良性循环的基础上，实现由低级到高级、由简单到复杂、由无序到有序的总体演进过程。协调发展不是单个系统或要素的增长，而是多个系统或要素在"协调"的约束和规定下综合、全面的发展。协调发展主要包括区域、城乡、经济结构、供给消费、投入产出、收入分配、物质文明与精神文明、经济建设与国防建设等方面的协调，区域协调发展是其中的重要方面。

关于区域协调发展的内涵，有几种看法。第一种看法是，区域协调发展是不同区域基于自身要素禀赋的特点，确定不同要素约束条件下的开发模式，形成合理的分工；同时，在政府的调控下，使区域之间的发展条件、人民生活水平的差距保持在合理的范围内，人与自然之间保持和谐的发展状态。第二种看法认为，区域协调发展必须以区域利益协调为主线，实现经济发展和社会发展两大领域，四大板块、主体功能区、经济圈与经济带三个空间层次的协调，着力构建地区比较优势充分发挥、区域差距控制在合理范围、地区基本公共服务均等化、市场一体化加强、资源有效利用且生态环境得到保护和改善等五大目标的动态组合。第三种看法认为，区域协调发展不仅要考虑经济发展水平的差异（这可用人均地区生产总值、基尼系数等指标来表征），还要考虑享受公共服务方面的差异（这可用社会保障、住房、教育、医疗、生态环境等指标来表征）。范恒山认为，区域协调发展的内涵至少应包括五个方面：一是各地区人均生产总值差距应保持在适度范围内；二是各地区群众能够享受均等化的基本公共服务；三是各地区比较优势能得到合理有效的发挥；四是不同地区之间形成优势互补、互利共赢的良性互动机制；五是各地区人与自然的关系处于协调和谐状态。同时，也有一种看法认为，区域协调发展是区域之间在经济交往上日益密切、相互依赖逐步加深、发展上逐渐关联互动，最终达到各区域均衡持续发展的过程。更深层次的理解是，区域协调发展是指在既定的条件和环境下，各地区的发展机会趋于均等，发展利益趋于一致，总体上处于发展同步、利益共享的相对协调状态。区域之间协调发展的重点诉求应由发展速度的协调转向发展利益的协调，由发展结果的均等转向发展机会的均等。

事实上，区域协调发展具有多方面内涵，可从不同维度来定义。从地区发展速度的维度而言,区域协调发展的核心是缩小区域发展差距;从空间开发的维度而言,区域协调发展是人口、经济、资源环境之间的空间均衡;从"三化"(工业化、城镇化和农业现代化)的维度而言,区域协调发展主要表现为城乡统筹发展;从区域协调发展本质的维度而言,区域协调发展主要是公平与效率的协调。

综合不同观点,可以得出如下结论:区域协调发展是指各区域通过内生发展能力与政府积极干预,经济联系日益频繁,空间布局日趋合理,协调互动机制逐渐健全,经济社会发展差距逐步缩小并趋向收敛,进而形成各区域优势互补、共同发展的格局,实现各区域的均衡发展。习近平总书记在2018年4月的讲话中提出:"要深刻理解实施区域协调发展战略的要义,各地区要根据主体功能区定位,按照政策精准化、措施精细化、协调机制化的要求,完整准确落实区域协调发展战略,推动实现基本公共服务均等化,基础设施通达程度比较均衡,人民生活水平有较大提高。"

二、区域协调发展的特征

从区域协调发展的内涵可以看出,区域协调发展具有四个特征。

(一)区域协调发展是一种相对均衡的发展

由于区域之间资源禀赋、地理条件存在差异,要实现区域之间绝对均衡发展事实上不可能,区域协调发展只能是一种相对均衡发展,不能将区域协调发展简单等同于均衡发展。观察世界各国经济发展过程,不难发现,区域之间发展不均衡是一种常见现象。除了像新加坡、卢森堡这类面积很小的国家不存在区域发展问题,世界上几乎所有的国家都不同程度地存在区域发展不均衡问题。因此,区域协调发展不是消除区域之间的发展差距,而是逐步缩小区域之间的发展差距,实现区域之间的相对均衡发展。

(二)区域协调发展是区域内各要素的均衡发展

区域协调发展首先是区域经济的协调发展,但不局限于经济方面,而是区域内经济、社会、人口、资源、环境等要素的均衡发展。如在讨论区域协调发展的评价体系时，有学者从现代化的经济水平与经济结构、科技进步与人口素质、社会发展与居民物质生活、生态环境与自然资源等四个方面，精选 16 个指标，构建了反映全国区域经济协调发展的综合指标体系，结合全国各省份实际情况进行分析评价。也有学者提出，评价区域协调发展涉及三个基本指标体系：一是人均可支配收入方面的协调程度；二是人均可享有基本公共产品和公共服务方面的协调程度；三是地区发展保障条件方面的协调程度。因此，区域协调发展要从多方面来综合考察，经济水平、经济结构是其中的重要方面，但不是唯一的要素。

（三）区域协调发展需要内外兼治、多方施策

内因是推动区域协调发展的根本动力。在内在动因方面，应充分调动各区域发展的积极性、主动性、创造性，以各区域的资源禀赋、技术水平、历史文化等要素为基础，培育区域内生发展能力。各区域要打破地区壁垒，逐步形成统一开放、竞争有序的市场环境，让市场在资源配置中发挥决定性作用。通过资源的市场化配置，发挥各地区的比较优势，实现区域产业结构、空间结构、基础设施建设、环境资源开发与保护的协调发展，提高区域发展的协调性。外因是推动区域协调发展不可缺少的力量。在外在动因方面，应通过政府积极干预与政策引导、完善法治规则、跨区域合作治理等措施来提升区域发展的协调性。内在和外在动因在促进区域协调发展的实际运作过程中，需要相互配合、互相促进，共同构成区域协调发展的动力机制。

（四）区域协调发展既是一种过程，也是一种结果

区域之间要缩小发展差距，实现相对均衡的发展，绝不是短期内可以实现的，而要经历一个过程。这个过程是追赶的过程，也是超越的过程，后发展地区既要借鉴先发展地区的成功经验，又不要简单重复先发展地区的道路和模式；同时，不同发展阶段，区域协调的重点也不一样，呈现阶段性特征。在经济发展的起步阶段，区域协调发展的重点是将区位交通条

件较好地区的优势充分发挥出来，促进一部分地区先发展起来。在经济发展的起飞阶段，区域协调发展的重点是在基本实现公共服务均等化的基础上，使各类要素能在区域之间自由流动。在经济发展的成熟阶段，区域协调发展的重点是区域之间经济、社会、人口、资源、环境实现协调发展，区域之间的差距保持在适度范围内，实现区域之间发展的相对均衡。区域协调发展是过程与结果的统一，区域均衡发展的结果是在谋求区域协调发展的过程中逐步实现的。

三、区域协调发展的思想

中国近代工业发端于沿海，随着时间的推移，沿海与内地的差距逐步拉开。中华人民共和国成立后，毛泽东在探索中国经济社会发展道路时，就开始关注区域发展不平衡问题。他在《论十大关系》一文中指出："我国全部轻工业和重工业，都有约百分之七十在沿海，只有百分之三十在内地，这是历史上形成的一种不合理的状况。沿海的工业基地必须充分利用，但是，为了平衡工业发展的布局，内地工业必须大力发展。"毛泽东对区域发展不平衡的认识局限于工业在沿海与内地所占的比例，并从平衡工业布局的维度提出了区域协调发展的思路。同时，出于国防战略的考虑，毛泽东提出要改变工业集中在东部的现状，主张在全国范围内均衡规划产业布局，"新的工业大部分应当摆在内地，使工业布局逐渐平衡，并且利于战备，这是毫无疑义的。但是沿海也可以建立一些新的厂矿，有些也可以是大型的"。1956—1978 年，我国在中西部地区新建了 2000 多家大中型企业，有效缓解了区域经济发展的不平衡状况，缩小了东西部差距，基本上改变了旧中国遗留下来的工业畸形布局，使内地建立起了一批粗具规模、行业较为齐全的工业基地。这些企业的建立促进了中西部地区的工业增长，也使我国经济布局趋向均衡。

改革开放之初，邓小平主张让一部分地区先发展起来，通过先富地区带动后富地区的发展。1978 年 12 月，邓小平在中央工作会议闭幕会上的讲话提出："在经济政策上，我认为要允许一部分地区、一部分企业、一部分工人农民，由于辛勤努力成绩大而收入先多一些，生活先好起来。一部分人生活先好起来，就必然产生极大的示范力量，影响左邻右舍，带动其他地区、其他单位的人们向他们学习。这样，就会使整个国民经济不断地波浪式地向前发展，使全国各族人民都能比较快地富裕起来。"邓小平主张实施非均衡发展战略，允许一部分地区先富起来，然后带动其他地区的发展。随着改革开放的深入和沿海与内地差距的拉大，邓小平强调沿海要帮助内地发展。1990年12月，邓小平在同几位中央负责同志谈话时指出："沿海如何帮助内地，这是一个大问题。可以由沿海一个省包内地一个省或两个省，也不要一下子负担太重，开始时可以做某些技术转让。共同致富，我们从改革一开始就讲，将来总有一天要成为中心课题。"这说明，进入20世纪90年代，邓小平已关注我国区域发展不均衡问题，要求通过沿海对口帮助内地的办法实现区域协调发展，但邓小平本人已无力完成这一历史任务。

以江泽民同志为核心的第三代中央领导集体，针对日趋扩大的区域发展失衡状况，开始酝酿区域经济发展战略的调整。1990年12月，党的十三届七中全会通过的《关于制定国民经济和社会发展十年规划和"八五"计划的建议》提出，应当"根据资源优化配置和有效利用的原则，正确布局生产力，积极促进地区经济的合理分工和协调发展"。此后，党中央文件以及江泽民系列讲话，具体阐述了"促进地区经济的合理分工和协调发展"的指导方针，并把促进中西部地区经济振兴提到发展战略的高度。然而，"八五"中后期，东西部经济发展差距进一步扩大，逐渐成为制约经济发展的关键问题之一。党中央在制定"九五"计划时，开始从总体上研究和着手解决东西部发展差距问题。1995年9月，江泽民在党的十四届五中全会上，将东部地区和中西部地区的关系作为社会主义现代化建设中的一个重大关系进行了论述，明确提出"解决地区发展差距，坚持区域经济协调发展，是今后改革和发展的一项战略任务"，为区域经济协调发展战略的确立提供了思想指导。1999年6月，江泽民在西安主持召开西北地区国有企业改革和发展座谈会，专门就加快中西部地区发展问题发表长篇讲话，将西部大开发列为我国跨世纪发展全局的一项重大战略。他指出："现在，加快中西部地区开发的时机已经到来。中西部地区范围很大，如

第一章 区域协调发展与广东改革开放

何加快开发,要有通盘考虑。我所以用'西部大开发',就是说,不是小打小闹,而是在过去发展的基础上经过周密规划和精心组织,迈开更大的开发步伐,形成全面推进的新局面。"随着西部大开发战略的实施,中央持续加大向西部资金投入力度,一批关系发展全局的重大建设项目,如青藏铁路、西气东输、西电东送、公路国道主干线、江河上游水利枢纽等事关西部地区发展全局的重大项目相继开工,基础设施建设迈出实质性步伐,为区域协调发展奠定了重要基础。

党的十六大之后,以胡锦涛同志为总书记的党中央在深入实施和积极推进西部大开发战略的同时,开始谋划振兴东北地区等老工业基地、促进中部地区崛起,并鼓励东部地区加快发展。2003年10月,党的十六届三中全会通过的《关于完善社会主义市场经济体制若干问题的决定》指出:"加强对区域发展的协调和指导,积极推进西部大开发,有效发挥中部地区综合优势,支持中西部地区加快改革发展,振兴东北地区等老工业基地,鼓励东部有条件地区率先基本实现现代化。"党的十六届三中全会在提出科学发展观的同时,把包括统筹城乡发展、统筹区域发展在内的"五个统筹"作为完善社会主义市场经济体制的基本原则,把形成促进区域经济协调发展的机制作为未来发展的主要任务之一,建构了区域发展总体战略的基本框架。科学发展观的基本要求是全面协调可持续,区域协调发展是贯彻落实科学发展观的内在要求。胡锦涛在阐释科学发展观时强调:"要促进区域经济协调发展、实现东中西部优势互补和共同发展","继续实施区域发展总体战略,加大对革命老区、民族地区、边疆地区、贫困地区发展扶持力度,努力形成区域协调互动发展机制"。党的十七大报告还把"城乡、区域协调互动发展机制和主体功能区布局基本形成"纳入实现全面建设小康社会奋斗目标的新要求之中,要求进一步"增强发展协调性"。党的十八大报告重申:"继续实施区域发展总体战略,充分发挥各地区比较优势,优先推进西部大开发,全面振兴东北地区等老工业基地,大力促进中部地区崛起,积极支持东部地区率先发展。"党的十六大以来的十年,我国区域发展总体战略不断完善,区域协调发展迈上了新台阶,东部地区创新发展能力进一步增强,中西部地区和东北老工业基地发展潜力有序释放，区域发展呈现出各具特色、协调互动的良好态势。

习近平总书记在党的十九大报告中指出："经过长期努力，中国特色社会主义进入了新时代，这是我国发展新的历史方位。"中国特色社会主义进入新时代，确立了新发展理念，协调发展成为其中的重要内容。习近平总书记在省部级主要领导干部学习贯彻党的十八届五中全会精神专题研讨班上指出："协调既是发展手段又是发展目标，同时还是评价发展的标准和尺度。"在他看来，协调是发展两点论和重点论的统一、发展平衡和不平衡的统一、发展短板和潜力的统一，"协调发展不是搞平均主义，而是更注重发展机会公平、更注重资源配置均衡"；"协调发展，就要找出短板，在补齐短板上多用力，通过补齐短板挖掘发展潜力、增强发展后劲"。这是对协调发展内涵、实质的具体阐释。就区域协调发展而言，习近平总书记强调："发挥各地区比较优势，促进生产力布局优化，重点实施'一带一路'建设、京津冀协同发展、长江经济带发展三大战略，支持革命老区、民族地区、边疆地区、贫困地区加快发展，构建连接东中西、贯通南北方的多中心、网络化、开放式的区域开发格局，不断缩小地区发展差距。"对于区域协调发展的目标，2015年12月18日，习近平总书记在中央经济工作会议上指出："促进区域发展，要更加注重人口经济和资源环境空间均衡。既要促进地区间经济和人口均衡，缩小地区间人均国内生产总值差距，也要促进地区间人口经济和资源环境承载能力相适应，缩小人口经济和资源环境间的差距。要根据主体功能区定位，着力塑造要素有序自由流动、主体功能约束有效、基本公共服务均等、资源环境可承载的区域协调发展新格局。"这就对区域协调发展提出了更高的要求。党的十九大报告重申"实施区域协调发展战略"，并对不同区域实施差异化政策，即"加大力度支持革命老区、民族地区、边疆地区、贫困地区加快发展，强化举措推进西部大开发形成新格局，深化改革加快东北等老工业基地振兴，发挥优势推动中部地区崛起，创新引领率先实现东部地区优化发展"，以"建立更加有效的区域协调发展新机制"。党的十八大以来实施的精准扶贫、对口帮扶、政策倾斜以及"一带一路"倡议的实践，对区域协调发展发挥了重要作用。

因此，自中华人民共和国成立以来，中国共产党领导集体一直关注我国面临的区域协调发展问题，并依据不同阶段区域协调发展的重点，制定和实施了不同的区域协调发展政策，为广东区域协调发展问题的解决提供了思想指引和行动指南。

第二节 广东区域协调发展问题的由来

广东在改革开放以来比较长的时间内，采取的是"以点带面"的非均衡发展战略，各种生产要素和稀缺资源被密集投入珠江三角洲地区和广州、深圳等重点城市。非均衡发展战略的正效应是形成了多个刺激区域经济迅速发展的"核心增长极"，经济总量得到迅猛发展，投入产出效率大幅提高，但由此也带来广东区域发展不平衡问题。广东区域发展差距程度一度高于全国平均水平。就全国而言，东部沿海地区与西部地区经济发展水平的差距为2.5∶1，而广东省内发达地区与贫困山区的差距却高达5∶1。改革开放以来，广东财政收入将近80%来自珠江三角洲地区，而人口占大多数的山区和欠发达地区，在全省财政和税收中所占的比例却很小。

区域发展不平衡，是广东全面建成小康社会的最大障碍。珠三角和粤东西北在经济发展水平、中心城市作用、基础设施和公共服务、人民生活水平等方面，存在较大差距。造成这一现象有自然的、历史的原因，也有政策方面的原因。广东区域发展不平衡既影响人民生活质量的提升，也将对广东的形象带来负面影响，并加剧全国发展不平衡的状况。

一、广东区域发展不平衡的主要表现

改革开放以来，珠三角与粤东西北区域间发展的绝对差距日渐拉大，两地间相对差距与总量差距同时缩小的拐点还没出现，发展不均衡问题仍然十分突出。

(一) 经济发展水平的差距

改革开放以来,珠三角和粤东西北相对差距不断缩小,但绝对差距仍在扩大。例如,2007年珠三角GDP(地区生产总值)与粤东西北相差19300.48亿元,2017年两者之间的绝对差距拉大到56464.37亿元。尽管2007年以来,粤东西北地区GDP占全省份额逐步上升,但珠三角地区仍占主导地位。2007年,粤东西北GDP占全省GDP总量的20%;2017年,粤东西北GDP占全省GDP总量的20.3%,十年只提高了0.3个百分点。(见表1-1)

表1-1 2007年、2017年珠三角和粤东西北GDP比较

地区/比重	2007年	2017年
珠三角GDP(亿元)	25759.83	75809.75
珠三角GDP占全省GDP比重(%)	80.0	79.7
粤东西北GDP(亿元)	6459.35	19345.38
粤东西北GDP占全省GDP比重(%)	20.0	20.3
珠三角与粤东西北GDP差距(亿元)	19300.48	56464.37

区域内产业结构不合理,粤东西北第三产业发展相对缓慢。珠三角地区,2008年第一、第二、第三产业结构分别为2.4∶50.3∶47.3;2013年调整为2.0∶45.3∶52.7,2017年调整为4.2∶43.0∶52.8,第三产业比重不断提高,第一、二产业比重降低,符合发达国家产业结构水准。粤东西北地区产业结构则有待优化。粤东地区,2008年第一、第二、第三产业结构分别为9.8∶54.1∶36.1;2013年调整为8.8∶55.9∶35.4。粤西地区,2008年第一、第二、第三产业结构分别为21.2∶43.4∶35.4,2013年调整为18.8∶42.2∶39.0;粤北地区,2008年第一、第二、第三产业结构分别为17.0∶50.4∶32.6,2013年调整为16.3∶41.7∶42.0。从2008、2013年粤东西北地区三次产业结构看,产业层次总体水平不高,第三产

第一章　区域协调发展与广东改革开放

业占比有待提高，农业在区域生产结构中仍占一定比例，均处于农业生产结构向工业化转变阶段。

（二）中心城市作用的差距

从区域经济发展的角度来看，中心城市是一定区域内居于社会经济中心地位的城市，即增长极理论中的增长极，这些城市利用相对有利的条件和良好发展机遇，实现经济实力的迅速增长，不断吸引资金、技术、人才、资源等生产要素向其聚集，并通过扩散经济成果带动周边地区发展，在整个区域的国民经济和社会发展中占核心地位、发挥主导作用。其对区域经济增长的贡献主要表现在四个方面：一是经济龙头作用，二是极化聚集作用，三是扩散辐射作用，四是创新示范作用。

在珠三角地区，广州、深圳等中心城市的核心地位十分突出。粤东西北共12个地市，粤东、粤西、粤北各自区域内的中心城市不突出，对区域GDP增长的贡献有限。粤东地区，汕头逐渐衰退，被揭阳追赶，2013年揭阳GDP一度超过汕头；从人均GDP来看，潮州一度超过汕头，汕头作为粤东中心城市经济龙头作用不明显。2017年，汕头GDP总量为2350.76亿元，揭阳GDP总量为2151.43亿元；汕头人均GDP为42025元，潮州人均GDP为40555元，汕头作为中心城市的优势和带动作用并不明显。粤西地区的湛江与茂名经济总量接近，2013年茂名略高于湛江100亿元。此外，两市在工业增加值、固定资产投资、消费、财政收支、居民人均可支配收入等主要指标上相差均不明显。2017年，茂名GDP总量为2924.21亿元，湛江GDP总量为2824.03亿元，茂名仍保持高于湛江100亿元的优势。粤北山区5市，问题同样存在，韶关、清远两市经济总量接近，差距小，韶关无法形成经济龙头从而聚集辐射周边地区。2017年，韶关GDP总量为1338亿元，清远GDP总量为1550.9亿元，韶关略低于清远。

（三）基础设施和公共服务的差距

交通、教育、医疗等基础设施和公共服务方面，珠三角和粤东西北差距较大，便利的交通条件、优质的教育资源、医疗资源和优秀人才，集中在珠三角地区，粤东西北幼儿园和义务教育优质学位紧张，基层医疗卫生服务能力不强，养老服务床位少，高层次人才短缺。与珠三角相比，粤东西北人均受教育年限、每万人中大学生、科技人员、卫生人员的比例，每万人的医院床位数，以及文化设施等基本公共服务都明显落后。到2017年，东西两翼交通基础设施仍然滞后，营商环境吸引力不足，支柱产业带动能力不强；粤北地区绿色发展模式尚未形成，生态优势没有发挥出来。

（四）居民收入的差距

农村经济发展相对落后、农村居民收入水平较低，也是广东区域发展不平衡的重要表征。2007年农村人均纯收入5624元，只有城镇居民人均可支配收入的31.8%；农村人均消费支出4202.32元，只有城镇居民人均消费支出的29.3%。2007年农村人均纯收入比1978年实际增长6.4倍，只有GDP实际增长速度的17.3%。2017年，广东全省农村居民收入仅为城镇居民可支配收入的38.5%。珠三角和粤东西北居民收入差距较大，2017年，粤东西北居民人均可支配收入不到珠三角居民的一半。

二、广东区域发展不平衡的成因

导致广东区域发展不平衡的原因是多方面的，有自然、历史的原因，也有政策方面的原因。

（一）自然地理条件的原因

珠三角的土地类型以平原为主，是东江、西江、北江三江汇流之地，水量充足、土质肥沃，优越的自然地理条件为经济的发展奠定了良好基础。粤东有潮汕平原和西南走向的莲花山脉、罗浮山脉、九连山脉，山地丘陵中散布着谷地和盆地。潮汕平原是广东省的第二大平原，由韩江三角洲、榕江平原、练江下游平原、黄岗河三角洲和龙江平原组成，土地肥沃、地形平坦，有着良好的地理条件。粤西北半部有大片山地，而沿海则是平原和台地相间分布，有阳江、阳春、电白、雷州半岛台地和漠阳江、鉴江、九州江平原。雷州半岛地表径流较少，水资源相对缺乏。粤北山区的土地类型以山地丘陵为主，山地居多，其次是平原、谷地、低丘和台地，石灰岩溶地貌面积广。区域内林木、矿产资源丰富，由于地理环境造成的交通不便，以及平原面积狭小，使经济发展一直以来处于较为滞后的状态。

（二）区位优势差异的原因

珠三角毗邻香港和澳门，历来与香港、澳门的经济来往比较密切。随着港澳地区的产业升级，珠三角充分利用地缘优势承接港澳产业转移，吸引大量资金、技术、人才和其他经济社会资源，经济获得飞速发展。改革开放以来引进的外资、技术、人才，也首选珠三角作为落户地。比较而言，粤东西北交通不便，与外界的经济交往与联系不具备区位优势。

此外，由于珠三角良好的经济发展前景、较高的经济待遇和良好的个人发展空间，吸引了来自全国各地包括粤东西北在内的大批专业技术人才和管理人才，形成了它特有的技术和人才优势，使珠三角的技术创新能力高于粤东西北地区，良好的技术创新能力又有利于高新技术的消化、吸收和地区产业结构的调整和优化，珠三角经济在良性循环中得到进一步提升。相反，粤东西北地区由于缺少人才聚集的优势，也就失去了技术创新的优势，导致与珠三角地区的发展差距越来越大。

（三）政策与体制的原因

就全国而言，改革开放前，主要实行区域均衡发展战略，着力促进沿海和内地均衡发展，产业布局宏观上基本采取分散布局方式，以省区市为单位，均衡分布。改革开放后，1978—1995年，国家主要实行非均衡发展战略，重点支持沿海地区率先发展。这一战略使沿海地区经济增长率持续保持全国领先水平，国家的经济实力增强，但区域差距日渐拉大、区域间利益矛盾和冲突相继出现。受这一宏观政策和背景影响，珠三角地区获得了先发展起来的机会，与粤东西北的发展差距日益显现。

财政不公平是制约粤东西北发展的重要因素。1994年实行的财政分税体制改革，明确了中央政府与省级政府的收入分配关系，但没有确立统一的省以下政府间财政体制，而是由各省根据自身情况自行决定。广东省内各地区收入划分不尽合理，地区间财政状况苦乐不均，财政不公平是客观存在的事实，影响了粤东西北地区的发展。

（四）内生发展动力差异的原因

珠三角地区凭借其资金、技术、人才的优势，具有强大的内生发展动力。对外开放对于珠三角地区经济发展的起步发挥了重要作用，但珠三角地区经济发展起飞的动力来自内生。例如，作为国家自主创新示范区的深圳，正是凭借自主创新获得了高速增长，成为人们心目中的"创客之都""创新之城"。相反，由于资金、技术、人才缺乏，粤东西北地区内生发展动力不足，内生发展能力有限。珠三角地区和粤东西北地区内生发展动力的差距，加剧了发展的不平衡性。

因此，广东区域发展不平衡是多种因素综合作用的结果，既是难以避免的现实，又是亟待解决的问题。2018年1月25日，马兴瑞在广东省第十三届人民代表大会上的报告指出："区域发展不协调，粤东西北与珠三角地区发展差距较大仍然是我省突出的矛盾。"

第三节　广东区域协调发展的重要性

解决广东区域发展不平衡问题，不仅有利于"两个一百年"奋斗目标的实现，促进我国社会主要矛盾的解决，也有利于彰显中国特色社会主义的优越性，对于广东乃至全国都具有重要意义。

一、决胜全面建成小康社会的需要

小康社会是古代思想家描绘的社会理想，也表现了普通百姓对宽裕、殷实的理想生活的追求。1979年12月6日，邓小平在会见来访的日本首相大平正芳时，提出了"小康"的概念。他说："我们要实现的四个现代化，是中国式四个现代化。我们的四个现代化的概念，不是像你们那样的现代化的概念，而是'小康之家'。"在这里，邓小平用"小康之家"来定位20世纪末中国发展的战略目标。1984年3月25日，邓小平在会见日本首相中曾根康弘时，明确提出了"小康社会"的概念，并将国民生产总值人均达到八百美元作为衡量小康社会的具体标准。他说："翻两番，国民生产总值人均达到八百美元，就是到21世纪末在中国建立一个小康社会。这个小康社会，叫作中国式的现代化。翻两番、小康社会、中国式的现代化，这些都是我们的新概念。"小康社会是20世纪末我国的发展目标，随着这一目标的实现，2000年10月9日，中共十五届五中全会提出，从新世纪开始，我国将进入全面建设小康社会，加快推进社会主义现代化的新的发展阶段。江泽民在党的十六大报告中，明确了到2020年全面建设小康社会的奋斗目标，并从经济、政治、文化和可持续发展四个方面做出具体的战略部署。随着21世纪第一个十年国民生产总值比2000年翻一番目标的实现，胡锦涛在党的十八大报告中提出了"全面建成小康社会"的目标。从"建设"到"建成"，是中国共产党人的郑重承诺，也是中国共产党人的责任担当。党的十九大进一步明确了到2020年决胜全面建成小康社会的奋斗目标，"突出抓重点、补短板、强弱项，特别是要坚决打好防范化解重大风险、精准脱贫、污染防治的攻坚战，使全面建成小康社会得到人民认可、经得起历史检验"。

  对于广东而言，妨碍全面建成小康社会的最大"短板"是区域发展不平衡。对照国家统计局2013年制定的全面建成小康社会统计监测指标体系，广东省有八个指标存在较大差距：人均公共财政文化支出；每千人执业（助理）医师数；每千老年人口养老床位数；服务业增加值占GDP比重；每万人口行政诉讼发案率；公共交通服务指数；劳动年龄人口平均受教育年限；城乡居民家庭人均住房面积达标率。广东全面建成小康社会统计监测指标体系不达标，主要是粤东西北地区不达标。2017年4月，习近平总书记在对广东工作做出批示时，要求广东"努力在全面建成小康社会、加快建设社会主义现代化新征程上走在前列"。决胜全面建成小康社会、"走在前列"的重要条件，是协调珠三角与粤东西北地区的发展。

二、实现社会主义现代化的需要

党的十九大确立了到2035年基本实现现代化、到2050年建成富强民主文明和谐美丽的社会主义现代化强国的奋斗目标。就基本实现现代化的目标而言,包含"城乡区域发展差距和居民生活水平差距显著缩小,基本公共服务均等化基本实现,全体人民共同富裕迈出坚实步伐"。就建成现代化强国的目标来说,涵盖"全体人民共同富裕基本实现"现代化是全方位的社会发展和变革,就内涵而言,包括经济、政治、文化、社会、生态现代化和人的现代化等方面;就区域来说,包括全国不同的地方。广东要在基本实现现代化、建成现代化强国的征程中走在前列,必须解决区域发展不平衡问题。粤东西北地区现代化程度和水平的滞后,不仅妨碍广东实现现代化的进程,甚至延缓全国现代化的进程和现代化强国的建成。

三、解决我国社会主要矛盾的需要

党的十九大报告依据我国生产力发展水平、人民生活需要层次和影响满足人民生活需要的主要因素,对我国社会主要矛盾做出了新判断,认为"我国社会主要矛盾已经转化为人民日益增长的美好生活需要和不平衡不充分的发展之间的矛盾",这是党的十九大报告的重大理论创新。不平衡与不充分是既有区别又有联系的两大问题。一方面,发展不平衡主要是就结构来说的,发展不充分主要是就程度而言的,二者的侧重点不同。另一方面,发展不平衡的原因包含发展不充分,发展不充分加剧了发展不平衡,二者有密切联系。不平衡不充分的发展,是我国社会主要矛盾的主要方面,解决我国社会主要矛盾,关键在于解决发展不平衡不充分的问题。发展不平衡不充分尽管是就全国来说的,但在广东有突出的表现。广东协调区域发展,实现区域之间平衡、充分的发展,有助于解决我国社会主要矛盾。

四、彰显中国特色社会主义本质的需要

1992年,邓小平在南方谈话中,对社会主义本质进行了界定。他说:

第一章 区域协调发展与广东改革开放

"社会主义的本质,是解放生产力,发展生产力,消灭剥削,消除两极分化,最终达到共同富裕。"广东是中国改革开放的窗口,也是展示国家形象的窗口。彰显中国特色社会主义的本质,建构良好的国家形象,要求广东解决发展不平衡问题。

解放和发展生产力是社会主义本质的内涵。经济是基础,只有经济得到发展,才能实现政治、文化、社会、生态的发展。广东发展不平衡问题,说到底是粤东西北地区生产力发展不充分的问题。实现区域协调发展,通过珠三角地区带动粤东西北地区生产力的发展,才能体现社会主义的本质。

消除两极分化是社会主义本质的要求。两极分化既指不同群体、个体收入的差距,也指不同区域发展水平的差距。区域之间发展水平差距过大,实际上有悖社会主义的本质。实现区域协调发展,有利于消除广东经济社会发展过程中的两极分化现象。

实现全体人民共同富裕是社会主义的目标定位。让全体人民共享改革发展成果,实现全体人民共同富裕,是中国特色社会主义的发展目标。珠三角地区和粤东西北地区的差距,包含个人收入的差距、贫富的差距。只有实现协调发展,缩小区域之间收入差距,才能实现广东全体人民共同富裕,让广东人民共享改革发展的成果。

广东改革开放的过程,力图通过改革开放的方法解决区域协调发展问题,区域协调发展贯穿广东改革开放始终,成为广东改革开放的主线之一。

第四节 改革开放促进广东区域协调发展

广东改革开放的过程,也是区域协调发展的过程,区域协调发展伴随广东改革开放的始终。改革开放促进广东区域协调发展,为广东区域协调发展奠定各方面的基础。

一、改革开放奠定广东区域协调发展的思想基础

解放思想是改革开放的前提,思想不解放,为旧的思想观念所束缚,

新的改革开放思路、主张就难以形成，更谈不上改革开放政策、举措的贯彻实施。1978年12月，邓小平在中央工作会议上强调："只有思想解放了，我们才能正确地以马列主义、毛泽东思想为指导，解决过去遗留的问题，解决新出现的一系列问题，正确地改革同生产力迅速发展不相适应的生产关系和上层建筑。"回顾改革开放的历程不难发现，正是解放思想突破了旧的思想观念、条条框框，才有经营方式、体制机制的变革，才有改革开放的全面展开。新时代的改革开放，面临的都是难题和"硬骨头"，解决这些问题更需要解放思想。习近平总书记在十八届三中全会上指出，"实践发展永无止境，解放思想永无止境，改革开放也永无止境"。

广东改革开放的起步始于解放思想，"杀出一条血路"的胆识和气魄，彰显了广东解放思想的力度。汪洋任中共广东省委书记之初，倡导全省党员干部开展新一轮解放思想大讨论，以此推动广东的改革开放，解决广东发展面临的突出矛盾和问题，取得了显著成效。

广东改革开放过程中形成的解放思想传统，对于推动广东区域协调发展具有重要意义。实现广东区域协调发展，同样需要破除旧的思想观念、体制机制，推动广东区域协调发展的过程，也是解放思想的过程。李希在中共广东省委十二届四次全会上指出："坚持解放思想、实事求是、与时俱进，坚持改革开放、问题导向、创新创造，运用科学思想方法对广东的方位、担当、任务、问题、风险做出客观、精准的判断，解决改革发展中的重大问题。"解决广东区域协调发展问题需要解放思想，伴随广东改革开放形成的解放思想传统，奠定了广东区域协调发展的思想基础。

二、改革开放奠定广东区域协调发展的制度基础

改革开放的过程是消除旧的体制机制弊端、建立新的体制机制的过程，广东改革开放过程中建立的体制机制，为实现区域协调发展奠定了制度基础。

例如，公有制为主体、多种所有制经济共同发展的基本经济制度，在发挥公有制经济对区域协调发展主体作用的同时，鼓励、支持、引导非公有制经济参与广东区域协调发展；社会主义市场经济体制的建立，为广东

区域生产要素的自由流动、产业升级和产业转移提供了制度支撑;财政转移支付制度,缓解了粤东西北地区财政压力,保证了区域协调发展的财政支持;对口帮扶、对口扶贫等具体制度的建立,促进了粤东西北地区的发展。改革开放以来的制度创新,为促进广东区域协调发展提供了制度保障。

三、改革开放奠定广东区域协调发展的经济基础

改革开放促进了生产力发展,使物质产品极大丰富起来,广东由此告别短缺经济时代,为区域协调发展奠定了物质基础。广东改革开放的过程,是物质多样性、丰富性增加的过程。物质产品的丰富,使粤东西北地区解决了温饱,实现了小康,为广东区域协调发展创造了条件。物质产品的丰富,使珠三角地区才有可能以输送物质的方式对口帮扶粤东西北地区的贫困人口,帮助其摆脱贫困。

实施区域协调发展需要财政支持,改革开放以来广东地方财政收入的稳步增长,为促进区域协调发展提供了财政支撑。2017年广东财政收入稳定增长,连续27年居全国各省市首位。全省一般公共预算收入11315.21亿元,增长10.9%。其中,税收收入8869.91亿元,增长13%;非税收入2445.3亿元,增长4.1%。2018年省级财政安排3724.51亿元支持实施区域协调发展战略,促进全省一体化发展,资金向粤东西北欠发达地区倾斜,以缩小区域间财力水平差距。省级财政安排16.3亿元,深化珠三角和粤东西北产业共建,推进产业园发展。2018年广东支持实施乡村振兴战略,省级财政安排616.8亿元,比上年增长125.9%,规模为历年最大,幅度为历年最高,加上其他用于"三农"的资金,总规模达1054.54亿元。财政支持是促进广东区域协调发展的重要基础。

改革开放是推动广东区域协调发展的动力,为广东区域协调发展奠定了思想、制度和经济基础。

第二章　广东区域协调发展的历史演进

改革开放以来，随着区域发展不平衡的显现，为促进区域协调发展，中共广东省委、省政府进行了不懈探索，先后制定了一系列政策，进行了各方面制度安排，搭建了多个平台，有效促进了广东区域经济社会协调发展。习近平总书记在 2018 年 4 月的讲话中提出："要深刻理解实施区域协调发展战略的要义，各地区要根据主体功能区定位，按照政策精准化、措施精细化、协调机制化的要求，完整准确落实区域协调发展战略，推动实现基本公共服务均等化，基础设施通达程度比较均衡，人民生活水平有较大提高。"

第一节　开发山区以推动广东区域协调发展

改革开放全面展开后，广东省委、省政府根据经济发展程度和自然条件，将广东区域划分为沿海、平原、山区三种不同类型。相对而言，山区经济发展比较落后，从 20 世纪 80 年代中期开始，至党的十四大确立社会主义市场经济体制改革方向，这一时期广东省委、省政府的基本思路，就是通过开发山区，推动广东区域协调发展。

1984 年 2 月召开的中共广东省委五届二次全会，已开始关注广东区域发展不平衡问题。时任中共广东省委书记（当时设有第一书记）林若在这次全会上的报告中提出："全省经济发展很不平衡，广大的山区还比较穷。"时任中共广东省委书记（当时设有第一书记）、省长梁灵光在这次全会上的发言也指出："要特别注意加速山区经济的发展。目前多数山区的农民仍然比较穷困。"这次全会期间，时任中共广东省委第一书记任仲夷提交的书面发言同样表达了对山区经济发展落后的忧虑。他指出："我省山区面积大、资源多，但还比较穷，省委和各有关地区的党委都应加强对开发山区的领导，对山区进一步放宽政策，使之尽快改变面貌。"因此，中共广东省委五届二次全会已开始关注广东因山区经济落后引发的发展不平衡问题。

随着珠江三角洲和沿海地区的快速发展，山区经济落后的问题进一步显现出来。1986年1月，叶选平在中共广东省委五届四次全会上发言，再次谈到区域经济发展不平衡问题。他说："我省有沿海、平原和山区三种不同类型的地区，经济发展不平衡，但各有优势"，"把沿海、平原的发展和山区的开发很好地结合起来，在重点发展沿海地带的同时，不失时机地抓好山区的开发建设，使各地区的经济协调发展"。为开发山区，在仍然实行计划经济的背景下，中共广东省委、省政府提出了系列政策思路，采取了有效的具体措施。

一、召开山区工作会议

为谋划山区发展，广东省委、省政府从1985年起，先后召开十次山区工作会议，制定开发山区的系列政策，谋划山区的经济社会发展，重点解决造林绿化和乡镇企业发展问题，成为推动山区经济社会发展的重要平台。

1985年11月召开的第一次山区工作会议，提出山区必须走治山致富之路，做出"五年消灭荒山，十年绿化广东"的决定，加强生态环境保护和建设，发展一批特色产业基地。这次山区工作会议之后，如中共梅县（现为梅州市）县委、县政府提出"希望在山"的发展战略，梅县政府广泛发动群众利用山坡地多的优势，把绿化荒山作为基础，大力发展金柚种植，梅县因此成为金柚种植基地，实现了绿化荒山与发展经济的结合。1990年11月，中共广东省委、省人民政府在韶关市召开全省第五次山区工作会议，总结 5 年来造林绿化、全面建设山区、加快发展山区经济的经验，研究把山区经济开发提高到一个新的水平和实现绿化达标等具体问题。自 1985 年中共广东省委、省政府做出"五年消灭荒山，十年绿化广东"的决定以来，至 1990 年，全省造林面积 4431 万亩，基本上消灭了荒山，扭转了森林消耗量大于生长量的趋势。1991 年 3 月，广东省被国务院授予"全国荒山造林绿化第一省"的称号，5000 多万亩荒山提前两年披上了绿装。此后，山区工作会议更多着眼于区域协调来考虑山区发展。1991 年 10 月，广东省第六次山区工作会议在广州召开，研究如何加快山区脱贫致富步伐，促进全省经济协调发展；1992 年 9 月，广东省第七次山区工作会议在广州召开，提出要进一步放宽山区利用外资政策，重点扶持每个山区县建一两个工业骨干项目，交通、电力、通信等部门向山区重点倾斜，适当增加山区信贷资金规模。社会主义市场经济体制改革方向确立后，广东省山区工作会议开始考虑如何通过利用市场促进山区经济发展。例如，1993 年 10 月，广东省第八次山区工作会议在肇庆召开，重点研究如何加快发展山区乡镇企业，促进山区经济发展等问题。因此，广东省山区工作会议聚焦山区经济社会发展，讨论、研究和制定了促进山区经济社会发展的系列政策措施，对推动山区经济发展发挥了重要作用。

二、发挥辐射带动作用

广州是广东经济社会的中心，深圳、珠海等沿海城市随着对外开放的实施得到迅速发展。广东省委、省政府开发山区的重要举措，就是发挥中心城市和沿海地区的辐射带动作用。

1983 年 2 月 5 日，时任中共广东省委第一书记的任仲夷在中共广东省委四届五次全会上谈到改革问题时提出："沟通城乡、地区之间的联系，打破条条和块块分割，反对封锁，鼓励竞争。经营好的企业，可以跨市、跨县去设分店，开分厂、分公司，各地行政部门不得禁止。允许货物流动（跨地区运销或贩运）、资金流动（跨地区投资）、劳力流动（跨地区承包工程和输出劳务）、人才流动。"这里尽管不是针对区域协调发展问题来说的，但其中蕴含的允许、鼓励生产要素自由流动的主张，有助于区域协调

第二章 广东区域协调发展的历史演进

发展。1983年2月24日，任仲夷在中共广东省第五次代表大会上的报告中指出："要大力支持、扶助、促进山区建设，鼓励城市和沿海经济发达地区同山区开展经济联合。"同时，要求"中心城市特别是像广州这样的大城市，其作用决不限于它所直接领导的几个县，它们应在更大范围发挥经济文化中心的作用。打破城乡分割、沟通城乡联系，也不只限于每个城市所管辖的范围之内。"发挥中心城市的辐射、带动作用，对于区域协调发展具有积极意义，这里开始关注中心城市在区域协调发展过程中的作用。1984年2月，任仲夷在中共广东省委五届二次全会上的书面发言，重申了上述看法。他指出："要注意充分发挥广州市在全省的经济中心作用，充分发挥其他一些城市的作用，以城市带动和支援农村，活跃商品经济。"他还要求利用经济特区、珠三角地区在引进外资、引进先进技术和引进先进管理经验方面的有利条件，带动和支援广大山区，把全省的经济进一步搞活。这里已萌生珠三角地区、沿海地区带动山区发展的思路。1988年5月，林若在中共广东省委第六次代表大会上的报告中指出："要加强省内外的横向经济联合，积极帮助新建市的经济建设，使开放地区与广大内陆地区、山区和沿海地区达到共同发展。""广大山区是我省经济发展的巨大潜力所在，对全省经济全面协调发展关系极大。我们要在继续加快珠江三角洲和沿海地区经济发展的同时，大力扶持山区和少数民族地区经济的发展。""富裕地区要通过协作开发等形式，把支援山区、贫困地区看作是自己的责任，也是自身进一步发展的需要。"在这里，通过珠江三角洲和沿海地区带动山区经济的政策取向更加明确。

进入20世纪90年代，广东省委、省政府在制定区域协调政策时，更加强调珠江三角洲和沿海地区的辐射、带动作用。1991年1月，林若在中共广东省委六届五次全会上的报告，对今后十年经济社会发展的方针进行了阐释。在谈到区域协调发展问题时，他说："充分发挥广州中心城市、三个经济特区的辐射和窗口作用，积极提高中部地区，加快发展东西两翼，大力扶持山区和'老少边穷'地区，促进地区经济的合理分工和优势互补，实现全省国民经济持续、稳定、协调发展。"林若在这次全会闭幕时的讲话，通过引用时任总书记江泽民同志在党的十三届七中全会闭幕时关于共同富裕的论述，阐释了广东区域协调发展问题。他说："我省同样存在如何实现共同富裕的问题。几年来，我们各地都得到了较大的发展，但山区与珠江三角洲相比，经济水平的差距还不小，有的地方差距是越来越大。对待这个问题，我们既要看到这是客观规律，事物的发展总是有先有后，要想拉平是不可能的。但同时也要看到，富裕起来的地区应该帮助山区脱贫致富，多做一些贡献。一些富裕地区实行蓄水养鱼、养鸡下蛋政策后，已有足够的财力，不仅县一级有足够的财力，乡镇一级包括某些企业，也有较雄厚的财力。现在国家需要富裕地区多做贡献，是很应该的，富裕地区也应该有这样的风格。珠江三角洲地区的同志只要到石灰岩地区去看看，就会有切身的体会。我们一些老同志从山区出来的，对山区有感情，对共同富裕问题反映也比较强烈。况且，我们并不是搞平调，而是要求帮助山区解决温饱问题，这个要求并不高，只要把工作做好，是能够达到的。在'八五'期间要力争达到这一目标。现在中山市已先走一步，与阳江市挂好钩，协同好支援的项目、步骤，已经迈出了第一步，希望其他市也迅速迈出这一步。"因此，"八五"期间，广东省开始实施对口帮扶，以实现珠江三角洲、沿海地区和山区共同富裕。1991年12月，时任中共广东省委书记谢非在中共广东省委六届六次全会上的讲话中提出，要下功夫缩小山区同珠江三角洲的差距。他说："缩小地区差距并不是'均贫富'，而是要采取积极措施加快后进地区的经济发展。"珠江三角洲要通过"挂钩扶贫、人才交流、外引内联、共同开发等形式，带动后进地区，实现优势互补，共同发展"。这次会议通过的《中共广东省委关于加强农业和农村工作若干问题的决定》提出，"山区要加倍努力"，"东西两翼的次发达地区要逐步缩小与珠江三角洲地区的差距"。因此，进入20世纪90年代，广东省委、省政府已充分认识区域发展不平衡问题，力求通过发挥中心城市和沿海地区的辐射带动作用，缩小山区、东西两翼与珠江三角洲地区的发展差距。

三、加强山区基础设施建设

山区经济要发展，基础设施建设必须先行。1984年2月，梁灵光在中共广东省委五届二次全会上发言,针对山区经济落后的状况,提出了一些政策思路。例如,交通运输困难,是山区发展商品生产的一大制约因素,应从多方面支持解决;搞好邮电通信,解决山区信息不灵问题;大力发展山区小水电,以增加城市能源供应,增加山区收入。交通、通信、能源是关系山区发展的基础设施,对于山区发展具有重要意义。广东省委、省政府在考虑山区发展时,将基础设施建设作为突破口之一,广东省财政从1984—1989年每年拿出2000万元扶助发展小水电,以解决山区电力供应不足的问题。

进入20世纪90年代,随着珠三角地区基础设施的改善,山区基础设施的落后更加凸显出来。1991年1月,林若在中共广东省委六届五次全会闭幕时的讲话,要求学习山东省"人民公路人民建"的经验,解决广东交通运输滞后的状况。他说:"一些农村由于道路坑坑洼洼,交通不便,影响了外商投资的信心。各地要学习东莞市、新兴县等地主要依靠自己力量搞好公路建设的经验,进一步提高公路建设的自觉性,动员全社会的力量,筹集资金,公路部门再支持一点,用这样的办法搞好公路建设。"林若在这次讲话中还提出,我省山区水电资源丰富,还有很多可以利用,因为山区缺乏资金,所以没有开发。而珠江三角洲等富裕地区有资金,可以和山区搞联营。他希望中山市帮助阳春县把大河电站搞起来,富裕地区到梅州、河源、韶关投资办电站。为加快山区交通基础设施建设的步伐,1991年11月,广东省七届人大常委会第二十三次会议审议通过了《关于要求加快全省山区公路建设问题的议案》。

四、开发山区的政策支持

山区经济要发展,必须给予政策的倾斜和支持。1984年2月,梁灵光在中共广东省委五届二次全会上的发言,提出了支持开发山区的政策。例如,山区要进一步放宽政策,完善责任山制度,山地多的可以多划一些自留山;加强对山区发展商品生产的具体指导,利用多种经营方式,为山区商品打开销路;在信贷和地方财政的使用上,尽可能多地支持照顾比较贫困的地方;积极提倡沿海经济发达的市、县与山区进行经济合作,联合开发、取长补短、互相支持，加快山区经济的发展。这些政策思路，后来成为推动山区发展的具体实践。1988年5月，林若在中共广东省委第六次代表大会上的报告中承诺，对山区经济的发展，"要继续给以优惠政策，给以更多财力、物力和智力的支持，尤其要支持山区和贫穷地区的交通、能源、通信建设。富裕地区要通过协作开发等形式，把支援山区、贫困地区看作是自己的责任，也是自身进一步发展的需要"。在这次会议上，林若还指出："山区要充分利用资源丰富的优势，积极发展各种产业。要帮助山区县上几个效益好的工业建设项目，打下'养鸡下蛋'的基础，以利于较快地改变贫困落后的面貌。要坚持把造林种果作为改变山区贫困面貌的一项重要措施，继续抓好。"因地制宜，发展山区的产业，是开发山区不可缺少的途径。

缺少发展资金，是山区经济落后的原因之一。为引进资金，1986年2月，广东省政府发出《关于山区利用外资、引进技术若干问题的通知》，制定有关优惠政策，推动山区引进外资、技术的工作。如梅州借助这一政策支持，形成了以南源永芳为代表、以开发国内市场为主要方向的化妆品优势产业和纺织服装的出口加工业。

山区发展的关键在人，人才短缺是导致山区经济落后的重要因素。1987年1月，中共广东省委、省人民政府转发省人事局、省科技干部局等6个单位《关于山区人才若干政策问题的意见》，对坚持或志愿到山区工作的专业技术人员实行多种优待，以吸收专业技术人员到山区工作，助力山区经济发展。

五、扶贫开发政策的实施

帮助贫困户脱贫，是区域协调发展的重要途径。1985年，广东省121个县级行政单位，其中50个是山区县，其人均地区生产总值、人均工农业总产值和人均工业总产值分别只及全省平均数的38.1%、43.5%和26.1%；人均国民收入、人均城乡居民储蓄和人均农民纯收入分别为450元、93元和418元，分别比全省的人均数低376元、181元和77.3元。其中，农村人均纯收入在300元以下的贫困县有31个，未解决温饱的农民（年人均纯收入低于250元）有420万人，占当年全省总人口的7.1%。最为贫困的粤北石灰岩地区有85万人口，1985年的人均纯收入不到200元。

1985年以来，广东省委、省政府根据中央部署，全面组织开展扶贫工作，实施大规模的扶贫开发工程，如造林绿化工程、治山致富道路、山区基础设施建设均蕴含扶贫的政策取向。1987年，时任广东省省长叶选平率省直有关单位负责人和佛山、广州地区的代表，赴梅县地区洽谈横向经济联合，帮助梅县山区创办经济实体。同时，确定由省直机关对口扶助30个贫困山区县，派出500名干部驻点帮助，拨出一批物资和资金，组织大批技术力量，帮助这些县开办200多个扶贫经济实体，并制定了全面发展经济的规划。经过一年的扶助，这些地区的面貌都有不同程度的变化。其中43个山区县的农村人均收入达到446元。从1987年开始，广东省委、省政府组织省直200多个单位定点挂钩扶持31个贫困县，并组织省直单位职能部门按职能（如交通、通信、电力、教育）开展扶贫工作。1989年1月，广东省政府在广州召开全省贫困地区扶贫工作会议，提出集中力量推进贫困地区经济开发，力争年内基本解决贫困地区群众温饱问题。此后，广东组织沿海对口扶持山区，1991年起组织沿海7个较发达城市对口扶持山区6市2县。广东还实施了"异地开发、异地安置、异地就业"的扶贫方针。1991年5月，粤北4个石灰岩山区特困乡镇共5万多人，经省"山区办"联系，开始往惠阳、花县、三水、四会、曲江、英德和博罗等县以及在本县有土地可开发的地方迁徙。1991年11月7日，广东省委、省政府做出《关于加快山区脱贫致富步伐若干问题的决定》，提出了推动山区脱贫致富的系列政策。

在实施扶贫开发的同时，广东省委、省政府加大革命老区建设的力度。1989年11月，省人大常委会第十次会议通过《关于加强革命老区建设的决议》。不少革命老区属于贫困地区，从革命老区的维度给予支持，实际上是加大了扶贫开发的力度。

第二节 "分类指导、梯度推进"以推动广东区域协调发展

1992年初，邓小平视察深圳、珠海等地，发表了著名的"南方谈话"，要求"广东二十年赶上亚洲'四小龙'，不仅经济要上去，社会秩序、社会风气也要搞好，两个文明建设都要超过他们，这才是有中国特色的社会主义。"1992年10月，党的十四大召开，确立社会主义市场经济体制改革目标，开启了建构社会主义市场经济体制时期。正是在这一背景下，广东确立了"分类指导、梯度推进"的区域协调发展方针。

一、区域类型的定位与布局

党的十四大之后，广东在谋划区域协调发展时，已形成珠三角、东西两翼、山区的区域类型概念，并针对不同类型地区提出不同的经济发展方针。

1992年11月，时任中共中央政治局委员、广东省委书记谢非在中共广东省委六届八次全会上的讲话中提出，"东西两翼要加快开放和开发，加快经济发展速度，力争十年之内赶上珠江三角洲经济发达地区现在的水平"；"山区要加快脱贫致富奔小康的步伐"。在这里，珠江三角洲、东西两翼、山区的区域类型划分已经明晰。1993年5月，谢非在中共广东省委第七次代表大会上的报告，提出广东20年基本实现现代化的奋斗目标。为此，明确提出"实现区域经济合理布局，促进全省不同类型地区经济协调发展"，确立全省三种类型地区经济发展的总要求是"中部地区领先，东西两翼齐飞，广大山区崛起"，并具体进行了解释。"中部地区领先"，即珠江三角洲等经济较发达地区要在实现现代化过程中发挥"龙头"作用，带动全省经济发展。广州市要发挥中心城市的作用，高起点发展资金、技术密集型工业，高标准、大规模发展第三产业，培植竞争力较强的

第二章 广东区域协调发展的历史演进

主体产业群,在交通、贸易、金融、信息、科技、旅游、文化和对外交往等方面,成为全省辐射力较强的沟通国内外的现代化中心城市。深圳、珠海、汕头三个经济特区要发挥试验区的作用,在探索建立市场经济体制中继续先走一步,争取成为多功能、现代化、国际性的城市。"东西两翼齐飞",即沿海东西两翼地区同时起飞,争取5年有大的发展,尽快缩小与珠江三角洲经济发展的差距。为此,要在资金、项目安排和政策等方面适当倾斜,使两翼通过吸引国际大资本、大财团,重点发展大型重化工业,大力发展海洋经济、高值商品性农业和出口创汇农业,成为全省新兴的重化工业基地和外向型农业基地。"广大山区崛起",即山区要发挥原有优势,改善生产条件,争取经济实现超常规、跳跃式的发展,加快脱贫致富步伐,成为全省现代化进程中新崛起的重要地区。为此,山区要充分利用自身的优势,以开放促发展,继续巩固和发展造林种果、培育资源的成果,积极兴办乡镇企业,重点搞好交通建设,加强外引内联,发展骨干项目和拳头产品,提高自我积累、自我发展能力。继续对山区特别是老区、少数民族地区实施特殊灵活的政策措施。支持山区搞好交通通信建设,发展教育,培养人才。在山区上一批起点较高的骨干项目,形成支柱行业,增强"造血功能"。谢非强调,广东"七山一水两分田","山区不富,全省就不能算是真富;山区经济不发展,全省经济也不可能有持续、稳定、协调的发展"。这就把山区经济发展提到了关系广东经济社会发展全局的高度。因此,中共广东省委第七次代表大会对广东的区域类型、发展重点进行了清晰定位和布局,对于20世纪90年代广东区域协调发展战略的实施产生了重要影响。

中共广东省委第七次代表大会之后,广东省委、省政府在实施区域协调发展战略过程中,进一步明确了工作重点和突破口。1994年10月,谢非在中共广东省委七届三次全会上的讲话,重申"不同要求、分类指导"的方针,认定"这是广东实现现代化的重要战略部署",并具体进行了阐释。他说,珠江三角洲地区在追赶"亚洲四小龙"中,要在全省发挥龙头作用。这块地方首先实现现代化,对全省其他地区特别是广大山区起着极大的激励、带动、辐射和支援作用。这在我国实现现代化事业中的经济意义和政治意义也是不能低估的。这就将珠江三角洲地区的发展提到了国家战略的高度。谢非要求珠江三角洲地区突出解决五个问题：一是经济必须上质量上水平上效益，成为高新技术产业区；二是第一、第二、第三产业在这个区域内要合理布局，合理分工，各具特色，形成综合优势；三是按大经济区、大都会和城乡一体化要求，形成现代化的高速公路网络、信息高速公路网络、机场港口网络；四是按市场经济的要求，建立新的产业管理体制，打破行政区域的局限，不要各搞小而全，提倡多搞大联合，发挥区域经济优势；五是珠江三角洲地区发展经济不仅要发挥本身的区域优势，充分利用全省的优势，还要积极发展珠江流域的经济协作，做到优势互补。谢非要求珠江三角洲要增强全局观念、大协作大联合观念，由"单打冠军"联合成"团体冠军"。山区这一头，谢非提出，要有三个方面的突破：一是农民致富问题，主要是发展种养业，发展"三高"农业，同时组织劳力转移，增加收入；二是发展集体经济，因地制宜地大力发展绿色企业和乡镇企业；三是培植财源，增收节支，增加财政收入，限期做到财政自给。每个县都要认真办好几个造血型骨干企业。东西两翼，谢非提出，要充分发挥沿海的优势，发展海洋经济，发展"三高"农业，大力兴办大工业、大港口、基础产业和第三产业。1995年11月，谢非在中共广东省委七届四次全会上的报告，仍然强调实施"不同类型地区协调发展"的方针。他说："全省要继续贯彻分类指导，层次推进，梯度发展，共同富裕的方针。我省实现现代化必须从实际出发，形成区域经济特色。全省要以珠江三角洲经济区为'龙头'，带动东西沿海两翼起飞，促进山区腹地崛起、山区和东西两翼应像珠江三角洲经济区那样分别做出社会经济发展规划，使分类指导、梯度发展具体化。"因此，20世纪90年代前期，广东省委、省政府在指导区域协调的过程中，"分类指导、梯度推进"的理念十分明确。

1998年2月，中共中央决定，中共中央政治局委员李长春任中共广东省委书记。5月22日，李长春在中共广东省委第八次代表大会上的报告中提出，今后五年的奋斗目标之一，就是"地区生产力布局更趋合理"。如何实现这一目标，李长春进行了阐释。他说："继续增强广州作为中心城市的吸引力和辐射力,加快深圳经济中心城市的建设,充分发挥这两个城市发展高新技术产业、带动全省城乡发展的龙头作用;充分发挥经济特区和珠江三角洲经济区的示范和辐射作用;东西两翼扩大开放上新水平;山区腹地特色经济发展加快。四个层次的地区都有各具特色、互相促进的优势产业。"在这里,李长春将广东的区域明确划分为四个层次,即经济特区、珠江三角洲经济区、东西两翼、山区,并针对不同区域提出了不同的发展策略。

2000年,中共广东省委八届六次全会制定《中共广东省委关于制定全省国民经济和社会发展第十个五年计划的建议》(以下简称《建议》),将"促进区域经济的合理分工和协调发展"作为专门问题进行部署,并提出"分类指导、梯度推进、协调发展、共同富裕"的方针,进一步突出了区域协调发展的政策取向。《建议》对促进区域经济协调发展的阐述,突出三个方面的内容:一是进一步明确广州和深圳、经济特区和珠江三角洲、东西两翼、山区及贫困地区等四个不同类型地区在全省的发展定位和发展思路;二是强调广州、深圳和经济特区、珠江三角洲在全省率先基本实现现代化进程中的辐射力、影响力和带动作用;三是阐述了山区及贫困地区的发展重点以及广东省进一步加大扶持力度的主要政策措施。

《建议》提出,广州、深圳两市要充分发挥优势,强化科技、教育、文化、信息、金融、商贸、交通和旅游的区域中心地位,特别要成为高新技术研究开发的核心基地,努力建设成为在全省发展中起龙头带动作用,在国内城市发展中居前列,在国际上影响大的现代中心城市。经济特区和珠江三角洲地区要加快产业结构优化升级,推动高新技术产业、优势传统产业和现代服务业的发展上新水平,率先基本实现城乡一体化、基础设施现代化、国民经济和社会信息化,努力使这一地区成为以电子信息业为先导的高新技术产业带,具有很大吸引力的国际经贸重要基地,社会主义市场经济体制的先行区和可持续发展的示范区,在2010年左右率先基本实现现代化。东西两翼地区要进一步夯实产业基础,增强经济实力和发展后劲,以调整经济结构为契机,发挥资源优势,大力发展"三高"农业、特色工业、海洋产业、旅游业和商贸流通业,着力发展实业,壮大经济总量。通过发展民营经济、兴办工业园区，广泛吸纳农村剩余劳动力，加快城镇化进程，提高工业化水平。山区和贫困地区要立足本地资源，自力更生，加快发展步伐。全面推进农业产业化，重点抓好农业龙头企业；因地制宜发展适合山区生产力水平的经济项目，创造条件承接珠江三角洲的产业转移和辐射；促进优势资源的深度开发和加工增值，加快工业化进程；积极发展绿色经济和以旅游业为重点的第三产业；加强和完善以公路建设为重点的基础设施建设，大力改善投资环境。采取必要的政策措施，加大对山区和贫困地区的财政转移支付力度。继续实行对山区、贫困地区、革命老区和少数民族地区的对口帮扶和挂钩扶持，扩大对口扶贫领域，积极推动科技、教育、卫生和生态扶贫，加快经济欠发达地区的发展步伐。

二、产业结构调整与协调

广东区域发展不平衡，一个重要方面是产业结构不平衡，广东省委、省政府在推进区域协调发展过程中，将产业结构调整与区域经济协调发展有机结合起来。

1994年10月，谢非在中共广东省委七届三次全会上的讲话中提出："要有领导有组织地接受三角洲劳动密集型的或其他技术档次较高企业的转移。"这里已开始考虑珠三角地区产业转移问题，并要求东西两翼、山区做好承接珠三角地区产业转移的准备。1995年11月，谢非在中共广东省委七届四次全会上的报告中提出，要"积极推进不同类型地区共同发展"。他所说的"共同发展"路径，一个重要方面就是将产业结构调整与区域经济协调发展相结合。他说，"九五"期间，珠江三角洲、东西两翼和广大山区，都要发挥自身优势，加快发展，努力把产业结构调整和优化与推进地区经济协调发展结合起来，形成优势互补的经济格局。要运用重大项目的布局建设，推动不同类型地区经济的梯度发展，形成不同特点的区域经济结构。发达地区要继续扶持落后地区发展经济，落后地区要主动吸纳发达地区的产业转移，以积极协作争取加快发展，努力促进以珠江三角洲和闽东南地区为主的东南沿海经济区建设。在一定意义上可以说，这是产业转移的动员和准备。

第二章　广东区域协调发展的历史演进

1998年5月，李长春在中共广东省委第八次代表大会上的报告中提出："产业结构的调整优化要与区域经济的协调推进结合起来，形成合理的生产力布局。广州、深圳要加强城市规划、建设与管理，进一步增强区域中心城市功能，重点在金融、科技、信息、商贸、交通、文化、旅游等方面成为区域中心，发挥辐射作用。珠江三角洲经济区要落实整体发展规划，加快以技术密集型、轻型和出口型为主的结构优化进程，引导部分加工业向腹地转移，帮助培训和吸纳山区劳动力，促进共同发展；跟踪世界技术潮流，尽快形成高新技术产业带。粤东粤西要大力发展加工业、商贸业、重化工业、海洋产业，发展民营经济，加强与周边省区的经济合作，提高经济外向度和技术水平。山区要继续加强基础设施建设，立足于开发利用当地资源，发展优势产业，加快农业产业化，巩固和发展造林绿化成果，重视发展加工业，实现奔康致富。继续实施对山区、老区、少数民族地区和贫困地区的扶持措施，努力缩小地区发展差距。"这里既明确了不同层次地区的产业重点，也开始布局产业转移和劳动力转移。

三、对口扶贫政策的实施

党的十四大之后，广东在推进区域协调发展的过程中，加大了对口扶贫的力度。1993年5月，谢非在中共广东省委第七次代表大会上的报告中提出，各地、各部门要按既定对口扶贫目标，大力扶持山区脱贫致富。1994年10月，谢非在中共广东省委七届三次全会上的讲话再次强调，省直机关各有关部门单位和经济发达地区的市、县，应继续更有效地帮助贫困山区发展经济。广大山区是我省脱贫致富实现现代化的难点，又是我省发展经济的潜力所在。它有大片可开发的山地，有自然资源优势，有劳动力优势。山区的发展对增强我省经济实力、对实现现代化目标是至关重要的。我们不要局限在达到扶贫的目标上，要从发挥山区优势，从实现广东发展战略的高度来部署工作，制定措施。从实现现代化、实现广东区域协调发展的高度来认识扶贫，才有利于扶贫工作的推进和持续。

为使对口扶贫落到实处，1994年4月，中共广东省委办公厅、广东省人民政府办公厅印发《广东省沿海与山区对口扶持规则》，使对口扶贫走向规范化。1996年，出台《广东省沿海对口扶持特困县脱贫工作责任制》，集中力量扶持特困县，将对口扶贫任务具体化、目标化，并制定《广东省特困县脱贫考评办法》，推动贫困地区走自力更生、自我发展、自我脱贫的道路。

1994年，《国家八七扶贫攻坚计划（1994—2000年）》颁布之后，广东省决定建立扶贫基金，当年省财政拨出2亿元作为基数，以后扩大到10亿元。省扶贫基金只限于经省委、省政府批准的山区县及所在市使用，重点扶持16个特困县兴办的资金周转快、经济效益好、确有偿还能力的开发性农业和资源加工型项目，以及造血型的骨干企业。1996年，省政府制定《广东省扶贫基金管理办法》，强调省扶贫基金以经济效益为中心，优先投放能带动当地发展商品生产的开发性农业和资源型工业，以及沿海市与特困县开展优势互补的合作项目；省扶贫基金实行有偿使用，并坚持借款自愿、有偿投放、到期归还、滚动使用的原则；省扶贫基金借款期限一般为1～2年，最长不超过3年。成立省扶贫基金管理委员会，有关单位指定一位负责同志为委员，其办公室设在省扶贫办。

李长春担任中共广东省委书记后，扶贫的思路拓宽，扶贫途径趋向多样化。1998年11月，中共广东省委八届二次全会通过的《中共广东省委关于贯彻十五届三中全会〈决定〉开创农业和农村工作新局面的意见》（以下简称《意见》）提出，继续动员各方面力量帮扶特困县。在继续完善对口帮扶、"千干扶千户"、派工作组帮扶等办法的同时，组织省直部门、沿海对口市，以及特困县所在市的市直机关，对口16个特困县分别扶持一个农业龙头企业，辐射带动农户劳动致富。与此同时，《意见》提出"搞好劳务输出扶贫和科教扶贫"。珠江三角洲各市要和特困县所在市开展劳务合作，建立培训基地，培训和吸纳贫困地区的剩余劳动力。特困县要有组织地向对口扶持市县输出劳务，务必在5年内输出25万人。通过劳务协作，帮助特困县培养一批生产经营骨干，满足山区"三高"农业和乡镇企业发展需要。省属高等学校应实行"教育扶贫"，在计划内对贫困县所需专业人才采取定向培养的办法，帮助贫困地区培养人才，鼓励本省和吸收外地专业人才到山区工作。这些规定和办法，拓宽了扶贫的

第二章 广东区域协调发展的历史演进

思路。

四、给予政策支持和强化

党的十四大之后,广东省委、省政府在推进区域协调发展的过程中,继续给予山区政策上的倾斜。1995年11月,谢非在中共广东省委七届四次全会上的报告中提出,对能带动和加快山区经济发展的重大项目优先列入省"九五"计划,在资金和政策上给予扶持。1996年3月,广东省委、省政府发出《关于进一步扶持山区加快经济发展的若干政策规定》,为山区发展提供了系列政策支持。2002年8月,广东省委、省政府召开全省山区工作会议,9月印发《中共广东省委、广东省人民政府关于加快山区发展的决定》(以下简称《决定》)。《决定》要求各级党委和政府把加快山区发展摆上重要议程,作为实施区域协调发展战略的工作重点。五年打基础,十年上台阶,至2012年,山区经济社会发展迈上新台阶。《决定》提出了加快山区发展的主要措施:加快以交通为重点的山区基础设施建设;加快结构调整步伐,促进产业发展和资源开发;加大财政转移支付力度,减轻历史债务负担;加强山区科技、教育和卫生工作;积极引导和促进珠江三角洲产业向山区转移;对山区建设用地实行政策倾斜;切实搞好山区生态建设和环境保护;进一步加大扶贫开发力度;加强山区发展工作的领导。

山区基础设施建设,仍是这一时期区域协调发展的重点。《中共广东省委关于贯彻十五届三中全会〈决定〉开创农业和农村工作新局面的意见》提出,"尽快改善贫困地区的区位环境和基础设施"。通过加快交通设施建设,拉近贫困地区与中心城市的空间距离,使广州、深圳和珠江三角洲更有效地辐射带动贫困地区发展。梅州至汕头、惠州至河源、广州至清远、广州至韶关小塘等高速公路要加快建设步伐,在2003年前建成。山区贫困县公路建设要优先立项,继续实行地方等级公路建设补助办法,对特困县要适当提高补助标准。加大对贫困地区基础设施建设的力度,力争到2000年全省的行政村全部实现通机动车、通电、通电信、通邮。同时,为改善贫困山区的生产条件,搞好治山治水工作,从1998年冬天开始，开展以山、水、田、林、路综合治理为主要内容的"大禹杯"竞赛活动，省财政从1999年起，连续5年安排1000万元，作为"大禹杯"竞赛专项资金，采取以奖代补的方式，支持山区、贫困地区进一步改善农业生产条件，加快农业综合开发。至今，广东省已通过各种途径加强山区基础建设。

2000年10月，时任广东省省长卢瑞华在中共广东省委八届六次全会上指出："区域经济发展仍不平衡，山区及贫困地区脱贫奔小康任务还相当艰巨。"因此，《中共广东省委关于制定全省国民经济和社会发展第十个五年计划的建议》提出："加大对通往东西两翼和山区的高速公路以及经济欠发达地区公路网建设的扶持力度，2005年年底前实现全省所有地级市通高速公路。"这是"十五"期间我省公路建设的重中之重。它关系到山区人民实现小康、东西两翼地区加快发展，关系到全省不同类型地区经济社会的协调发展。

从党的十四大至党的十九大召开，广东区域协调发展贯彻实施了"分类指导、梯度推进、协调发展、共同富裕"的方针，由关注山区发展拓展到关注粤东和粤西地区的发展，视野更为开阔，协调的手段和途径更加多元化。

第三节 区域协调发展战略的确立和实施

2002年11月召开的党的十六大，提出全面建设小康社会的目标，对广东区域协调发展提出了新的要求，广东区域协调发展进入第三阶段。

2001年，广东GDP首次突破1万亿元大关，人均GDP达13730元（折合1660美元），远远超出人均800至1000美元的小康标准。但也应该看到，广东省的小康仍然是不全面、发展不平衡的小康。2001年，珠江三角洲人均GDP为31040元（折合3750美元），山区人均GDP为6031元（折合729美元），东西两翼人均GDP为7519元（折合908美元）。事实上，区域经济发展的差距在拉大，东西两翼和山区经济基础较弱。因此，

第二章 广东区域协调发展的历史演进

实施区域协调发展战略是广东全面建设小康社会的必然选择。2004年11月,广东省委、省政府根据党的十六大精神,制定广东省全面建设小康社会总体构想。分两步走:第一步,到2010年,全省人均GDP比2000年翻一番,全省进入宽裕型小康社会。珠江三角洲率先基本实现社会主义现代化,东西两翼进入经济发展增长期,山区经济社会发展迈上新台阶。第二步,到2020年,全省人均GDP比2010年再翻一番,全面建成小康社会,率先基本实现社会主义现代化。珠江三角洲达到世界中等发达地区水平,东西两翼和山区全面建成小康社会。正是在这一背景下,广东省确立和实施了区域协调发展战略。

一、加强区域协调发展的规划和引导

2002年5月,中共广东省委第九次代表大会召开,正式提出实施四大战略,即"外向带动战略""科教兴粤战略""可持续发展战略"和"区域协调发展战略"。李长春在报告中指出:"区域协调发展战略,就是把加快山区开发摆上重要的战略地位,努力实现全省不同类型地区优势互补、协调发展,促进共同富裕。"将"区域协调发展战略"作为新世纪广东实施的四大战略之一,提升了区域协调发展的地位。为落实区域协调发展战略,加快山区发展,广东省专门召开加快山区发展工作会议,并筹措370多亿元,用于山区基础设施建设、农业结构调整、推进农业产业化经营。

2002年11月,中共中央决定,中共中央政治局委员张德江兼任中共广东省委书记。12月23日,张德江在中共广东省委九届二次全会上的讲话,强调"加快区域经济协调发展",并进行了具体阐释。他提出:"加快东西两翼和广大山区经济发展的步伐,是增强我省经济发展后劲的重要途径。实现区域协调发展,尤其要注重在欠发达地区大力推进城镇化和工业化,发挥资源优势,促进生产要素集聚,优化资源配置,千方百计壮大县域经济,加快发展步伐。推动珠江三角洲地区产业优化升级,有计划地引导部分产业向欠发达地区转移。继续加大财政转移支付力度,加快基础设施建设,加强领导班子和干部队伍建设,支持和帮助欠发达地区实现跨越式发展。"张德江在谋划广东区域协调发展时,更加关注欠发达地区的城镇化和工业化、县域经济发展、产业转型升级和产业转移等问题。卢瑞华在中共广东省委九届二次全会上的讲话，对如何实施区域协调发展战略进行了具体说明，明确了区域协调发展的思路，即"从加强基础设施建设入手加快山区发展""以加快工业发展为突破口增强东西两翼经济发展后劲""以提高竞争力为中心加快珠江三角洲现代化建设步伐"。对于山区加快发展，要求抓住基础设施、教育和资源深加工三个重点；把加快东西两翼发展摆在全省区域经济一盘棋的突出位置，通过提高工业化水平，增强经济实力，使东西两翼尽快走上经济发展快车道；对于珠江三角洲地区开始不强调发展速度，要求提高城市集群效应和产业竞争力，增强广州和深圳中心城市的辐射力。

2007年5月，中共广东省委第十次代表大会对区域协调发展进行了新的布局，强调"区域协调发展是全面建设小康社会的关键所在"。2009年4月，为全面贯彻实施国务院批准的《珠江三角洲地区改革发展规划纲要（2008—2020年）》（以下简称《规划纲要》），推动全省特别是珠江三角洲地区在新起点上增创新优势、再造新辉煌，广东省委、省政府出台《关于贯彻实施〈珠江三角洲地区改革发展规划纲要（2008—2020年）〉的决定》。该决定提出："把提升珠江三角洲地区，辐射带动东西北地区发展作为实施《规划纲要》的重要举措，推动资源由按行政区域配置向按经济区域配置转变。加大力度推进产业和劳动力'双转移'工作，加强产业转移示范园区建设，科学规划、设立海关特殊监管区和保税业务监管网点，推动珠江三角洲地区劳动密集型、资金密集型企业加快向东西北地区转移。粤东西北地区要积极配合和对接《规划纲要》的实施，主动接受珠江三角洲地区的辐射带动。"

2002年以来，广东省委、省政府高度重视区域协调发展问题，先后制定《关于加快山区发展的决定》《关于加快中心镇发展的意见》《关于印发〈广东省城镇化发展纲要〉〈关于推进城镇化的若干政策意见〉的通知》《关于加快县域经济发展的决定》《关于统筹城乡发展加快农村"三化"建设的决定》等文件，出台一系列扶持山区和东西两翼社会经济发展的优惠措施。2006年9月，广东省委、省政府召开粤东地区加快发展工作会议，出台《关于促进粤东地区加快经济社会发展的若干意见》。2007年7月，广东省政府印发《广东省东西北振兴计划（2006—2010年）》（以下简称《振兴计划》），基期年为2005年，规划期从2006年到2010年，目标展望到2020年。《振兴计划》包括《广东省东西北振兴计划纲要》《广东省东西两翼地区交通基础设施专项规划》《广东省东西两翼地区能源基础设施专项规划》《广东省东西两翼地区水利基础设施专项规划》《广东省东西两翼地区工业化专项规划》《广东省东西两翼地区城镇化专项规划》6个东西两翼地区发展专项规划，《广东省北部山区交通基础设施专项规划》《广东省北部山区水利基础设施专项规划》《广东省北部山区工业发展专项规划》《广东省北部山区环境保护和生态建设专项规划》《广东省北部山区旅游发展专项规划》5个北部山区发展专项规划。《振兴计划》的颁发，是广东区域协调发展最为系统的设计和安排。

二、"双转移"政策的实施

"双转移"政策是广东推进区域协调发展的创造性构想和实践，包含产业转移和劳动力转移。具体是指珠三角劳动密集型产业向东西两翼、粤北山区转移；而东西两翼、粤北山区的劳动力向当地第二、第三产业和珠三角地区转移。2003年12月18日，张德江在中共广东省委九届四次全会上的讲话指出，鼓励珠三角的劳动密集型产业向东西两翼和北部山区转移，实行项目建设倾斜。2004年六七月间，时任中共广东省委副书记、省长黄华华在东莞、韶关和清远等地调研时，提出用"产业转移园区"的办法解决招商引资问题的设想，提出"产业转移开发"的思路。因此，广东从2004年开始启动山区、东西两翼与珠江三角洲地区共建产业转移园区，把民间自发的产业转移，提升为由政府引导、适应市场规律的产业有序转移。

2005年7月，广东省政府在韶关召开全省产业转移工业园工作现场会，总结广东省产业转移工作进展情况，交流产业转移工业园建设经验和做法，探索推进产业转移、促进全省经济可持续发展的新路子。在广东省委、省政府的支持下，珠三角与粤北山区结成了帮扶对子：广州帮扶梅州、深圳帮扶河源、佛山帮扶清远、东莞帮扶韶关。在一系列政策的推动下，产业转移园开始成为山区及东西两翼经济腾飞的新载体。

2007年12月，中共中央决定，中共中央政治局委员汪洋兼任中共广东省委书记。上任伊始，汪洋动员全省开展解放思想大讨论，要求以解放思想来破除有碍科学发展的各种思想障碍，建立广东发展模式转型的共识。随后，在中共广东省委解放思想大讨论会议上，汪洋多次提到产业结构优化，提到将低端的劳动密集型产业转出去，在珠三角进行"腾笼换鸟"。在东莞调研时，汪洋发表了后来广为传播的那句话："如果今天不积极调整产业结构，明天就要被产业结构所调整。"在解放思想大讨论的推动下，两个多月时间里，广东省委、省政府十几个部门组成的调研组深入珠三角、东西两翼和粤北山区重点城市进行调研，在充分吸取省发改委、经贸委、外经贸厅和劳动保障厅调研成果和部分专家学者意见的基础上，正式形成了"双转移"的政策。

2008年5月29日，广东省召开第一次"双转移"工作会议，对"双转移"进行部署和安排。中共广东省委、省政府做出《关于推进产业转移和劳动力转移的决定》。该决定指出，推进产业转移和劳动力转移是缩小地区差距、促进区域协调发展、提高城乡居民生活水平的有效途径。推进这项工作，有利于充分发挥珠三角地区辐射带动作用，发挥东西两翼和粤北山区的比较优势，实现优势互补、相互促进。该决定要求力争做到三年初见成效，五年大见成效，到2012年力争珠三角地区功能水平显著提高、产业结构明显优化，东西两翼和粤北山区形成一批布局合理、产业特色鲜明、集聚效应明显的产业转移集群；人力资源得到充分开发，劳动力素质整体提升，就业结构整体优化。该决定确定了推进产业转移的政策措施，即加强产业转移规划引导；实行产业转移集聚发展；努力降低经营成本；加大用地扶持力度；加强配套基础设施建设；不断提高管理服务水平；切实加强环境保护。关于推进劳动力转移的政策措施，该决定提出，加快省内劳动力向珠三角发达地区转移；大力推进农村劳动力就地就近就业；鼓励企业招用本省农村劳动力；加强农村劳动力职业技能培训；加强就业培训载体建设；强化转移就业公共服务；建立优秀农民工激励机制。

第二章 广东区域协调发展的历史演进

为了配合和切实做好"双转移",广东省委、省政府在2008—2012年的5年时间里,安排500余亿元资金,从8个方面进行扶持:一是扶持欠发达地区完善基础设施;二是以竞争形式扶持欠发达地区建设产业转移园;三是加大力度扶持欠发达地区重点产业发展;四是实施政府有效引导的产业转移政策;五是实施免费技能培训;六是鼓励贫困农村适龄青年掌握职业技能;七是以农田标准化建设减少农村单位土地使用的劳动力,推动农村劳动力加速转移;八是造新耕地挂钩置换,增加欠发达地区可开发土地和支持解决全省新增建设用地占用耕地的占补平衡问题。

实施产业和劳动力"双转移"是广东主动适应国际国内产业转移和发展大趋势、按照经济规律办事的战略选择,是破解发展难题、实现区域协调发展的有效途径。通过"双转移"战略的实施,形成了一批布局合理、产业特色鲜明、集聚效应明显的产业转移集群。2008—2013年,广东工业经济增长已经由原来的劳动力投入拉动为主,逐步转变为技术进步和资本投入影响为主,产业结构特点由劳动密集型逐步转变为技术和资本密集型。同时,产业转移带动劳动力培训和转移,促使东西北地区就业人口结构明显改善。2015年,珠三角第二、第三产业从业人口占91.0%,比2007年提高4.1个百分点,接近发达国家的水平;粤东西北第二、第三产业从业人口占比为56.3%,比2007年提高7.7个百分点。其中,粤东、粤西和粤北分别占67.5%、47.7%和53.9%,比2007年分别提高9.4、6.8和6.3个百分点,表明区域就业结构朝工业化、城市化进程迈进。

三、县域经济的发展壮大

发展壮大县域经济,具有区域协调发展功能。2003年7月和10月,张德江到阳江、梅州考察时,就强调发展县域经济。他在梅州考察时说:县域经济发展水平是一个地区发展水平的重要标志,欠发达地区建设小康社会的主要出路就是发展县域经济。2004年4月,中共广东省委、省政府召开全省加快县域经济发展工作会议,推动县域经济加速发展。会议讨论制定了《关于加快县域经济发展的决定》,要求提高县域工业化水平和加快城镇进程。同年9月,中共广东省委九届五次全会再次强调发展县域经济。张德江提出："县域经济在全面建设小康社会和实现全省城乡、区域协调发展中具有举足轻重的地位。"加快县域经济发展，需要扩大县（市、区）的权限。这次全会通过的《中共广东省委关于贯彻〈中共中央关于加强党的执政能力建设的决定〉的意见》提出三项措施：一是按照责权统一、重心下移的原则，凡省已下放给地级市的管理权，除法律、法规另有明确规定外，一律下放到县（市、区）；二是有条件的县（市、区）撤销城关镇，设立街道办事处，以提高城镇化水平，特别是提高城区规划、建设、管理水平；三是抓好乡镇"七站八所"管理体制改革试点，把乡镇"七站八所"的编制收到县一级，建立总站或中心站，整合资源、整合力量、提高效率。

2006年4月，中共广东省委、广东省人民政府做出《关于加快社会主义新农村建设的决定》，要求"加大县域经济发展力度"，推进工业化、城镇化和农业产业化进程，并提出了具体举措。如结合县域实际，充分发挥资源优势，大力发展具有地方特色的工业龙头企业，带动资源的综合开发利用，形成主产业突出、后续产业强劲的工业群体；继续加大招商引资力度，以优惠的政策措施、良好的社会环境、快捷的办事效率，吸引国内外企业到县域兴办工商企业，推进县域外向型经济的发展；大力扶持发展民营企业，充分发挥民间资本在开发县域经济中的积极作用。进一步加强县城镇、中心镇和专业镇建设，重点是整合公共资源，完善基础设施和服务设施建设，引导工商、服务企业聚集发展，增强城镇辐射带动农村的功能，为农村富余劳动力就近转移就业创造良好条件。

2004年以来，广东省各地认真贯彻落实促进县域经济发展的政策措施，扎实推进各项工作，县域经济增长加快。2004年全省67个县实现生产总值4098亿元，增长约1.7%，比上年同期提高1.6个百分点。一般预算收入超亿元的县市从2003年的30个增加到2006年的54个，县均一般预算收入从2003年的1.3亿元增加到2006年的2.25亿元，县均人均财力从2003年的1.54万元增加到2006年的2.42万元，县域财政自给水平提高了2.8个百分点，县域经济呈现速度加快、质量改善、效益提高的良好态势。

第二章　广东区域协调发展的历史演进

自中共广东省委第九次党代会确立区域协调发展战略以来，广东省委、省政府先后就加快县域经济发展、加快山区发展、促进粤东西北地区发展、推动产业和劳动力"双转移"、实施扶贫开发"双到"等做出重要部署，粤东西北地区经济社会发展取得显著成就，综合经济实力明显增强，2009年起粤东西北地区生产总值、固定资产投资和财政收入等主要经济指标增幅均高于全省平均水平和珠三角地区。但是，由于粤东西北地区发展基础薄弱、工业化和城镇化程度偏低、财政支出压力大，经济社会发展水平与珠三角地区仍存在较大差距，特别是各市的人均GDP均未达到全国平均水平，广东区域发展不平衡的问题仍比较突出。

第四节　以"三大抓手"构建广东区域协调发展新格局

2012年10月，党的十八大召开，提出全面建成小康社会的奋斗目标。党的十八大召开之后，习近平总书记选择广东作为离京考察的第一站，并提出殷切期望："广东要努力成为发展中国特色社会主义的排头兵、深化改革开放的先行地、探索科学发展的实验区，为率先全面建成小康社会、率先基本实现社会主义现代化而奋斗。"为贯彻落实党的十八大和习近平总书记视察广东重要讲话精神，进一步促进粤东西北地区振兴发展，确保全省实现"三个定位、两个率先"①的目标，2013年7月，《中共广东省委、广东省人民政府关于进一步促进粤东西北地区振兴发展的决定》出台。该决定指出，按照全省"一盘棋"和统筹区域协调发展的要求，充分发挥粤东西北地区主体作用，以改革创新和扩大开放为动力，以加快新型工业化和城镇化为突破口，加快转变经济发展方式，努力形成全省新的经济增长极，实现跨越发展、转型发展、绿色发展。该决定确立的目标任务是：到2020年，粤东西北地区与全国同步全面建成小康社会；人均地区

---

① 三个定位即广东要努力成为发展中国特色社会主义的排头兵、深化改革开放的先行地、探索科学发展的实验区；两个率先即率先全面建成小康社会、率先基本实现社会主义现代化。

生产总值达到或超过全国同期平均水平。经济社会全面发展，生态环境优美和谐，基本公共服务健全，人民生活明显改善，实现全省区域协调发展。该决定对粤东西北发展的定位是：粤东加快建设"汕潮揭"城市群；粤西加快建设"湛茂阳"临港经济带；粤北加快建设可持续发展生态型新经济区。

2014年1月，中共广东省委十一届三次全会通过《中共广东省委贯彻落实〈中共中央关于全面深化改革若干重大问题的决定〉的意见》，提出"构建区域互动发展机制"，要求继续实施区域协调发展战略，充分发挥各地区比较优势。该意见提出，落实《珠江三角洲地区改革发展规划纲要（2008—2020年）》，大力推动珠三角地区转型升级，增强核心竞争力，确保实现"九年大跨越"；落实《中共广东省委、广东省人民政府关于进一步促进粤东西北地区振兴发展的决定》，推动粤东西北地区到2020年与全国同步全面建成小康社会，人均地区生产总值达到或超过全国同期平均水平。全力落实产业园区扩能增效、重大交通基础设施建设、中心城区扩容提质的重大任务。落实和创新珠三角地区与粤东西北地区全面对口帮扶机制。加大省对粤东西北地区政策资源支持力度，在重大项目、资金安排、用地保障、人才队伍、基本公共服务供给等方面予以重点倾斜。落实国家和省的扶持政策，支持省原中央苏区县的振兴发展。运用市场方式引导省内外各种资源参与粤东西北地区振兴发展。完善促进县域经济发展体制机制。设立和扩展粤东西北地区振兴发展股权式基金。

根据《中共广东省委、广东省人民政府关于进一步促进粤东西北地区振兴发展的决定》和中共广东省委、省政府年度总体部署，2014—2017年，广东省政府印发促进粤东西北地区振兴发展年度重点工作任务。例如，2016年4月，广东省政府印发《促进粤东西北地区振兴发展2016年重点工作任务》，要求"以提高发展质量和效益为中心，以全面深化改革为根本动力，以创新驱动发展为核心战略，着力加强供给侧结构性改革，着力加快新旧发展动能接续转换，促进新型工业化、信息化、城镇化、农业现代化、绿色化协调发展，突出抓好交通基础设施、产业园区、中心城区'三大抓手'建设，深入推进对口帮扶，提升粤东西北地区经济实力和整体竞争力，促进保障生态安全的主体功能明显增强，加快推进基本公共服务均等化和社会保障城乡一体化"，并提出了主要目标和重点工作。重点工作包括：注重保持经济持续健康发展；注重增强振兴发展后劲，继续推进以交通为重点的基础设施建设；注重产业集聚集约发展，着力推动产业园区扩能增效；注重以人为核心的新型城镇化，科学有序推进中心城区扩容提质；注重夯实振兴发展基础，推动县域经济社会发展；注重发展动能转换，大力实施创新驱动发展战略；注重生态文明建设，突出实施绿色低碳发展；注重区域优势互补，切实加大对口帮扶力度；注重基本公共服务均等化，加快社会事业补短板上水平。

2017年4月，习近平总书记对广东工作做出重要批示，希望广东坚持党的领导、坚持中国特色社会主义、坚持新发展理念、坚持改革开放，为全国推进供给侧结构性改革、实施创新驱动发展战略、构建开放型经济新体制提供支撑，努力在全面建成小康社会、加快建设社会主义现代化新征程上走在前列。这一重要批示，为广东推进区域协调发展提供了新的指南。

2017年5月，时任中共中央政治局委员、广东省委书记胡春华在中共广东省委第十二次党代会报告中，对"统筹推进区域城乡协调发展，构建全省一体化发展新格局"进行了详细阐释。他说，广东已经发展到了"先富帮后富、最终实现共同富裕"的关键阶段。经过多年接续努力，珠三角辐射带动能力不断增强，粤东西北地区发展条件显著改善，全省一体化发展的时机已经成熟。必须乘势而上，按照全省一盘棋的思路，统筹全省生产力和人口布局，提升珠三角带动粤东西北，促进城乡融合发展，加快形成全省一体化发展新格局。具体而言，他提出了充分发挥珠三角辐射带动作用、完善珠三角联通粤东西北的交通网络、深化珠三角与粤东西北地区产业共建、推进珠三角城市更新和粤东西北城市扩容提质、加快新农村建设等五个方面的重点工作。

从党的十八大至党的十九大召开前后，广东为推动区域协调发展，重点推进交通基础设施、产业园区提质增效、中心城区扩容提质三大建设。

一、交通基础设施互联互通

经过多年的建设和发展，粤东西北地区的交通基础设施建设取得了明显进展，但与珠三角地区相比，仍存在较大差距。《中共广东省委、广东省人民政府关于进一步促进粤东西北地区振兴发展的决定》强调"基础设施提速升级"，要求加快以交通项目为重点的基础设施建设，到2015年实现县县通高速，尽快贯通跨省界高速公路，形成以高速公路为骨架，公路、铁路、机场、港口、航道衔接顺畅的综合运输网络，能源、水利、环保、信息化等基础设施支撑保障能力明显提升。就公路建设而言，2014年，广东新建公路9162公里，其中高速公路581公里；2015年，广东新建公路3930公里，其中高速公路738公里；2016年，广东新建公路855公里，其中高速公路662.3公里；2017年，广东新建公路839.59公里，其中高速公路654.88公里。这些新增的公路，大部分位于粤东西北地区，粤东西北地区交通条件因此发生根本性改变。就港口建设而言，港口万吨级码头泊位新增吞吐能力，2014—2017年，分别新增3823.5万吨、7118万吨、3151万吨、1540万吨。2017年，广东着力补齐粤东西北发展短板，加快打通全省骨干交通网络，大力推进潮汕机场扩建、湛江机场迁建、韶关机场军民合用工程，深茂铁路深圳至江门段前期工作取得积极进展，推动广州至汕尾高铁顺利开工并延伸至汕头，启动广州至湛江高铁前期工作，琼州海峡港航一体化发展稳步推进。

二、产业园区提质增效

2013年出台的《中共广东省委、广东省人民政府关于进一步促进粤东西北地区振兴发展的决定》，明确将产业园区扩能增效作为促进粤东西北地区振兴发展的三大抓手之一。为加快推动粤东西北地区产业园建设，构建全省一体化发展新格局，省政府及有关部门先后出台《促进粤东西北地区产业园区提质增效的若干政策措施》《关于深化珠三角地区与粤东西北地区对口帮扶工作的意见》《粤东西北产业园区发展"十三五"规划》《关于支持珠三角与粤东西北产业共建的财政扶持政策》等政策措施。

2017年初，省经济和信息化委员会编制出台了《粤东西北产业园区发展"十三五"规划》，明确了产业园区的空间布局、产业布局和重点任务。在政策引领的同时，注重落实资金配套。2013—2017年省财政统筹安排144.7亿元扶持资金，支持产业园区扩能增效等相关工作。

为推进产业园区建设，广东省政府及有关部门将项目落地、促进产业集聚作为园区工作的重中之重。2016年举办"广东省产业转移园承接珠三角产业梯度转移对接大会"，共发动有转移意向的270多家珠三角行业商协会、企业与省产业园对接，促成42个产业项目签约，协议投资达381.5亿元。2017年1—7月进一步促成新落地工业项目399个，其中亿元以上工业项目203个，新投产工业项目243个。积极推动省属国有企业到产业园区投资发展，明确要求每家省属国有企业在粤东西北地区至少增加2个以上实体项目。至2017年11月，广东省产业园基础设施建设开发资金累计投入超过1300亿元。另外，还形成具有地域特色和链条相对完备的产业带。例如，湛江、珠海（阳江）、茂名产业转移工业园分别依托宝钢基地、中科炼化、青山镍业、广青金属、茂名石化等大项目大力发展上下游产业，带动形成粤西地区的钢铁、石化产业带；深圳（汕尾）、深圳（河源）产业转移工业园大力发展电子信息产业，带动周边县区形成若干电子信息产业集群，拓展了珠江东岸电子信息产业集聚规模；深圳（汕尾）、中山（潮州）、汕头产业转移工业园分别引进华润、大唐、华能三大电厂项目，带动粤东地区形成能源产业带。2017年，广东省推动珠三角高新区与粤东西北高新区开展产业分工、园区帮扶合作，培育了一批研发孵化在珠三角、成长壮大在粤东西北的高新技术企业和创新骨干企业。

三、粤东西北地级市中心城区扩容提质

《中共广东省委、广东省人民政府关于进一步促进粤东西北地区振兴发展的决定》提出："中心城区扩容提质。大力提升城镇化水平，各市中心城区人口和产业集聚度大幅提高，综合竞争力明显增强，辐射带动周边县区发展。到2020年，打造一批低碳生态示范城区。城镇体系进一步完善，大中城市、中小城镇协调发展，城镇化率力争与全国平均水平同步。"

为推动粤东西北地级市中心城区扩容提质,广东省在财政上给予了大力支持。一是加快新区基础设施建设。为支持粤东西北地区新区建设,从新区设立第二年起,省5年内每年按新区范围内产生的上划省"四税"超出设立年的增量部分安排补助资金,专项用于新区基础设施建设。二是支持中心城区公益性基础设施项目建设。广东省设立粤东西北地级市城区扩容提质基本建设贷款贴息资金,专项用于粤东西北中心城区运用贷款开展的公益性基础设施项目建设所产生的贷款利息、股权收益等融资成本,贴息资金性质由"一般性转移支付管理模式"改为"项目制管理模式"。贴息资金分配范围包括粤东西北地区12市及肇庆市的中心城区。2013—2016年,粤东西北地区12市及肇庆市申请贷款贴息项目779个,申请贷款贴息数额为564087.10万元。省财政按照平均每市每年5000万元安排贴息资金,最终核定财政贴息数额为255781.86万元。其中,2013—2016年核定财政贴息数额分别为62777.78万元、67158.28万元、65000万元、60845.79万元。从分类资助的情况来看,69.85%的贴息资金用于支持道路、桥涵、隧道等交通基础设施,20.15%的贴息资金用于教育、文化、卫生、社保等社会事业项目及其他公共服务平台建设项目等,其他合计占10%。粤东西北地区中心城区基础设施建设贷款贴息资金的使用,促进了粤东西北中心城区扩容提质,城市支撑力和辐射效应增强。

例如,粤东西北13个市地区固定资产投资从2013年的78056600万元上升到2015年的113125700万元,年平均增长20.39%,比同期广东省和珠三角的平均水平高5.69个百分点和8.55个百分点。又如,粤东西北城市化进程加速,13个市常住人口从2013年的5331.02万人上升到2015年的5380.69万人,年平均增长0.46%。其中,城镇人口比重从2013年的48.38%上升到49.50%,提高1.11个百分点,增幅高于同期广东省和珠三角的平均水平。再如,粤东西北经济快速增长,产业结构不断优化,13个市人均地区生产总值从2013年的2.98万元,上升到2015年的3.42万元,年平均增长7.2%,比广东省和珠三角的平均水平分别高出0.09个百分点和0.25个百分点。最后,粤东西北产业结构调整成效显著,13个市地区第二、第三产业产值从2013年的13925200万元上升到2015年的

158285100万元,占地区生产总值的比重从85.14%上升到86.09%,上升0.94个百分点,上升幅度高于同期广东省的平均水平0.37个百分点及珠三角9个市的平均水平0.21个百分点。同时,20.15%的省级贴息资金用于教育、文化、卫生、社保等社会事业项目及其他公共服务平台建设项目等,推动了粤东西北13个市的社会事业快速发展。

总之,通过实施"三大抓手",粤东西北地区振兴发展实现新跨越。交通建设突飞猛进,实现县县通高速,粤东西北地区交通条件发生根本性改变。产业共建成效初显,一批优质项目落地,省级产业园规模以上工业增加值年均增长21.9%。粤东西北地级市中心城区扩容提质扎实推进,城市发展新格局初步形成。

第五节 新时代广东区域协调发展的新谋划

党的十九大报告明确提出"实施区域协调发展战略",对不同区域实施差异化政策,为广东谋划区域协调发展提供了指引。党的十九大召开之后,中共中央决定,中共中央政治局委员李希同志兼任中共广东省委书记。由此,开启了新时代广东区域协调发展的新谋划。

2018年1月25日,马兴瑞省长在广东省第十三届人民代表大会的报告中指出:"未来五年,广东将坚持全省一盘棋的思路,深入实施乡村振兴战略、区域协调发展战略,优化珠三角、东西两翼和粤北山区发展格局,健全城乡融合发展体制机制,加快实现基本公共服务均等化、基础设施通达程度比较均衡、人民生活水平大体相当,加快补齐区域城乡发展不平衡这块最大的短板。"这是未来五年广东统筹推进区域协调发展的新部署。具体到2018年,马兴瑞强调了如下工作重点:优化区域发展格局,建立更加有效的区域协调发展机制;深化新一轮对口帮扶,促进产业园区提质增效;加大对"老少边穷"地区转移支付力度;优化调整转移支付结构;完善一般性转移支付制度。这些政策举措的落地,将有效促进广东省区域协调发展。

2018年3月7日，习近平总书记参加十三届全国人大一次会议广东代表团审议时，要求广东"在构建推动经济高质量发展体制机制、建设现代化经济体系、形成全面开放新格局、营造共建共治共享社会治理格局上走在全国前列"，这既是对广东发展的方向指引与殷切期望，也赋予广东新的责任与使命。为把"四个走在全国前列"要求落到实处，2018年6月，中共广东省委十二届四次全会表决通过《中共广东省委关于深入学习贯彻落实习近平总书记重要讲话精神奋力实现"四个走在全国前列"①的决定》，对区域协调发展进行了新谋划。李希同志在讲话中强调：以构建"一核一带一区"区域发展格局为重点，加快推动区域协调发展。改变传统思维，转变固有思路，突破行政区划局限，全面实施以功能区为引领的区域发展新战略，形成由珠三角核心区、沿海经济带、北部生态发展区构成的发展新格局，立足各区域功能定位，差异化布局交通基础设施、产业园区和产业项目，因地制宜发展各具特色的城市，推进基本公共服务均等化，有力推动区域协调发展。《中共广东省委关于深入学习贯彻落实习近平总书记重要讲话精神奋力实现"四个走在全国前列"的决定》和李希同志的讲话，明确了新时代广东推进区域协调发展的基本思路。

（1）全面实施以功能区为引领的区域发展新战略。依据发展基础、资源禀赋、地理优势，将我省划分为珠三角核心区、沿海经济带、北部生态发展区，赋予"一核一带一区"不同的功能。珠三角核心区通过创新驱动实现产业升级；沿海经济带承担起广东经济发展重担，特别是粤港澳大湾区要建设成为全球增长极；粤北地区要立足生态屏障建设提升发展能力。

（2）实施区域差异化布局。对于"一核一带一区"的基础设施、产业园区和产业项目，实施差异化布局，在错位发展中实现协调发展、特色发展，缩小区域发展差距。

（3）推进基本公共服务均等化。基本公共服务均等化是缩小区域发展

---

① 四个走在全国前列即在构建推动经济高质量发展的体制机制上走在全国前列；在建设现代化经济体系上走在全国前列；在形成全面开放新格局上走在全国前列；在营造共建共治共享社会治理格局上走在全国前列。

差距的途径，通过加大财政转移支付力度，优化调整转移支付结构，努力实现教育公平，构建均衡的公共卫生服务体系，加快完善社会保障体系，使政府为城乡居民提供基本的、大致均等的公共物品和公共服务，以缩小区域发展差距。

（4）以实施乡村振兴战略为重点，加快改变广东农村落后面貌。坚持以城带乡、城乡一体化发展，加快构建第一、第二、第三产业融合发展的现代农业体系，健全乡村治理体系，着力补齐农业农村发展短板，力争在实施乡村振兴战略中走在全国前列，通过乡村振兴促进协调发展。

习近平总书记对广东"四个走在全国前列"的期待，蕴含着他对广东区域协调发展走在全国前列的期待，是新时代推动广东区域协调发展的行动指南。

第三章　产业转型升级与广东区域协调发展

习近平总书记在党的十九大报告中指出："我国经济已由高速增长阶段转向高质量发展阶段，正处在转变发展方式、优化经济结构、转换增长动力的攻关期，建设现代化经济体系是跨越关口的迫切要求和我国发展的战略目标。必须坚持质量第一、效益优先，以供给侧结构性改革为主线，推动经济发展质量变革、效率变革、动力变革，提高全要素生产率，着力加快建设实体经济、科技创新、现代金融、人力资源协同发展的产业体系，着力构建市场机制有效、微观主体有活力、宏观调控有度的经济体制，不断增强我国经济创新力和竞争力。"加快产业转型升级，推动新旧动能转换成为当前以及接下来一段时间我国经济工作的中心。

2012年习近平总书记视察广东时，在听取广东省委、省政府的工作汇报时指出："现在我国改革已经进入攻坚期和深水区，我们必须以更大的政治勇气和智慧，不失时机深化重要领域改革。"并且对广东提出殷切希望："广东要努力成为发展中国特色社会主义的排头兵、深化改革开放的先行地、探索科学发展的实验区，为率先全面建成小康社会、率先基本实现社会主义现代化而奋斗。"

2014年3月6日，在参加第十二届全国人大二次会议广东代表团审议时，习总书记又寄语广东，要着力推动产业优化升级，充分发挥创新驱动作用，走绿色发展之路，努力实现凤凰涅槃。后来，习总书记又强调，广东不仅要在地区生产总值上支撑全国，结构调整也要支撑全国，必须在推动经济结构战略性调整上走在前列，当好创新驱动发展的排头兵。2017

第三章　产业转型升级与广东区域协调发展

年4月,习近平总书记又对广东工作做出重要批示,充分肯定党的十八大以来广东各项工作,希望广东坚持党的领导、坚持中国特色社会主义、坚持新发展理念、坚持改革开放,为全国推进供给侧结构性改革、实施创新驱动发展战略、构建开放型经济新体制提供支撑,努力在全面建成小康社会、加快建设社会主义现代化新征程上走在前列。"四个坚持、三个支撑、两个走在前列"① 为广东工作指明了方向。2018年3月,习近平总书记在参加十三届全国人大一次会议广东代表团审议时强调:"发展是第一要务,人才是第一资源,创新是第一动力。中国如果不走创新驱动发展道路,新旧动能不能顺利转换,就不能真正强大起来。强起来要靠创新,创新要靠人才。"2018年10月,在改革开放40周年之际,习近平总书记再次亲临广东视察指导并发表重要讲话,要求广东高举新时代改革开放旗帜,以更坚定的信心、更有力的措施把改革开放不断推向深入,提出了深化改革开放、推动高质量发展、提高发展平衡性和协调性、加强党的领导和党的建设四项重要要求,为新时代广东改革发展指明了前进方向、提供了根本遵循。

历史总是在时代的转折点赋予广东新的使命。改革开放40多年来,广东敢为天下先,创造了举世瞩目的"广东奇迹";而且每每在关键时刻,成为党的重大理论与实践创新的沃土,以先行一步的经验为全国提供重要的借鉴。广东应当继续勇于承担光荣使命,进一步贯彻落实习近平总书记系列重要讲话精神,坚持创新、协调、绿色、开放、共享的发展理念,围绕实现"三个定位、两个率先"总目标,以全面深化改革为根本动力,以提高发展质量和效益为中心,以创新驱动发展为核心战略,以依法治省为根本保障,确保实现"四个走在全国前列""两个重要窗口"目标。

---

① 四个坚持即坚持党的领导、坚持中国特色社会主义、坚持新发展理念、坚持改革开放;三个支撑即为全国推进供给侧结构性改革、实施创新驱动发展战略、构建开放型经济新体制提供支撑;两个走在前列即在全面建成小康社会、加快建设社会主义现代化新征程上走在前列。

第一节　广东产业转型升级成就

一、广东省产业发展阶段

（一）阶段一：工业化起步阶段（1978—1991年）

十一届三中全会以来，我国的工作重心转移到社会主义现代化建设上来，坚持解放思想，实事求是，实行改革开放。1979年，党中央、国务院批准广东、福建在对外经济活动中实行"特殊政策、灵活措施"，并决定在深圳、珠海、厦门、汕头试办经济特区。作为改革开放的前沿与中心省份，广东以解放思想为先导，创造性地运用中央给予的特殊政策措施，充分利用毗邻港澳的优势，积极落实华侨工作，借助海外华人华侨以及港澳的资金支持，把握机遇，建立起庞大的轻工业体系。以劳动密集型为特征的纺织、食品与建材等行业成为广东的支柱性产业。在这一基础上，广东产业迅速发展，逐步完成工业化的初级阶段。在这一阶段上，广东以投资、大量廉价劳动力以及政策支持为依托，以传统产业的扩张推动经济成长，逐步摆脱了生产要素短缺，基础设施供给不足以及市场需求低迷对于产业经济发展的制约，实现经济起飞。

1978年广东省生产总值仅为185.85亿元，1992年生产总值达到2447.84亿元。1978年第一、第二、第三产业产值分别为55.31亿元、86.62亿元、43.92亿元，分别占29.8%、46.6%、23.6%。1992年第一产业产值增长至465.83亿元，第二、第三产业产值则分别增至1100.32亿元以及881.39亿元。三次产业的比重分别为19%、45%以及36%。与1978年相比，第一产业比例大幅下降10.8%，第二产业略有下降，而第三产业则大幅度上涨12.4%，呈超前发展趋势。广东省产业结构日趋优化，与同时期全国产业结构年均变动值3.96%相比，广东省产业结构变动速度快于全国，年均变动值达到4.26%。

第三章　产业转型升级与广东区域协调发展

（二）阶段二：工业化发展中期（1992—2008 年）

1992 年邓小平同志来到广东视察，发表了"南方谈话"，重申了深化改革、加速发展的必要性和重要性，并从中国实际出发，站在时代的高度，深刻地总结了十多年改革开放的经验教训，在一系列重大的理论和实践问题上，提出了新观点，讲出了新思路，开创了新视野，有了重大新突破，将建设有中国特色社会主义理论与实践，大大地向前推进了一步。同年，党的十四大明确我国经济体制改革的目标是建立社会主义市场经济体制，这为广东在下一阶段的发展提供了重要机遇。尽管 1998 年受到"亚洲金融危机"的重大冲击和影响，但广东省产业结构调整、促进产业以及区域的协调发展仍稳步向前推进。1997 年、1999 年香港和澳门相继回归祖国以及 2001 年我国成功加入 WTO（世界贸易组织）深化了广东与港澳之间的合作的深度与广度，扩大了对外开放水平。在科学技术水平不断变革、新经济不断发展，经济全球化以及区域一体化水平不断加深的背景下，广东省深化区域合作水平，尤其是提升与香港、澳门之间的合作水平，不断响应世界发展的潮流，加快调整产业结构步伐，积极融入全球分工体系当中，并向高附加值价值链靠拢。

1992 年广东省生产总值为 2447.54 亿元，2008 年地区生产总值已达到 36796.71 亿元。其中 2008 年三次产业的比重分别为 5.4%、50.3%、44.3%，第一产业的比例仍呈现大幅度下降，下降 13.6%；第二产业比例有所上升，提高 5.3%；而第三产业势头依旧强劲，增长 8.3%，呈超前发展趋势，但在这一阶段第二产业仍占据主导地位。

（三）阶段三：创新驱动发展时期（2008 年至今）

2008 年，金融危机的爆发使广东面临着自改革开放以来经济发展的最大冲击。经济外向度过高（经济对外依存度高达 150%）、产业结构调整不充分、内源经济潜力动员不足、自主创新能力相对不足等都是广东受到外部经济环境影响的重要原因。广东省面对此次金融危机，在省委、省政府的领导下积极应对，充分利用国际金融危机形成的倒逼机制，加快产业转型升级，促进工业经济应对金融危机，增强发展后劲，实现可持续发展。"三促进一保持"，即促进提高自主创新能力、促进传统产业转型升级、促进建设现代产业体系，保持经济平稳较快增长。始终把保持经济平稳较快发展作为首要任务，把扩大内需作为保增长的根本途径，把加快发展方式转变和结构调整作为保增长的主攻方向，把深化重点领域和关键环节改革、提高对外开放水平作为保增长的强大动力，把改善民生作为保增长的出发点和落脚点。在以上指导思想下，要在全省范围内重点建设现代产业体系，加快实施创新驱动发展战略，加快新旧动能转换，坚持制造与创造相结合，制造业与服务业相协调，信息化与工业化相融合，以广东现代产业500强项目为抓手，加快建设全球重要现代产业基地和国家战略性新兴产业基地，形成以战略性新兴产业为先导、先进制造业和现代服务业为主体的产业结构。随着新一轮科技以及产业变革的到来，大数据、人工智能等逐渐成为当今发展前沿领域，在国家"大众创业、万众创新"、"互联网+"、《中国制造2025》、供给侧结构性改革、广东自贸区、粤港澳大湾区等一系列的战略规划下，广东围绕"三个定位、两个率先"进一步推动经济结构战略性调整和产业转型升级，构建高水平开放型经济新格局，基本建立具有全球竞争力的产业新体系。党的十八大以来，广东主动适应和引领经济发展新常态，以推进供给侧结构性改革为主线，加快产业转型升级，围绕产业创新动能转换、工业提质增效、服务业能级提升、互联网新业态培育等方面不断发力，推动产业结构调整走在全国前列，对推动广东乃至全国的经济增长起到了重要支撑作用。

尽管在发展初期，面临着转型所带来的经济增速放缓的阵痛，但经过长时间的谋划布局与落实，广东省产业转型升级取得显著成效和积极成果，产业中高端发展取得重要突破和进展，现代服务业和先进制造业发展水平不断提高，战略性新兴产业快速发展，农业现代化取得明显进展，基本实现建成产业新体系的新目标。截止到2017年，广东省生产总值达到8.99万亿元，连续29年居全国首位，结构调整取得标志性进展，第一、第二、第三产业比重调整为4.2%、43.0%、52.8%，现代服务业增加值占服务业比重达 62.6%，先进制造业增加值占规模以上工业比重达 53.2%，民营经济增加值占生产总值比重达 53.8%。发展活力与内生动力不断加强。

自 2008 年广东省加快产业转型升级以来，石油和天然气开采业，石油加工、炼焦及核燃料加工业，有色金属矿采选业等高污染、高耗能产业比重大幅度下降。与此同时，众多行业的比重呈上升趋势，超前发展，其中以医药制造业、通用设备制造业、专用设备制造业、文教体育用品制造业等行业表现最为突出。同时，在第三产业上广东省保持着超前发展的良好势头，交通运输、仓储和邮政业，信息传输、计算机服务和软件业，金融业，科学研究、技术服务和地质勘查业，文化、体育和娱乐，租赁和商务服务业等发展迅速。

二、广东省产业转型升级成就

（一）产业结构不断优化升级

2008 年，金融危机的爆发使广东面临前所未有的挑战，挑战与机遇并存。广东省面对此次金融危机，在省委、省政府的领导下积极应对，充分利用国际金融危机形成的倒逼机制，加快产业转型升级，促进工业经济应对金融危机，增强发展后劲，实现可持续发展。2009 年，广东省政府工作报告中指出要把困难估计得更充分一些，把应对措施考虑得更周密一些，又要善于从国际国内条件的相互转化中创造条件，努力化传统发展模式之"危"为科学发展模式之"机"。尤其是党的十八大以来，广东进一步贯彻落实习近平总书记系列重要讲话精神，坚持创新、协调、绿色、开放、共享的发展理念，围绕"三个定位、两个率先"的总目标，以全面深化改革为根本动力，以提高发展质量和效益为中心，以创新驱动发展为核心战略，以加快转变经济发展方式为主线，抓住加快转型升级、建设幸福广东这个核心，解放思想、改革创新、先行先试。现代产业体系建设作为加快转型升级、建设幸福广东的战略任务，坚持制造与创造相结合，制造业与服务业相协调，信息化与工业化相融合，加快建设全球重要现代产业基地和国家战略性新兴产业基地，形成以战略性新兴产业为先导、先进制造业和现代服务业为主体的产业结构。具体包括以下五个内容。

（1）推动现代服务业发展，大力发展生产性服务业，提升发展生活服务业，培育发展新兴服务业。①优先发展现代服务业，即按照建立现代产业体系的要求，以抢占产业发展制高点、培育新的经济增长点为目标，重点发展金融、现代物流、信息服务、科技服务、商务会展、文化创意、服务外包、现代旅游、健康服务等现代服务业，着力培育高技术服务产业，形成高端服务业产业群，带动生产服务业和生活服务业全面发展。②调整提升传统服务业，即按照"调整结构、提升水平、突出特色、优化发展"的总体思路，以满足居民生活服务需求、扩大就业为目标，全面提升传统服务业发展水平。③大力加强公共服务，即以实现城乡、区域和群体间基本公共服务均等化为目标，大力提升公共服务能力，提高公共服务水平，建设覆盖全民的公共服务和社会保障体系。

（2）促进制造业高级化，加快制造业结构调整，壮大先进制造业规模，改造提升传统制造业，延伸完善产业链，提高制造业国际竞争力。

（3）提升先进制造业集聚发展水平，重点发展资金技术密集、关联度高、带动性强的装备、汽车、石化等产业，改造提升传统制造业。

（4）培育发展战略性新兴产业，把握世界新科技革命和产业革命的历史机遇，把加快培育和发展战略性新兴产业作为推进产业结构升级的重要抓手，超前谋划布局，突出重点领域和关键环节，推动战略性新兴产业快速健康发展。推动重点产业做大做强，促进重点领域跨越发展，突破产业关键环节。

（5）提升产业竞争力，实施品牌带动战略，推动产业分工协作，加大企业技术改造力度，提升企业现代技术装备水平，发展壮大一批骨干企业，促进产业集聚发展，提升产业技术水平，优化企业组织结构。

（二）产业转移全面有效推进

在促进提高自主创新能力、促进传统产业转型升级、促进建设现代产业体系、保持经济平稳较快增长"三促进一保持"的指导下，广东省出台

《关于抓好产业转移园建设加快产业转移步伐的意见》,并在 2010 年和 2011 年陆续出台《关于进一步推进产业转移工作的若干意见》以及《关于进一步推进省产业转移工业园合作共建工作的指导意见》,持续推进产业转移工作顺利有效进行。加快产业转移将促进珠三角地区的产业有序转移和东西两翼、粤北山区的选择性承接,促进珠三角地区的产业转型升级和东西两翼、粤北山区的工业化进程,促进全省产业合理布局和协调可持续发展。《关于抓好产业转移园建设加快产业转移步伐的意见》指出:①加强产业转移规划引导,统筹规划全省产业转移区域布局,制定实施珠三角产业转移升级规划,完善园区建设发展规划;②着力提高园区产业发展水平,促进区域产业集聚,打造特色优势产业,建设集约高效型园区;③大力推进招商引资工作,重点开展产业链招商,着力引进大企业、大项目;④切实加强园区环境保护,严格执行环境评价制度,加快建设园区环保设施,打造生态绿色环保园区;⑤强化珠三角合作共建责任,加大共建扶持力度,加强督促检查和考核,建立珠三角各市政府合作共建省产业转移示范园情况报告制度;⑥完善综合扶持措施,发挥财政资金扶持带动作用,改善对园区建设的管理,加强对转移企业的服务和扶持。《关于进一步推进产业转移工作的若干意见》则在原有基础上对园区的建设提出了更进一步科学的要求,即各地要根据本地现有产业基础、产业优势和未来产业发展定位,抓紧制定完善园区主导产业发展规划,进一步明确园区主导产业定位,实现园区产业的错位发展,增强园区产业配套和产业集聚功能。鼓励以园区为载体建设仓储、物流、风险投资、电子商务、科技信息、技术支撑、人才培训和质量检测等生产性服务平台,广东省有关专项资金对园区生产性服务平台项目给予重点扶持。提高珠三角地区产业准入标准,紧密结合珠三角地区产业结构调整工作,对有必要转移的产业或企业进行调查摸底,实行严格的能耗、水耗和污染物排放标准,制订劳动密集型产业和优势产业制造环节转出目标,有针对性地做好企业转移引导工作。

（三）创新驱动发展水平持续提升

习近平总书记在党的十九大报告中指出："加快建设创新型国家。创新是引领发展的第一动力，是建设现代化经济体系的战略支撑。要瞄准世界科技前沿，强化基础研究，实现前瞻性基础研究、引领性原创成果重大突破。加强应用基础研究，拓展实施国家重大科技项目，突出关键共性技术、前沿引领技术、现代工程技术、颠覆性技术创新，为建设科技强国、质量强国、航天强国、网络强国、交通强国、数字中国、智慧社会提供有力支撑。加强国家创新体系建设，强化战略科技力量。深化科技体制改革，建立以企业为主体、市场为导向、产学研深度融合的技术创新体系，加强对中小企业创新的支持，促进科技成果转化。倡导创新文化，强化知识产权创造、保护、运用。培养造就一大批具有国际水平的战略科技人才、科技领军人才、青年科技人才和高水平创新团队。"

加强创新驱动发展则要求强化自主创新对加快转型升级、建设幸福广东的核心推动作用，以制度创新推动创新能力的全面提升，推动经济社会发展走上创新驱动之路。具体包括两个方面：①完善创新机制，提升企业的创新主体地位，加强产学研合作，进一步完善有利于创新的体制机制，激发创新活力，强化企业创新主体地位，完善创新资源配置机制，完善产学研合作机制，完善创新激励机制；②增强创新能力，加强创新平台建设，强化产业关键核心技术创新和转化，加快构建开放型区域创新格局，加强科技创新基础能力建设，突破产业关键核心技术，推进科技成果产业化，推进管理和商业模式创新。

与此同时，广东省进一步明确全面推动信息化、加快产业自主创新能力的目标，结合现实科技发展的趋势，做出长远有效的布局，提出更加细致明确且针对性强的政策措施。2006年，广东省在制定的《广东省信息化发展纲要（2005—2020年）》指导下，发布了《广东省国民经济和社会信息化"十一五"规划》，该规划中提出三点。①充分利用信息技术改造提升传统产业，推进农业和农村信息化。实施信息兴农工程，建设广东省农村信息化服务体系，利用信息技术提高农业生产和农村管理水平，促进社会主义新农村建设。②推进制造业信息化。推进产品研发和设计信息化，提高产品信息技术含量和附加值。推进生产装备与过程的信息化与自动化，提高企业的生产能力和生产效率。③推进服务业信息化。以物流业和商贸流通业为重点，加快推进服务业信息化。积极扶持传统物流企业信息化改造，大力发展以信息技术为支撑的现代物流业。

与此同时，新一轮科技创新催生新的发展动力。其中，以信息技术为代表的新技术与产业发展深度融合，"互联网+"深刻影响经济形态变革，催生出全新的生产方式和商业模式。这一轮科技革命和产业变革给广东省产业转型升级提出了新要求。在国家"大众创业，万众创新"、"互联网+"、《中国制造2025》、供给侧结构性改革、广东自贸区、粤港澳大湾区等一系列的战略规划下，《广东省国民经济和社会发展第十三个五年规划纲要》提出坚持发展是第一要务，坚持创新、协调、绿色、开放、共享的发展理念，围绕"三个定位、两个率先"的目标，以全面深化改革为根本动力，以提高发展质量和效益为中心，以供给侧结构性改革为主线，以创新驱动发展为核心战略，以依法治省为根本保障，推进经济结构战略性调整和产业转型升级，促进珠三角地区优化发展和粤东西北地区振兴发展，构建高水平开放型经济新格局，确立基本建立具有全球竞争力的产业新体系。供给侧结构性改革攻坚和产业中高端发展取得重要突破和进展，现代服务业和先进制造业发展水平不断提高，战略性新兴产业快速发展，农业现代化取得明显进展，基本建成产业新体系的新目标。在2018年政府工作报告中，加快建设制造强省，把发展经济的着力点放在以制造业为根基的实体经济上，全面落实《中国制造2025》。实施智能制造示范工程，开展机器人产业发展专项行动。实施工业互联网创新发展战略，建设一批工业互联网平台，发展壮大数字经济。以推进粤港澳大湾区建设为契机，着力破解体制机制问题，加快构建开放型经济新体制等规划和工作。

第二节 产业转型升级对广东区域协调发展的影响

一、产业转型升级对珠三角地区经济与社会发展的影响

1. 加快珠三角现代化建设进程,提升珠三角地区综合竞争力

加快产业转型升级,推动珠江三角洲地区经济结构战略性调整。充分激发经济发展的动力以及活力,有利于逐步解决经济运行中面临的产业层次总体偏低,产品附加值不高,创新能力不足,整体竞争力不强,生产力布局不合理等问题,构建起产业机构高级化、产业发展集聚化、产业竞争力高端化的现代产业体系,促进信息化和工业化相融合,促进现代服务业、高技术产业以及先进制造业的快速发展,促进优势传统产业的升级改造,促进现代农业的积极发展,建设以现代服务业和先进制造业双轮驱动的主体产业群。有利于进一步增强城市集群和产业集群的竞争实力,把珠三角打造成为世界先进制造业和现代服务业的基地,建设与港澳地区错位发展的国际航运、物流、贸易、会展、旅游和创新中心,把珠三角建设成为带动环珠三角和泛珠三角区域发展的龙头,成为带动全国发展更为强大的引擎。

2. 进一步增强珠三角地区的辐射带动作用,尤其是增强广州、深圳两大中心城市的辐射力和吸引力

珠三角产业的转型升级将推动产业转移和劳动力转移,粤东西北地区将承接珠三角地区原有产业的发展,加快产业建设步伐,优化产业布局和产业结构,推动粤东西北的经济社会发展,推动和引领广东省经济发展方式的转变,促进广东省经济又好又快发展。珠三角产业转型升级将进一步增强珠江三角洲地区的辐射、服务和带动功能,促进要素流动和产业转移,形成梯度发展、分工合理的多层次产业群和优势互补、互利共赢的产业协作体系,逐步将粤东粤西地区建设成为石化、钢铁、船舶制造、能源生产基地,形成沿海重化产业带,培育粤北地区成为珠江三角洲地区先进

制造业的配套基地。

尤其是产业转型升级将增强广州、深圳两大中心城市的辐射力和吸引力，促进广州市更充分发挥省会城市的优势，增强高端要素集聚、科技创新、文化引领和综合服务功能，进一步优化功能分区和产业布局，建成珠江三角洲地区一小时城市圈的核心。有利于提升城市综合竞争力，强化国家中心城市、综合性门户城市和区域文化教育中心的地位，提高辐射带动能力。同时有利于强化广州－佛山同城效应，携领珠江三角洲地区打造布局合理、功能完善、联系紧密的城市群。促使广州成为广东宜居城乡的"首善之区"，建成面向世界、服务全国的国际大都市。有利于深圳市继续发挥经济特区的窗口、试验田和示范区作用，增强科技研发、高端服务功能，强化全国经济中心城市和国家创新型城市的地位，建设中国特色社会主义示范市和国际化城市。

3. 缓解珠三角环境承载压力，推动珠三角绿色低碳和生态建设，提高居民生活质量，实现绿色协调发展

在珠江三角洲长期的发展过程中逐渐出现了土地开发强度过高、能源资源保障能力较弱、环境污染问题严重、资源环境约束凸显等一系列问题，珠三角地区在发展过程中环境承载压力加大，土地资源逐渐匮乏，劳动密集型产业的高度聚集使珠三角人口激增从而带来交通拥堵、空气污染等一系列城市病以及加大了社会管理压力，高污染、高耗能企业则更是增加了对珠三角空气、水、土壤的污染，破坏生态环境。加快珠三角地区产业转型升级，推动高污染、高耗能、低附加值产业向外转移，提升优化生产技术，大力发展服务业，珠三角地区单位 GDP 能耗以及单位工业增加值能耗大幅度下降，四项污染物减排也达成目标任务，"十二五"时期，珠三角地区 630 家重点用能单位累计实现节能 1049 万吨标准煤。2013 年以来，珠三角地区累计完成电机能效提升 1085 万千瓦，注塑机改造 14282 台，实现节电约 54.3 亿千瓦时。珠三角大气 $PM_{2.5}$ 年均浓度在国家三大重点防控区中率先整体达标，饮用水源水质 100% 达标；超额完成国家和省下达的减排目标任务，单位地区生产总值污染物排放强度处于全国先进水平。深圳、珠海、惠州、中山控制质量长期保持在全国前列。绿色低碳和

第三章　产业转型升级与广东区域协调发展

生态建设取得显著成效。

与此同时，产业和劳动力向外转移，一定程度上减少了珠三角地区人口数量，缓解环境承载压力过大、资源紧缺等问题，逐步改善由此带来的交通拥堵、空气污染、房价过高、生活成本过高等城市问题，减轻社会管理压力，提高居民整体生活质量。

二、产业转型升级对粤东西北地区经济与社会发展的影响

1. 推动粤东西北产业发展，实现经济总量扩张的同时实现结构转型升级，实现跨越式发展

产业转型升级对粤东西北经济与社会发展的影响既包括珠三角产业转型升级的辐射和带动作用，也包括粤东西北地区自身的产业转型升级。两者相辅相成，互相统一。粤东西北地区自身的产业转型升级离不开珠三角地区产业转型升级的辐射带动作用，珠三角地区的辐射带动作用也在粤东西北产业转型升级中具体展现。在珠三角加快产业转型升级的背景下，推动产业转移和劳动力转移成为其中重要举措。通过产业转移，促使当地形成新的产业集群，形成上下游相互配套、专业化分工合作的产业链。粤东西北地区在这一过程中加快产业建设步伐，优化产业布局和产业结构，实现人力资源合理流动和优化配置，迅速提高了地区经济总量，人均生产总值稳步提高。与此同时，粤东西北科学规划、因地制宜，在扩大经济总量扩张的同时重视发展质量，加快产业转型升级，实现经济跨越发展。在这一过程中，大力发展园区经济和专业镇，打造特色园区和特色品牌。加快发展现代物流、金融、科技服务、商贸会展等生产性服务业和新能源、新材料、生物医药、电子信息等战略性新兴产业，加快建设各具特色的现代产业体系。提升农业现代化水平。培育发展海洋生物制品与制药业、海洋新能源、海洋环保、海水综合利用等海洋新兴产业，集约发展高端临海临港服务业和先进制造业，加快提升远洋捕捞、海产品深加工等传统优势海洋产业。加快信息化步伐以及大力发展文化旅游产业。这些推动产业转型升级的具体举措无疑将推动粤东西北地区构建现代化的产业体系以及服务业体系，实现经济跨越式大发展。

2. 推动粤东西北城镇化进程，实现中心城区扩容提质

粤东西北地区城市化进程总体偏低，城镇化率低。粤东西北城市的中心城区由于产业基础薄弱，人口、生产要素、公共服务等资源未能有效聚集，经济实力较低，对周边地区辐射和带动能力弱，无法带动周边地区协同发展。粤东西北产业转型升级过程中，产业园区的建设无疑能够有效推动这一进程。产业园区作为促进粤东西北地区推进工业化的重要载体，不断扩能增效，加快发展园区主导产业。坚持园区开发建设与当地新型城镇化相衔接，将产业园区建设规划纳入各地市规划，促进产业向园区集中、园区向城市集中，实现产城融合。开发区、高新区、产业园区的经济功能与城区的服务功能互动发展。粤东西北产业转型升级，劳动力和产业的双转移，使劳动力、资本等资源迅速聚集，通过产城融合，统筹推进中心城区的扩容调整，加大中心城区提质力度，坚持新区开发与旧区改造相统一，集聚发展与组团布局相协调，提升中心城区的承载力、竞争力和辐射带动，进一步加快粤东西北城市化进程，提高城镇化水平。

3. 有利于加强粤东西北地区基础设施建设，推动社会事业的发展，实现公共服务均等化

由于"双转移"政策，使大量产业以及劳动力向粤东西北转移。产业园区建设加快以及经济结构发展方式的转变，劳动力、资金技术等资源的聚集对于加快公共基础设施建设，实现公共服务均等化提出更高要求。产业转型升级将进一步推动交通基础设施项目建设，包括大力推进县县通高速工程；提高公路等级，实现各市中心城区 30 分钟内连通高速公路；推进铁路项目建设。从而加快形成珠三角连接粤东西北的轨道交通网，加快粤东西北地区通用航空机场布点与改扩建，构建具有竞争性的通航与服务网络，推进沿海港口、跨海大桥建设和江河航道整治，提高货物吞吐能力，改善通航条件。

产业转型升级同时将加快公共基础设施建设，加强中小城市、工业集中区、重点城镇供排水、供电、供气、道路等公用设施建设，加大城镇污水处理、城乡垃圾无害化处理设施建设力度，继续完善城乡水利防灾减灾体系，加快推进民生水利工程建设，全面完成农村电网改造升级。粤东西

北产业转型升级使人口、产业、基础设施等各类要素聚集，产业水平不断发展，经济总量不断扩张，进一步推动了社会事业的发展进步，包括促进了教育均衡化发展，提升医疗服务水平，加快发展公共文化事业，健全全民社保体系，缩小了区域城乡居民收入差距，缓解困难群体住房难的问题。

三、产业转型升级对广东区域协调发展的作用

1. 产业转型升级在推动珠三角经济结构性调整的同时增强粤东西北的经济实力，实现跨越式发展，逐步缩小区域经济发展水平差距

珠三角在产业转型升级过程中，将部分产业和劳动力向粤东西北转移，为区域产业转型升级腾出空间。近年来，珠三角产业转型升级取得显著成效，现代产业体系和服务业体系基本建立。与此同时，粤东西北依托转入的产业和劳动力，充分利用珠三角产业转型的辐射带动作用，通过共建产业园区、发展县域经济、加快基础设施建设等方式，迅速扩大经济总量，提高人均居民收入，逐步缩小发展差距。值得注意的是，粤东西北并没有走珠三角"先污染后治理"的老路，而是发展速度与质量并重，优化布局，不断推动产业转型升级，实现跨越式发展。

改革开放以来，广东经济快速发展，实力不断增强，珠三角在广东经济中占据"龙头"定位，随着广东产业转型升级战略的全面有效推进，广东四大区域经济实力的相对差距有所缩小，区域经济发展从一极到多极转变。2000年以来，珠三角占全省地区生产总值比重不断提高，2007年占比上升到80%的最高水平，2008年开始逐步下降，粤东西北地区经济增长速度则快于珠三角地区，广东区域相对差距不断缩小。"十五""十一五"珠三角经济增长速度分别为15.4%、13.5%，均高于同期全省和粤东西北增速，但差距在不断缩小，与全省平均水平之差由"十五"的5.2%下降为"十一五"的0.1%。"十二五"珠三角增速明显下降，仅为8.7%，分别低于全省和粤东西北0.2%和1%。在人均生产总值上，四大区域人均地区生产总值相对差距也有所缩小，差距明显缩小。

2. 要素流动顺畅且分布日趋均衡，产业分工呈现区域共同协作格局

珠三角地区人口密度大，土地资源紧缺，土地利用率高，土地环境约束强，而粤东西北地区土地资源则相对丰富，发展潜力巨大。从资本要素来看，由于省政府为推动粤东西北区域协调发展不断完善财政保障机制，每年安排固定资金以一般性转移支付的方式，支持完善省对粤东西北地区的激励型财政机制，同时推动建立振兴发展基金，重点支持产业园区、中心城区以及新区基础设施建设。近年来，投资明显向粤东西北地区倾斜，相关税收优惠扶持政策以及区域间产业转移都带来了大量的项目与投资。而在劳动力方面，长期以来大量自由流动的劳动力为珠三角的岗位需求提供了充足供给，约束了劳动力成本的上涨。而近年来珠三角、粤东、粤西和粤北在岗职工平均工资相对差距明显缩小，有利于劳动要素在区域间的合理分配。粤东西北地区劳动工资的快速提升也促使劳动力回流，加快区域人才市场建设。

3. 有利于推进区域多层级深入融合发展

加快产业转型升级，进一步深化了区域融合发展，增强珠三角对粤东西北的辐射带动作用，推动形成联动融合、互利共赢的区域发展新格局。加快产业转型升级强化了珠三角对于粤东西北地区的扶持力度，积极推动了韶关、河源、汕尾、阳江、清远、云浮等粤东西北城市融入珠三角的发展中。粤东地区在加快建设"汕潮揭"资源共享、一体化融合发展的特色城市群的同时主动加强与珠三角地区尤其是珠江口东岸各市的经济合作，推动各类资源合理对接和有效配置，打造国家海洋产业集聚区、全省海洋经济发展的重要增长极、重要的能源基地、临港工业基地和世界潮人之都。粤西地区在建设"湛茂阳"临港经济带的同时主动加强与珠三角地区尤其是珠江口西岸各市的经济合作，拓展大西南港口腹地，推动相互间产业、交通、人力等各类资源合理对接和有效配置，打造国家级重化工业基地、全省海洋经济发展的重要增长极、先进制造业基地、统筹城乡发展示范区。粤北地区加快建设可持续发展生态型新经济区，加强与珠三角地区全方位的合作联动、配套发展，打造环珠三角特色产业带、全省低碳经济示范区、国家级文化旅游产业集聚区。粤东西北与珠三角地区的融合发展

水平进一步向纵深发展，珠三角地区与粤东西北在经济合作上逐渐打破空间和行政区划的限制，在各个行业、各个领域形成多层次、多角度的全方位融合发展，随着经济社会发展以及科技变革的新情势不断调整优化，推动产业转型升级，积极落实《中国制造2025》，促进了珠海、佛山、中山、江门、阳江、肇庆和顺德等珠江西岸六市一区组成的"中国制造2025"试点示范城市群的发展。全面贯彻创新、协调、绿色、开放、共享新发展理念，深入实施《中国制造2025》，坚持"创新驱动、质量为先、绿色发展、结构优化、人才为本"的基本方针，以推进制造业转型升级和提质增效为中心，以新一代信息技术与制造业深度融合创新为主线，以先进装备制造业为主攻方向，整合区域资源，创新体制机制，强化区域协同、错位发展，深入推进供给侧结构性改革，加快构建科学有效、互促互进、具有区域特色的新型制造业体系、区域协同创新体系、人才培养体系和政策保障体系，推进珠江西岸制造业高端化、智能化、绿色化、服务化发展，将珠江西岸地区打造成具有世界影响力和国际竞争力的先进制造基地，为贯彻落实《中国制造2025》提供试点经验和示范引领。

第三节　产业转型升级对区域经济社会协调发展的广东经验

一、市场导向与政府推动相结合

随着经济社会发展，广东省尤其是珠三角地区土地以及劳动力成本逐渐加大，而由于创新能力不足，附加价值较低，整体竞争力不足，企业利润空间进一步受到挤压。与此同时，广东省尤其是珠三角地区产业层次偏低，对外依赖性强，土地开发强度过高，资源能源保障能力较弱，环境污染问题突出，传统发展模式难以持续等问题的出现使广东省发展面临关键的节点。2008年金融危机的爆发使广东在发展过程中出现的内生性问题

第三章 产业转型升级与广东区域协调发展

越发凸显。

广东作为改革开放的前沿阵地以及社会主义市场经济的积极实践者，一直以来充分尊重市场的作用，尊重市场规律，发挥市场在经济配置中的决定性作用。广东省坚持以市场为导向，及时捕捉市场机制下社会经济发展的动态。在市场导向下，政府积极引导和推动广东产业转型升级，促进资源的合理优化配置。在市场导向下，广东省全省一盘棋，从大局整体出发科学谋划接下来一段时期广东省促进新旧动能转换，加快产业转型升级，促进区域协调发展。全省一盘棋，统筹全局，更加有效地加强区域间产业以及其他领域的协调合作，发挥各自优势，实现优势互补，产生1加1大于2的效果。例如，在《广东省国民经济与社会发展第十二个五年规划》当中明确提出以科学发展为主题，以加快转变经济发展方式为主线，抓住加快转型升级、建设幸福广东这个核心。加快转型升级、建设幸福广东，必须更加注重科学发展、先行先试，更加注重创新驱动、内生增长，更加注重城乡一体、区域协调，更加注重绿色发展、生态文明，更加注重民生优先、和谐共享。对于珠三角地区，在国务院出台的《珠三角地区改革发展规划纲要（2008—2020年）》的具体指导下，进一步出台了《关于加快推进珠江三角洲区域经济一体化的主导意见》。对于粤东西北，广东省在《中共广东省委、广东省人民政府关于促进粤东地区实现"五年大变化"的指导意见》《中共广东省委、广东省人民政府关于促进粤西地区振兴发展的指导意见》《中共广东省委、广东省人民政府关于促进粤北山区跨越发展的指导意见》相继出台的基础上又制定了《中共广东省委、广东省人民政府关于进一步促进粤东西北地区振兴发展的决定》。在上述总体的规划和指导意见中具体明确珠三角以及粤东西北不同区域的分工定位以及发展目标，因地制宜，科学规划，对于区域内的不同城市，同样根据发展的实际情况做出科学有效明确的定位。随着经济与社会的不断发展以及科学技术日新月异的进步，广东省在产业转型升级的过程中积极适应市场的变化以及最新情势的发展，不断优化调整，在总体纲领的指导下不断补充，如相继出台了《珠江西岸先进装备制造产业带布局和项目规划》《珠三角国家自主创新示范区建设实施方案（2016—2020年）》《珠江三角洲国家大数据综合试验区建设实施方案》《珠江西岸六市一区创建"中国制造 2025"试点示范城市群实施方案》《广东省促进粤东西北地区产业园区提质增效的若干政策措施》。

与此同时，广东省在产业转型升级上，立足长远，将长期计划与短期计划紧密结合。在《珠三角地区改革发展规划纲要（2008—2020 年）》《中共广东省委、广东省人民政府关于进一步促进粤东西北地区振兴发展的决定》的长期规划指导下，每一年广东省都会相应出台关于实施珠三角地区改革发展规划以及促进粤东西北振兴发展的重点工作任务，如《促进粤东西北地区振兴发展 2017 年重点工作任务》以及《实施珠三角规划纲要 2017 年重点工作任务》，确保长期规划在具体落实当中能够反映社会经济最新情势发展，并根据变化做及时优化调整，最后确保在每一年度得到具体落实，实现阶段性的目标，进而实现总体目标。除此之外，《广东省沿海经济带综合发展规划（2017—2030 年）》《广东省现代物流业发展规划（2016—2020 年）》《广东省促进大数据发展行动计划（2016—2020 年）》《广东省"互联网＋"行动计划（2015—2020 年）》等中长期发展规划的相继出台也充分支撑着广东省产业转型升级取得实质性的效果，促进区域协调发展。

二、产业升级与区域协调紧密配合

广东省从全局出发，将产业转型升级与区域协调发展紧密结合，在促进产业转型升级，促进新旧动能转换的同时，缩小区域之间发展差距，促进区域协调发展。具体来说，随着经济社会发展，珠三角地区土地以及劳动力成本逐渐加大，而由于创新能力不足，附加价值较低，整体竞争力不足，企业利润空间进一步受到挤压。此外，珠三角地区产业层次偏低，对外依赖性强，土地开发强度过高，资源能源保障能力较弱，环境污染问题突出，传统发展模式难以持续等问题的出现使珠三角发展面临关键的节点。2008 年金融危机的爆发使珠三角在发展过程中出现的内生性问题越发凸显。与此同时，粤东西北地区长期经济发展水平落后，产业发展水平低，人均生产总值以及城乡居民人均收入普遍较低。但粤东西北人口密度

第三章 产业转型升级与广东区域协调发展

较小,土地资源利用较低,开发潜力巨大,土地和劳动力成本相对较低。因此,"双转移"政策无疑在珠三角和粤东西北的优势以及面临的问题之间找到了契合点。通过推动产业以及劳动力向粤东西北转移无疑将有效缓解珠三角地区环境承载压力过大、发展空间不足等问题,为珠三角加快发展先进和优势产业,改善发展环境、破解发展难题、实现新一轮大发展提供充足的空间。在推动珠三角产业转型升级再上新台阶的同时,借助产业和劳动力双转移以珠三角充分发挥其辐射和带动作用,促进东西两翼和粤东西北扩大招商引资以及加快产业建设的步伐,实现优势互补,相互促进,实现经济总量的扩张,优化全省产业布局以及产业结构,实现人力资源合理流动和优化配置,缩小区域发展差距,全面提高全省经济综合实力。坚持政府推动与遵循市场规律相结合,坚持产业转移与产业升级相结合。珠三角地区在加快推进产业转移的同时,大力发展先进制造业、高新技术产业和现代服务业等高附加值产业,提高自主创新能力。东西两翼和粤北山区要认真做好招商引资工作,结合当地实际积极主动承接珠三角地区产业转移,坚持产业转移与产业集聚相结合,坚持产业转移与可持续发展相结合,坚持产业布局合理与人力资源配置优化相结合。在具体推动产业转移和劳动力转移的具体措施上,加强产业转移规划引导,实行产业转移集聚发展,努力降低经营成本,加大用地扶持力度,加强配套基础设施建设,不断提高管理服务水平,切实加强环境保护。与此同时,加快省内劳动力向珠三角发达地区转移,大力推进农村劳动力就地就近就业,鼓励企业招用本省农村劳动力,加强农村劳动力职业技能培训,加强就业培训载体建设,强化转移公共就业服务体系,建立优秀农民工激励机制。

三、融合层次与深度持续推进

近年来,广东省不断加强交通基础建设,强化区域互联互通,珠三角和粤东西北地区综合交通网络不断完善,粤东西北地区大力推进高速公路和铁路建设,实现交通网络与珠三角地区的全方位对接。厦深、贵广、南广铁路和乐广高速等一批内联外通基础设施项目顺利建成,高铁运营里程达 1538 公里,居全国前列,高速公路通车里程达 8338 公里,其中粤东西北地区新增高速公路1993公里，实现县县通高速公路。珠三角高等级航道网进一步完善，粤东、粤西港口群建设不断推进；以珠三角为核心的广东沿海港口群已初步建设成为亚太地区最开放、最便捷、最高效、最安全的物流中心。民用运输机场布局和通用航空机场布点逐步优化。另外，粤东西北产业园区的建设当中，坚持园区开发建设与当地新型城镇化建设相衔接，将产业园区建设规划纳入各地城市规划，促进产业向园区集中，园区向城市集中，实现产城融合。

广东省不断加强珠三角以及粤东西北区域融合发展，逐步发展出多层级、全方位、多领域的区域合作格局，区域之间的融合发展依据产业、行业、地理位置具有不同的表现形式，如在珠江西岸六市一区，建立珠江西岸先进装备制造产业带，结合广东省珠江西岸产业发展基础，重点发展智能制造装备、船舶与海洋工程装备、节能环保装备、轨道交通装备、通用航空装备、新能源装备、汽车制造、卫星及应用等领域先进装备制造业，以及相配套的重要基础件和生产服务业，建设一批特色鲜明、具有国际竞争力的先进装备制造业基地。以点带面，辐射带动形成规模化、集约化、差异化沿江沿海先进装备制造产业带，推动珠江西岸形成以大型企业和优势产品为龙头、中小企业和配套产品为基础、产业链完整、产业集群发达的先进装备制造发展格局。此外，还有沿海石油化工及新材料制造产业带、环珠江口先进轻纺制造及生物医药产业集聚区。与此同时，广东省出台了《广东省沿海经济带综合发展规划（2017—2030年）》，努力把广东省沿海经济带建设成为全国新一轮改革开放先行地、国家科技产业创新中心、国家海洋经济竞争力核心区、"一带一路"战略枢纽和重要引擎、陆海统筹生态文明示范区以及最具活力和魅力的世界级都市带，形成科学有序的空间开发格局，形成国际化开放型创新体系，形成具有国际竞争力的现代产业体系，形成具有全球影响力的战略枢纽门户以及形成极具魅力的世界级沿海都市带。进一步提升珠三角片区整体发展能级，培育壮大东西两翼发展增长极，加强两极的集聚力和辐射力，增强东西两翼和珠三角的战略支点衔接功能，强化中心、支点、增长极之间的有机联系，形成"一心两极双支点"的沿海经济带发展总体格局。以环珠江口湾区、环大亚湾

第三章 产业转型升级与广东区域协调发展

湾区、大广海湾区、大汕头湾区、大红海湾区、大海陵湾区和雷州半岛为保护开发单元，串联广东沿海，优化海洋空间分区规划，明确湾区发展指引，以湾区统筹滨海区域发展，推进跨行政区海洋资源整合，构建各具特色、功能互补、优势集聚、人海和谐的滨海发展布局。基于海岛的自然属性、分布特征，结合相关规划，将全省海岛分为珠江口岛群、大亚湾岛群、川岛岛群、粤东岛群和粤西岛群5大岛群，明确发展导向和发展重点。充分利用海岛及邻近海域渔业、旅游、港口和海洋可再生能源等，拓展海洋综合开发空间。由此可见，广东省积极推动区域融合发展迈向更深层次、更高水平，不断加快产业转型升级，促进区域协调发展。

第四章 产业园区建设与广东区域协调发展

党的十八大以来,以习近平同志为核心的党中央进一步丰富发展了协调发展的理论和实践。党的十八届五中全会提出了"创新、协调、绿色、开放、共享"的五大发展理念,要实现发展目标,破解发展难题,厚植发展优势,必须牢固树立并切实贯彻协调发展理念。广东积极实施"一核一带一区"发展战略,以产业园区扩能增效作为"三大抓手",努力破解区域发展不平衡的难题。

习近平总书记在福建省农村脱贫致富奔小康工作总结表彰大会上曾做出以下表述,"缩小沿海和山区发展差距,促进沿海和山区协调发展,是全面实现小康的必然要求","山区和沿海地区都要充分发挥自身优势,找准经济发展的着力点和突破点,依靠自身的力量,抢抓发展机遇,加速发展自己"。产业园区无疑是推动广东各区域发挥自身相对优势,承接引入相应产业,推动区域协调发展的重要载体。产业园区的建设有助于推动珠三角地区转出低附加值的劳动密集型产业,腾出空间,为引入高新技术产业、先进制造业和现代服务业等高附加值的产业,发挥珠三角地区辐射带动作用;同时,有助于推动东西两翼及山区地区承接珠三角地区转出的产业,扩大招商引资和加快产业建设步伐,优化产业布局和产业结构,发挥东西两翼和粤北山区的比较优势,实现人力资源合理流动和优化配置,较快提高全省人均生产总值和城乡居民人均收入水平,促进各区域协调发展,全面提高全省经济综合实力。

第四章 产业园区建设与广东区域协调发展

第一节 产业园区建设对广东区域协调发展的作用

产业园区是区域经济发展、产业调整升级的重要空间聚集形式，担负着聚集创新资源、培育新兴产业、推动城市化建设等一系列的重要使命。产业园区能够有效地创造聚集力，通过共享资源、克服外部负效应，带动关联产业的发展，从而有效地推动产业集群的形成，是国际上较为认可的有效发展的模式。纵观广东经济发展历程，园区经济一直是推动广东经济快速发展的重要力量，省产业转移工业园（以下简称"省产业园"）更是推动区域协调发展的重要载体。改革开放40年来，产业园区在广东经济发展中扮演了"急先锋"的角色，许多创新举措正式从产业园区这片热土上产生，推广全面；许多著名企业正是在产业园区这个摇篮中长大，走向世界。未来，各国抢占世界经济格局优势地位的力度会更大，产业园区将成为产业转型升级、高端竞争的主战场，成为国家实力的综合体现。

历届广东省委、省政府高度重视解决全省区域经济发展不平衡问题，省第九次党代会确立区域协调发展战略以来，省委、省政府先后就加快县域经济发展、加快山区发展、促进粤东粤西粤北地区发展、推动产业和劳动力"双转移"、实施扶贫开发"双到"等做出重要部署，粤东西北地区经济社会发展取得显著成就，综合经济实力明显增强，地区生产总值、固定资产投资和财政收入等主要经济指标增幅开始高于全省平均水平和珠三角地区。但是，由于粤东西北地区发展基础薄弱、工业化和城镇化程度偏低、财政支出压力大，目前经济社会发展水平与珠三角地区仍存在较大差距，特别是各市的人均GDP均未达到全国平均水平。因此，承前启后促进粤东西北地区振兴发展，是经济欠发达地区实现跨越发展的迫切需要，是珠三角地区加快转型升级、提升核心竞争力的必然选择，是广东形成改革开放新格局、实现经济社会健康可持续发展、确保全省率先全面建成小康社会和率先基本实现社会主义现代化的全局性战略，是增进民生福祉、建设幸福广东的根本任务，是全省人民尤其是粤东西北地区广大干部群众的热切期盼。

产业园区是粤东西北地区承接珠三角产业转移和开展产业共建的主要载体，是推动区域协调发展的重要因素。产业园区建设助推产业转移在很大程度上是市场选择和政府强力推动两种力量共同作用的结果，产业转移的规模开始变大，并呈现出集群化和园区化的特征。为了实现珠三角在资金、管理、信息、品牌与粤东西北地区在土地、自然资源和劳动力等方面的优势互补，推进省内区域经济协调发展，广东省开始引导经济发达的珠三角各市与欠发达的粤东西北各市进行对口合作，出台了一系列政策措施，鼓励产业从珠三角中心区向粤东西北地区转移。如《关于我省山区及东西两翼与珠江三角洲联手推进产业转移的意见》，该文件第一次在全国确立了欠发达地区承接产业转移的"园区"模式，有力地推动了大规模集群式产业转移的进程。

为了进一步促进粤东西北地区振兴发展，省委、省政府出台《关于进一步促进粤东西北地区振兴发展的决定》，明确产业园区扩能增效作为促进粤东西北地区振兴发展的三大抓手之一。全省各地认真贯彻落实省委、省政府的决策部署，深入实施促进粤东西北地区振兴发展战略，狠抓产业园区提质增效，不断破解发展瓶颈制约、增强发展内生动力，经济发展质量和效益稳步提升，经济总体运行态势向协调方向发展。产业园区建设取得明显成效。短短四年，产业园区规模以上工业增加值年均增长21.6%，是全省平均增速的2.7倍，产业园区实现规模以上工业增加值占工业增加值比重由15.0%提高至28.0%。

粤东西北地区经济发展逐步进入快车道，交通设施的完善，区位、空间条件的改变，带动和提升粤东西北地区和珠三角地区的经济互动和产业融合，促进粤东西北地区振兴发展，有效推动了广东区域经济社会协调发展。

一、推进产业转移，发挥相对优势

建设产业园区有助于推进产业转移、改善发展环境、破解发展难题、实现新一轮大发展。推进这项工作，有利于突破多年来制约广东省经济社会发展的土地资源匮乏、环境承载压力加大、发展空间受限等突出问题，减少珠三角地区人口数量，提高劳动力素质，减轻社会管理压力，为新一轮发展创造有利条件。

珠江三角洲地区由于多年的快速发展，土地资源、环境承载力与经济发展的矛盾越来越突出，招商引资优势逐步弱化，经济发展后劲乏力逐步显现。如广州、深圳等市均适时提出了发展高新技术产业、先进制造业和现代服务业的产业发展目标，东莞、佛山等市都提出"退二进三"或"优二进三"的产业发展思路，这些城市在明确支持发展的产业方向时，也提出了对部分传统产业、劳动密集型、高能耗高污染型企业进行有序转移或加以淘汰的意见。

通过产业园区建设，加快推动产业转移，东西两翼及山区地区引入处于价值链低端的劳动密集型、高能耗高污染型和资源占有型产业，追求的是低成本优势和市场优势，形成省内地区的产业分工，加快了产业结构调整，促进区域经济协调发展，同时也突破了多年来制约广东省经济社会发展的土地资源匮乏、环境承载压力加大、发展空间受限等突出问题，减少了珠三角地区人口数量，提高劳动力素质，减轻社会管理压力，为新一轮发展创造了有利条件。

二、引入高新产业，带动产业升级

产业园区建设在推动珠三角地区劳动密集型、资源密集型产业向东西北地区转移的同时，腾出空间，为珠三角地区引入高新技术产业、先进制造业和现代服务业创造了机会。高新技术产业向处于经济高梯度的珠三角发达地区转移，是为了追求人才优势、科技优势、软环境优势和对外开放优势。其转移形式：一是在珠三角建立销售子公司、研发机构、融资公司等，而总部和主要生产基地还在港澳台或国外；二是将企业总部转移至珠三角，生产基地仍在国外或者省外，同时在两地建立销售网络。

在产业园区建设和发展的基础上，珠三角地区切实瞄准世界先进产业，加大招商引资力度，主动承接国际产业转移，引进高端服务业、高端制造业和高新技术产业。注重招商选资，把引资的对象重点放在发达国家企业特别是世界500强企业、国内民营企业、有实力的中央企业以及港澳台企业等方面。加强产业招商和园区招商，不断提高产业集中度，加快引进、培育和发展一批成长性好、带动力强的优势产业群，形成了以园区为载体带动产业发展、以产业发展推动园区建设的互动模式。

三、优化产业结构，提升产业层次

建设产业园区还有助于优化产业结构、提升产业层次、增强产业竞争力。推进产业园区的建设和发展，既推动了珠三角地区加快发展先进和优势产业，也促进东西两翼和粤北山区扩大招商引资和加快产业建设步伐，优化产业布局和产业结构，实现人力资源合理流动和优化配置。

产业园区的建设，带动产业转移和企业流动，带动珠三角地区重点高校、优势科研机构在粤东西北地区设立研发机构，与粤东西北地区骨干企业、特色产业之间开展产学研合作。园区企业间开展科技创新、产品创新、管理创新和商业模式创新，企业开发具有自主知识产权的关键技术和核心技术，提高原始创新、集成创新和引进消化吸收再创新能力。园区企业之间加强创新合作，推动个体创新发展为产业创新。

综上所述，推进产业园区建设，有利于推动珠三角地区加快发展先进和优势产业，发挥珠三角地区辐射带动作用；促进东西两翼和粤北山区扩大招商引资和加快产业建设步伐，优化产业布局和产业结构，发挥东西两翼和粤北山区的比较优势，实现人力资源合理流动和优化配置，较快提高全省人均生产总值和城乡居民人均收入水平，促进各区域协调发展，全面提高全省经济综合实力。

第二节 产业园区建设作用于广东区域协调发展的主要成就

广东省在粤东西北地区及惠州、江门、肇庆市欠发达地区规划建设省

第四章　产业园区建设与广东区域协调发展

产业转移工业园，作为承接珠三角地区相关产业有序梯度转移的重要载体。"十二五"期间，中共广东省委、广东省人民政府出台《关于进一步促进粤东西北地区振兴发展的决定》，并配套出台了《促进粤东西北地区产业园区扩能增效工作方案》，将省产业园扩能增效作为促进粤东西北地区振兴发展的三大抓手之一，赋予园区引领带动粤东西北地区产业振兴的重任。省政府安排省产业园扩能增效专项扶持资金和专项用地指标，重点支持园区平台建设，强化产业承载能力。至今，粤东西北地区交通基础设施建设明显改善，中心城区扩容提质有序推进，在园区的带动下，粤东西北地区经济社会振兴发展基础进一步夯实，整体上形成了大建设、大发展的新格局。

一、设立省产业园，推进产业转移

改革开放以来，广东省经济社会发展取得了举世瞩目的成就，但由于多种原因，外商到山区及东西两翼投资动力不足，山区及东西两翼特有优势得不到充分发挥，经济发展滞后；而珠江三角洲地区由于多年的快速发展，土地资源、环境承载力与经济发展的矛盾越来越突出，招商引资优势逐步弱化，经济发展后劲乏力逐步显现。山区及东西两翼与珠江三角洲联手推进产业转移，是推进全省土地资源共享，实现珠江三角洲资金、管理、信息、品牌与山区及东西两翼土地、自然资源等方面优势互补的有效途径。

为鼓励珠江三角洲产业向山区及东西两翼转移，加快山区及东西两翼经济发展，促进珠江三角洲产业结构优化升级，推动广东省经济加快发展、率先发展、协调发展，省政府出台了《关于我省山区及东西两翼与珠江三角洲联手推进产业转移的意见（试行）》。

该意见指出，山区及东西两翼与珠江三角洲联手推进产业转移的形式，是转移双方按照合作开发协议，由山区或东西两翼地区政府在本地经国务院、省政府批准设立的开发区、工业园区、高新技术产业开发区和土地利用总体规划确定的建设用地中，整体或部分划出一定面积的土地，设立产业转移工业园，由珠江三角洲地区政府负责组织规划、投资、开发、建设和招商引资等工作，并按商定比例在一定时期内进行利益分成。园区的建设遵循市场导向、优势互补、集约化发展、利益共享和可持续发展的原则。

在园区的管理方面，建立"联手建设产业转移园区联席会议"制度，负责研究制定促进产业转移园区建设发展的政策措施，及时协商解决园区开发建设和管理工作中的各种问题。园区的企业及其社会公共事务，按属地管理原则纳入园区所在地政府管理。在园区落户、投产的具有独立法人资格的企业所产生的流转税、所得税，按属地征收原则，在园区所在地主管税务机关缴纳；非独立法人机构的流转税在园区所在地主管税务机关缴纳，所得税按国家现行规定缴纳。园区内所有独立和非独立核算企业的城建税、教育费附加和文化事业建设费，均在园区所在地主管税务机关缴纳。园区产业转移企业缴纳的流转税、所得税按财政体制属当地留成部分，实行利益分成，具体分成比例由合作双方协商确定，并通过合作双方财政结算。合作双方利益分成办法报省财政厅备案。企业城建税、教育费附加和文化事业建设费，全部留归园区所在地财政。

该意见还提出了扶持产业转移园区建设的措施：一是给予用地政策支持，在省审批权限范围内，对产业转移园区建设涉及农用地转为建设用地的，给予用地指标倾斜照顾；二是给予园区外部基础设施建设资金支持；三是确保园区电力供应，对通往园区的电源、电网建设与改造项目，省有关部门、广电集团公司要优先安排；四是加强园区企业用工培训，通过教育扶贫或委托培养、培训等方式，由省属和珠江三角洲地区有关技工学校，高、中等职业技术院校每年为山区及东西两翼培养一批紧缺专业的技能人才；五是加大对产业转移的政策支持，珠江三角洲企业整体或部分转移到园区，符合国家现行税收政策规定的，报经税务机关核准，可享受技术改造国产设备投资抵免企业所得税的优惠政策，省有关部门负责安排的挖潜改造资金、技术创新专项资金、中小企业发展专项资金，以及工程技术研究开发中心专项资金等，要向转移企业倾斜。对在转移过程中实现技术升级的项目，要优先安排贷款贴息，金融部门要采取多种方式为产业转移提供融资便利。

此外，后续配套出台《广东省经贸委关于印发广东省产业转移工业园认定办法的通知》《关于支持产业转移工业园用地的若干意见》《广东省产业转移工业园外部基础设施建设省财政补助资金使用管理办法》等政策，以支持产业转移工业园用地，促进产业转移工业园的健康有序建设，加强省产业转移工业园外部基础设施建设省财政补助资金管理，提高资金的使用效益，进一步推动山区及东西两翼与珠江三角洲联手推进产业转移工作。

短短三年间，系列政策起到了立竿见影的效果。2005年，广东省成功举办两届珠三角与山区经济技术合作洽谈会，山区和东西两翼与珠三角共建产业转移工业园扎实推进，推动区域协调与合作发展取得新突破。山区经济呈现快于全省平均水平的良好发展势头，工业化、城镇化、农业产业化步伐加快。同年，山区5市生产总值和财政一般预算收入分别达1 395.9亿元、66.2亿元，比上年增长15.1%、24.9%；全省山区县规模以上工业增加值达516.8亿元，比上年分别增长29.3%。粤西地区重化工业、临港工业发展提速，粤东地区海洋经济、民营经济、特色经济有新起色。此外，省委、省政府编制完成全省、珠三角环保规划和珠三角城镇群协调发展规划，珠三角作为世界重要的电子信息和家电制造基地的地位进一步巩固，高新技术产业、重化工业和现代服务业迅速发展。

2006年，产业转移工业园建设取得重大进展，已认定15个省级园区，推动区域发展协调性增强，民营经济、县域经济高速发展。通过实施《关于促进粤东地区加快经济社会发展的若干意见》，粤东发展开始提速。粤西临港工业、重化工业建设大步推进，经济社会发展正步入快车道。5个山区市生产总值和地方一般预算收入分别增长17.6%、27.8%，高于全省3.5和7.3个百分点。同年，第四届广东省珠江三角洲地区及东西两翼经济技术合作洽谈会举办成功。广州、深圳中心城市保持快速发展，珠三角地区产业结构进一步优化，整体实力继续增强。县域经济发展加快，67个县（市）规模以上工业增加值1001亿元、地方一般预算收入151亿元，分别增长27.5%、25.3%，高于全省9.2和4.8个百分点。民营经济发展再上新水平，私营企业超过55万户，个体工商户达245.8万户；规模以上民营工业增加值2275亿元,增长30.1%,增幅高于全省工业11.8个百分点;民营企业税收总额930亿元,增长25%;私营企业出口473亿美元,增长57.9%;民营科技企业8000家,工业总产值达5000亿元。

城乡和区域发展的协调性增强,共建产业转移工业园成效显著,环珠三角产业转移带初步形成。社会主义新农村建设扎实推进,城乡统筹发展格局初步形成。县域经济快速发展,山区工业化、城镇化步伐加快,67个县(市)和山区5市的生产总值、地方一般预算收入年均增幅均高于全省平均水平。东西两翼发展提速,民族地区发展加快。珠三角产业优化升级,整体实力增强,中心城市的辐射带动作用突出。

二、发展省产业园,加速产业转移

为推动产业优化升级,建立现代产业体系,促进区域协调发展,构建和谐社会,加快广东省率先基本实现社会主义现代化步伐,广东省制定《中共广东省委、广东省人民政府关于推进产业转移和劳动力转移的决定》,对产业园区建设提出新要求。该决定提出要通过实行产业转移集聚发展,努力降低产业转移园经营成本、加大产业转移园用地扶持力度、加强产业园区配套基础设施建设、加速推进产业转移。

其中,实行产业转移集聚发展具体要求继续开展省级产业转移园认定工作;各产业转移园按总体规划确定发展方向,突出主导产业,实行专业化发展;围绕延伸产业链,推动上下游产业配套发展,形成特色鲜明、配套完善的产业集群,促进产业做大做强;由省经贸委负责统筹规划,在省认定的省级产业转移园中,择优重点扶持若干个管理较好、发展潜质较大的产业转移园,会同当地政府进一步扩大规模,加大投入,完善配套设施,使其成为全省示范性产业转移园;科学规划,通过竞争高起点、高标准在东西两翼和粤北山区由省重点扶持建设1~2个大型产业转移园。

努力降低经营成本。要求努力降低产业转移园内企业用地、用电、用工等生产成本,提高对转移产业的吸引力;积极推进销售电价区域同网同价改革工作,降低东西两翼和粤北山区电价,使产业转移园电价比珠三角地区电价低0.1元/千瓦时左右;切实减轻转移企业的各种行政事业性收

第四章 产业园区建设与广东区域协调发展

费负担,除国家规定统一征收的税费外,推行"零收费区"的做法,不再对入园企业征收任何地方性收费。

加大用地扶持力度要求各地对产业转移园建设用地指标安排要适度倾斜,保证其建设用地需要;对规模大、成效好的产业转移园的用地指标省里要给予支持,对于投资10亿元以上重大项目的用地计划由省里专项安排;合理和节约用地,积极盘活存量建设用地,允许产业转出、转入地按照依法、平等、自愿、有偿的原则,对口调剂使用农用地转用计划指标和补充耕地指标,允许珠三角地区委托山区对口开发补充耕地;鼓励采取二地置换、土地使用权调整、改变土地用途等方式盘活用地;实行产业转移园单位面积投资强度最低标准,推广多层标准厂房建设,提高土地使用效率。

加强配套基础设施建设。要求珠三角各市要严格履行产业转移园合作建设协议,加大投资力度,尽快完善园内道路、供电、给排水、环保等各项基础设施;产业转入地要切实用好省财政安排的产业转移园建设有关扶持资金,加快产业转移园的基础设施建设;产业转入地交通主管部门要抓紧制定或调整配套道路建设规划和实施方案,加快进入产业转移园道路建设和改造;省、市电力部门要继续加快骨干电网及城乡电网的建设与改造,优先安排通往产业转移园的电网建设与改造项目。

为进一步支持欠发达地区改善经济发展环境,增强投资吸引力,切实帮助欠发达地区加强省产业转移工业园基础设施建设,2008年推出配套政策《广东省产业转移工业园发展资金使用管理办法》,继续实施欠发达地区基础设施建设和经济发展专项转移支付政策,通过设立产业转移工业园发展资金,加快欠发达地区经济发展步伐,促进广东省区域经济协调发展。

广东省实施产业和劳动力"双转移"战略后,各地、各部门加快产业转移园建设,积极推进产业转移和劳动力转移并取得积极成效,但同时也存在部分地区对推动产业转移工作认识和重视程度不够、合作共建产业转移园措施不够有力,产业转移园基础设施尤其是环保设施建设滞后等问题。为此,省政府出台《关于抓好产业转移园建设加快产业转移步伐的意见》，旨在提高省产业转移园发展水平，尽快形成一批"布局合理、用地集约、产业集聚、环境友好、科学发展"的产业转移园区，为产业转移和劳动力转移搭建良好平台。该意见提出进一步抓好产业转移园建设，加快推进产业转移工作，要加强产业转移规划引导，统筹规划全省产业转移布局，制定实施珠三角产业转移升级规划，完善园区建设发展规划；着力提高园区产业发展水平，促进区域产业集聚，打造特色优势产业，建设集约高效型园区；大力推进招商引资工作，重点开展产业链招商，着力引进大企业大项目；切实加强园区环境保护，严格执行环境评价制度，加快建设园区环保设施，打造生态绿色环保园区；强化珠三角合作共建责任，加大共建扶持力度，加强督促检查和考核，建立珠三角各市政府合作共建省产业转移示范园情况报告制度；完善综合扶持措施，发挥财政资金扶持带动作用，改善对园区建设的管理，加强对转移企业的服务和扶持。2009年，33个省级产业转移园实现工业产值924.4亿元、创税48.2亿元，分别增长19.3%和21.7%。

为了进一步指导各地加强产业园区建设与管理，省经济和信息化委员制定《广东省产业转移工业园管理办法》，加强和规范全省产业转移工业园管理，指导各地做好园区认定、变更、考核等工作。省财政厅设立省专业性产业转移工业园建设竞争性扶持资金，并制定《广东省专业性产业转移工业园建设竞争性扶持资金管理办法》，加强专项资金管理，充分发挥专项资金的引导激励作用。为深入贯彻落实省委、省政府关于大力实施产业转移和劳动力转移的战略部署，加强政府引导，增强企业有序转移、转型升级的内生动力，进一步推进产业转移工作，提出《关于进一步推进产业转移工作的若干意见》，意见要求：拓展园区发展空间，创新园区管理和合作共建机制，加强园区招商引资工作，加强园区环境保护和规划工作，强化产业转移园区综合竞争优势，加快园区产业建设，加大财政金融支持力度，加强政务服务和督促检查。

为加强对省产业转移工业园的考核管理，强化激励效果，省政府办公厅制定《广东省产业转移工业园升降级暂行办法》。省政府将根据省产业转移工业园在省产业转移目标责任考核评价中的得分情况，对各园区实施

第四章 产业园区建设与广东区域协调发展

升降级;省对各园区的考核评价采取统一考核、分类评比的方式进行,按照示范园和非示范园两种类型分别确定考评排名及等次;在省组织的产业转移目标责任考核评价中获得优秀等次的产业转移园,省政府予以通报表彰,并给予奖励和扶持;考评不达标或连续两年排名较后的产业园将被取消资格。

为了进一步加快省产业转移工业园开发建设步伐,强化省产业转移工业园合作双方的共建责任,优化产业分工、促进产业对接、创新合作方式,把省产业转移工业园建设成为珠三角地区产业转型升级的重要平台和粤东西北地区新的经济增长极,省政府制定《关于进一步推进省产业转移工业园合作共建工作的指导意见》,要求产业园区共建工作要做到创新合作共建方式,如合作共建模式、扶持共建模式、托管建设模式、股份合作模式、产业招商模式;探索建立合作共建利益分享机制,鼓励合作各方通过签订相关协议商定园区收益分配,鼓励珠三角地区和粤东西北地区拓展利益分享渠道;完善合作共建管理体系,按照科学高效原则组建园区管理机构,按照分工协作原则管理园区各项事务,按照政企分离原则经营园区资产项;加强对合作共建工作的组织领导。

三、园区扩能增效,振兴粤东西北

为了进一步促进粤东西北地区振兴发展,省委、省政府出台《关于进一步促进粤东西北地区振兴发展的决定》,明确产业园区扩能增效作为促进粤东西北地区振兴发展的三大抓手之一。

要做到促进产业园区扩能增效,就要提升产业园区集聚集约发展水平、完善产业园区配套服务功能以及安全产业园区投资建设运营机制。① 提升产业园区集聚集约发展水平要求做到:把产业园区建设作为促进粤东西北地区推进工业化的重要载体,制定促进粤东西北地区产业园区扩能增效的实施方案,加快发展园区主导产业,严格落实项目准入和投资强度要求,积极承接引入珠三角产业转移项目、国内外招商引资项目和当地特色资源项目,实现产业集聚发展、土地节约集约开发、环保设施先行和污染集中治理;重点建设省级产业园区,支持各地以县城为依托集中建设一批工业园区。②完善产业园区配套服务功能要求做到：坚持园区开发建设与当地新型城镇化建设相衔接，将产业园区建设规划纳入各地城市规划，促进产业向园区集中、园区向城市集中，实现产城融合；园区主要承担经济发展功能，依托所在地政府提供行政和社会管理服务，完善园区基础设施、生活配套和公共服务平台建设，简化审批程序，提高服务效率。③健全产业园区投资建设运营机制要求做到：建立和完善产业园区协调联席会、园区管理机构、投资开发公司三层架构，分别负责园区决策协调、日常管理、投资开发工作，扩大省级产业园区的经济管理权限；组建园区投资开发公司，省、市及各方主体投入园区的资金以股权方式投入，实行公司化运营管理，5年内政府性投资收益不分成，全部留存园区滚动发展。该决定中还提及强化珠三角的对口帮扶责任。继续完善合作共建产业园区帮扶机制。以共建产业园区为抓手，加大力度推进合作共建产业园区建设。遵循经济规律和运用市场机制，进一步完善粤东西北和珠三角地区之间产业转移及对接协调机制。珠三角产业转出地要向园区派出工作组，主要负责园区招商引资和运营管理，进一步加大对共建产业园区的资金支持力度。转入地负责统筹提供园区用地和相关服务。各市要安排市级领导负责园区建设工作。探索建立产业合作园区利益共享机制。

随后，省委办公厅、省政府办公厅配套制定出台《促进粤东西北地区产业园区扩能增效工作方案》和《关于调整珠三角地区和粤东西北地区对口帮扶关系的通知》，确定了产业园区扩能增效和对口帮扶工作的政策框架。其中《促进粤东西北地区产业园区扩能增效工作方案》为产业园区建设工作提出了五点安排：明确园区发展定位；创新园区投资建设运营机制；强化产业集聚和辐射带动功能；实现园区建设与城镇化互促共进；推进园区绿色低碳发展。

2016年出台《广东省促进粤东西北地区产业园区提质增效的若干政策措施》，强调促进产业园区提质增效要建立产业转移倒逼机制、用地倒逼机制、环保倒逼机制，并建立产业转移项目库；强化产业转移政策支撑，强化财政政策引导，用好"三旧"改造政策，引导加工贸易企业转移，推动国有企业到粤东西北地区投资发展；加大产业转移帮扶力度，完善合作共建机制，拓展产业共建模式，加大帮扶资金投入；推动项目加快落地，降低企业转移成本，支持转移企业资格衔接，强化用地等指标保障；促进园区产业转型升级，支持企业实施异地技改，推动园区转型升级；提升园区建设水平，加大园区建设资金投入，优化园区配套环境；优化园区营商环境，提高行政服务水平，落实各项惠企政策，加大人才培养和引进力度；促进园区绿色高效发展，切实做好园区环境保护工作，节约集约利用土地；推行保障措施，加强组织领导，加强督查考核。

多年来，各地、各部门按照省委、省政府工作部署，大力推进产业园区提质增效，促进粤东西北地区协调发展，取得了明显成效。截至2017年，相比于2012年，省产业园规模以上工业增加值年均增长21.9%，约为同期全省平均增速的2.8倍，粤东西北12市的省产业园规模以上工业增加值占当地比重从15%提高到2016年的28%；园区全口径税收年均增长23.9%，约是同期全省平均增速的2倍。粤东西北地区经济发展逐步驶入快车道，交通设施的完善，区位、空间条件的改变，带动和提升粤东西北地区和珠三角地区的经济互动和产业融合，促进粤东西北地区振兴发展，有效推动了广东区域经济社会协调发展。

四、拓展产业共建，深化对口帮扶

中共广东省委提出产业共建，推动同一产业、企业在珠三角和粤东西北整体布局、一体发展，形成同一水平、优势互补的分工合作格局。产业共建是广东省促进粤东西北协调发展的一项实践创新，既能为珠三角更高水平的发展腾出空间，也能为粤东西北协调发展注入强大动力。第二轮对口帮扶主要任务就是把产业共建搞起来，评价帮扶成效关键看项目建设情况。要把产业共建工作摆在更加突出位置，推动更多珠三角优势产业、优质企业把生产环节布局到粤东西北，形成紧密协调的产业分工体系，加快实现粤东西北与珠三角同一水平发展。要狠抓产业共建项目特别是亿元以上大项目和龙头项目，共同建设好产业园区，着力发挥园区平台载体作用，增强园区创新发展能力，力争2020年粤东西北每个市形成1~2个产值超500亿元的产业集群。省及帮扶市、被帮扶市三方要形成产业共建的政策合力，在土地使用、招商引资、技术创新、高新技术企业培育等方面分别制定支持性政策，把政策的叠加效应发挥出来，打造营商环境高地。

2016年11月，省委、省政府下发《关于深化珠三角地区与粤东西北地区全面对口帮扶工作的意见》，其中提出要重点推进产业梯度转移和产业共建，加快推进珠三角产业梯度转移，抓好粤东西北招商引资和项目引进。年底，为了鼓励有技术含量的珠三角地区企业优先在省内梯度转移，推动珠三角与粤东西北产业共建，广东省财政厅出台《关于支持珠三角和粤东西北产业共建的财政扶持政策》，明确产业共建区域及适用企业、产业共建奖补对象及方式、产业共建政府间的利益共享、奖补资金的支付程序。

截至2017年，全省共设立87个省产业转移工业园（含享受省产业转移政策的园区、产业集聚地），包括地级以上市共建或自建的示范产业园15个、其他产业园72个，园区数量较2011年年底增加51个，已基本实现粤东西北地区产业园区县城全覆盖。在省和对口帮扶市大力支持下，省产业园基础配套设施建设加快推进，累计投入开发资金超过1300亿元。

第三节　产业园区建设对区域协调发展的广东经验

一、政策先行，强化战略统筹

政策是强劲的牵引力。各类产业园区分布在广东省各个地区，该如何科学定位，协调统筹，形成竞争又合作、相辅相成的产业发展布局，避免恶性竞争和产业同构，这些都需要高屋建瓴的设计。省有关部门从职能出发，出台一系列扶持性、引导性政策，有力支持了园区发展。

在相关政策的要求下，广东省立足粤东西北地区工业发展平台不足的实际，积极完善产业园区布局，创造性地指导推动各地依托国家审核公告的开发区规划建设省产业转移工业园、依托省产业转移工业园带动产业集聚发展。《关于进一步促进粤东西北地区振兴发展的决定》明确产业园区

第四章　产业园区建设与广东区域协调发展

扩能增效作为促进粤东西北地区振兴发展的三大抓手之一；省委办公厅、省政府办公厅配套制定出台《促进粤东西北地区产业园区扩能增效工作方案》和《关于调整珠三角地区和粤东西北地区对口帮扶关系的通知》，确定了产业园区扩能增效和对口帮扶工作的政策框架。省政府办公厅出台《广东省产业园建设管理考核评价办法》，建立了目标管理、动态监测、年度考核的工作机制。省政府印发了《促进粤东西北地区产业园区提质增效的若干政策措施》，省委办公厅、省政府办公厅印发了《关于深化珠三角地区与粤东西北地区对口帮扶工作的意见》，省财政厅出台了《关于支持珠三角与粤东西北产业共建的财政扶持政策》，以上文件提出了新的要求，并在政策上给予更大力度的支持。

广东省经济和信息化委员会印发的《粤东西北产业园区发展"十三五"规划》明确了产业园区的空间布局、产业布局和重点任务，规划以粤东西北地区及惠州、江门、肇庆市经批准的省产业转移工业园和依托省产业转移工业园带动产业集聚发展的区域为主体，兼顾其他类似园区。规划是"十三五"时期省产业园工作的规划指引和个有关地级以上市编制相关专项规划的依据，是今后一段时间内促进广东省产业园建设、发展的纲领性文件，从多个方面对全省产业园明确了方向和定位，提出了任务和要求，制定了方法和措施，有着高度的指导作用和重要的现实意义。

二、优化布局，合理选择产业

产业园区的产业布局遵循省内产业梯度转移的一般规律，从图4-1可见，近珠辐射圈即珠三角2小时经济圈以内范围，由于与珠三角距离相近、资源相似、产业互补性强，主要承接来自珠三角地区的产业转移，产业定位受珠三角地区影响较大；远珠拓展圈即珠三角2小时经济圈以外范围，由于距离珠三角地区较远，受珠三角产业梯度转移的影响较小，产业定位主要取决于所在地的资源禀赋和产业基础。

（一）近珠辐射圈产业选择

近珠辐射圈，主要包括惠州、江门、肇庆、清远、韶关、河源、梅州

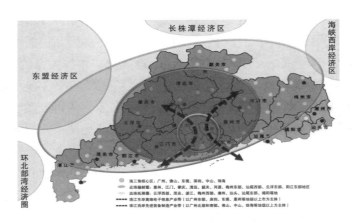

图 4-1　广东省产业转移圈层形态示意

东部、汕尾西部、云浮东部、阳江东部地区。该圈层是珠三角地区的"储备地"，产业分工定位为承接珠三角核心区的技术及知识含量较高的产业转移。其中，靠近珠江东岸高端电子信息产业带的地区，应积极承接深圳、东莞、惠州等地电子信息产业转移，带动下游产业集聚；靠近先进装备制造产业带的地区，应积极承接珠三角核心区机械、装备制造产业转移，发展上下游配套企业，形成产业集群。

（二）远珠拓展圈产业选择

远珠拓展圈，主要包括云浮西部、茂名、湛江、梅州西部、潮州、汕头、汕尾东部、揭阳等地。产业分工是以自身优势产业、特色资源、临港交通等为主要依托，兼顾承接对成本较为敏感、对产业配套要求相对较低的劳动密集型产业、重化工业和能源产业，以及以延伸市场为目的的企业。

近珠辐射圈内省产业园通过承接珠三角地区产业转移，加强与珠三角地区产业协作，远珠拓展圈内省产业园主要依托当地优势产业和特色资源，扩大产业规模，逐步形成粤东西北地区新的 4 大产业集群：一是珠江东岸高端电子信息产业延伸拓展产业集群；二是珠江西岸先进装备制造产业配套集群；三是粤西临港重化产业集群；四是粤东能源、轻工产业集群。

三、招商引资，落实项目建设

为了大力推动产业转移和产业共建项目建设，指导省产业转移园加大招商引资工作力度，省委、省政府依托区洽会、泛珠洽谈会、粤商大会等展会开展招商推介；举办"全省产业转移园承接珠三角产业梯度转移对接大会"，现场组织行业商协会、企业与全省产业园区参会对接，签约多个产业转移和产业共建项目，协议投资总额达381.5亿元。各地各园区把招商引资和项目建设作为园区工作的重中之重，依托区洽会、泛珠洽谈会、粤商大会等平台开展招商推介，积极与珠三角地区政府、行业商协会、企业等开展对接，集中政策、资源支持项目加快落地建设。

四、产城融合，推动协同发展

产业共建战略的实施为省产业园的发展提出了新要求。多年来，省产业园承接大量的从珠三角等地转移到粤东西北地区的企业和项目，不断壮实园区发展基础，在进一步跨越发展梯度转移的基础上为区域协作提出了新模式。

广东省产业共建本质上是促进同一产业、同一企业在珠三角和粤东西北跨区域布局发展，打造跨区域产业链，形成同等水平、优势互补的区域产业分工合作格局，使粤东西北和珠三角在同等水平上发展。这是广东省实现区域协调发展的必由之径。

为了加大珠三角地区对非珠三角地区的辐射带动作用和联动，加快产业转移步伐，避免落后过剩产能，广东省要求在省产业园的基础上，划定专门区域，由珠三角城市提供相应资金，和粤东西北城市合作共建产业园区。在产业共建的形式上，也逐一进行了认定，例如，企业研发、孵化在珠三角，转化、落地在粤东西北；原有产能留在珠三角，新增产能放到粤东西北；龙头企业在珠三角，配套企业转到粤东西北等。同时，发挥现有产业园区的优势，适当扩大园区数量与规模，改善园区条件，用市场化手段吸引更多珠三角企业来此安家落户。

在全面强化珠三角地级以上市和粤东西北地市对口帮扶关系基础上，推动各地按照对口帮扶关系合作共建产业园区，大力开展产业共建。指导对口帮扶双方建立完善园区合作共建机制，明确共建范围、内容和工作任务。目前，在建立的合作共建示范园中，合作共建双方共同组建了协调联席会、园区管理机构和投资开发公司三级管理体制，初步建立市场化运营架构，珠三角对口帮扶方实现了人员、机构、资金、项目"四到位"。

未来，各国抢占世界经济格局优势地位的力度会更大，产业园区将成为产业转型升级、高端竞争的主战场，成为国家实力的综合体现。潮流面前，广东省应顺势而为，更要敢为人先，要以世界眼光谋划产业的大发展大跨越，以战略思维部署区域的大对接大协调，以创新广东实现竞争力的大聚合大提升，着力创新体制机制，着力增强自主创新能力，着力提升招商引资水平，着力夯实基础设施建设，着力推进产业高端高度发展，着力推进绿色低碳可持续发展，努力推动产业园区建设再上新台阶，把产业园区建设成为广东新一轮发展的重要载体，建设创新型广东的核心区，建设现代产业体系的先导区，发展高技术产业和培育新兴战略产业的战略高地，发展低碳经济的先行示范区，走新型工业化道路的典范，做实践科学发展观的排头兵。

第五章　新型城镇化与广东区域协调发展

第一节　广东省新型城镇化的战略与政策

2016年2月23日，习近平总书记对深入推进新型城镇化建设做出重要指示，城镇化是现代化的必由之路。党的十八大以来，党中央就深入推进新型城镇化建设做出了一系列重大决策部署。下一步，关键是要凝心聚力抓落实，蹄疾步稳往前走。坚持以创新、协调、绿色、开放、共享的发展理念为引领，以人的城镇化为核心，更加注重提高户籍人口城镇化率，更加注重城乡基本公共服务均等化，更加注重环境宜居和历史文脉传承，更加注重提升人民群众获得感和幸福感。要遵循科学规律，加强顶层设计，统筹推进相关配套改革，鼓励各地因地制宜、突出特色、大胆创新，积极引导社会资本参与，促进中国特色新型城镇化持续健康发展。

一、改革开放过程中的广东省城镇化发展

2013年12月12日至13日，中央城镇化工作会议在北京举行，习近平总书记发表重要讲话。会议指出："城镇化是一个自然历史过程，是我国发展必然要遇到的经济社会发展过程。推进城镇化必须从我国社会主义初级阶段基本国情出发，遵循规律，因势利导，使城镇化成为一个顺势而为、水到渠成的发展过程。确定城镇化目标必须实事求是、切实可行，不

能靠行政命令层层加码、级级考核，不要急于求成、拔苗助长。推进城镇化既要积极，又要稳妥，更要扎实，方向要明，步子要稳，措施要实。"回顾改革开放40年以来，广东省积极稳妥推进城镇化，在提升城镇化发展质量、促进区域协调和城乡一体化发展等方面做了大量工作，取得了显著成绩。

城镇化是指伴随着工业化的发展，非农产业逐渐向城镇聚集，农村人口向城镇区域集中的自然历史过程，是各国家工业化进程中必须经历的历史阶段。中华人民共和国成立后，广东省城镇化的发展与全国一样，经历了上升、波折、停滞等几个阶段，直至改革开放，才逐步走上持续快速和健康发展的轨道。1978年十一届三中全会的召开，意味着我国城镇的发展进入了一个崭新的历史时期，城市的定义发生了重大变化，城市被看作是发展生产力、促进经济发展的动力。20世纪80年代后期开始，我国对外开放政策的实施，农村经济体制改革、大力发展乡镇企业等政策的推行，加速了我国的城镇化进程。

城镇化率是指一个国家（地区）城镇的常住人口占该国家（地区）总人口的比例，是衡量城镇化水平高低，反映城镇化进程的一个重要指标。通过观察广东省过去40年的城镇化率变化，分析广东省推进城镇化发展的相关政策及规划文件，结合各界学者对城镇化发展的理论研究，本书将广东省城镇发展的历史进程总结为以下三个阶段。

（一）1978—1995年：工业的发展为主导

改革开放前的30多年间，广东省的经济发展陷入了停滞的状态，物资与精神需求的双重匮乏使全省人民产生了强烈的脱贫致富愿望，随着农村经济改革的成功，农民的生产积极性空前高涨，劳动生产率不断提高，伴随着农业产量的增加，农村地区出现了大量的农业剩余劳动力，农业边际效益显著下降。因此，从20世纪80年代起，谋求工业发展成了广东各市县的主导性工作，工业产值成了政府政绩与企业效益的衡量目标。1985年，我国政府决定进一步扩大对外开放，将珠江三角洲、长江三角洲、闽南三角洲划为经济开放区，各级政府积极呼应，并采取各种措施倾力于工

第五章 新型城镇化与广东区域协调发展

业发展,配合国家制定了一系列大力促进乡镇企业和个体企业发展的政策。随着社会主义市场经济的发展及我国土地使用制度等一系列城镇化政策的改革,人们生活水平逐步提高,土地的有偿使用也为广东城镇发展注入了新的动力,广东省城镇发展进入了综合推动、快速发展阶段。

全省城镇化水平从1978年的16.95%提高到1995年的39.30%,超过全国平均水平十个百分点以上,全省城镇数量与质量有很大提高,农村人口的城镇化伴随"民工潮"的出现迅速起步。农村经济改革成功,也为城镇的发展提供了良好的物质基础。在这一阶段中,全省工业的飞速发展,直接推动全省城镇的快速发展,城镇人口迅速增加,珠江三角洲中,深圳、珠海、中山、东莞等地相继设市,全省城镇结构和布局发生了根本性变化,城市规模迅速扩大,以综合开发为手段的城市新区建设迅速开展,各地纷纷开办各类开发区,房地产业迅速崛起。随着城市规模的扩大,各市加大投入,实施了大规模的城市基础设施建设,城市设施水平迈上了新的台阶,各级政府城市化意识空前提高。

(二) 1996—2006年:城镇的提质为重点

经过近20年的高速发展,广东省的城镇面貌发生了翻天覆地的变化,但同时也出现了城镇化"冒进式"发展的现象,脱离了循序渐进的原则,超出了正常的城镇化发展轨道,诸如资源浪费、环境质量下降等问题不断出现。各级政府开始认识到,经济发展的起点是人,终点也是人,城镇的发展理应以人的发展为中心,以人的需求为重点。各市认识到城镇环境质量的提高即是对投资环境的改善,区域协调发展、环境保护、可持续发展的观点越来越得到重视,人们在自己经济发展的同时,试图为后人的发展提供足够空间。

2006年广东省城镇化水平达到63.00%,超过全国平均水平近20个百分点。以广州市开展大规模的治理脏乱活动为代表,各市纷纷加强公共绿地、城市广场等公共开放空间的营造。例如,广州市于1999年仅一年时间就拆除违章建筑200多万平方米;中山小榄镇曾出资千万元将镇区一处原为工厂的用地改为公园;顺德北滘镇也在经济发展的同时不忘为村民建设文化广场、乡村公园,满足村民精神生活需求,使城乡差别逐渐缩小。以人为本,成为城镇规划建设的主题。广东城镇的发展由此转入注重城镇质量的提高阶段。

(三) 2007—2020 年:人的城镇化为核心

随着新世纪土地政策和住房市场等改革举措的推进,广东省的城镇化已经逐步脱离工业化而独立加速发展,在全球金融危机、欧洲债务危机后,广东省经济整体发展仍然较好较快,城镇化建设继续深入发展,人民生活水平持续提高。广东省的发展逐渐形成以广州和深圳为增长极,地理空间上形成珠三角、粤东西两翼和粤北山区四大区域经济板块的发展态势。但城镇化水平持续快速增长的同时,土地资源匮乏、人口压力增大、环境承载力下降、发展空间受限等问题仍然存在,同时广东省面临着欠发达地区城镇化水平较低、区域发展不协调的问题。广东省政府开始关注四大区域间城镇化发展的不平衡,出台一系列政策落实新型城镇化战略,广东省的城镇化开始进入以人的城镇化为核心的新阶段。

广东省城镇化水平快速提高,截至 2017 年的统计数据,广东省的城镇化水平达到 69.85%,珠三角、粤东、粤西、粤北地区城镇化水平分别达到 85.29%、60.07%、43.52% 和 48.58%。全省城镇体系不断完善,逐步形成了以珠三角城镇群为核心,以"汕潮揭"城镇群和"湛茂阳"沿海城镇带和韶关都市区为增长极,大中小城市和小城镇协调发展的城镇体系格局。区域城镇化发展格局不断优化,世界级城市群建设初见成效,初步形成珠三角地区优化发展、粤东西北地区振兴发展的区域城镇化格局。城乡统筹步伐加快,城乡一体化格局初步形成。基本建成覆盖城乡、功能完善、分布合理、管理有效、水平适度的基本公共服务体系。生态文明建设取得初步成效,珠三角地区在全国率先划定区域绿地,并通过有效的监管措施,守住了生态底线,城镇宜居水平明显提高。城镇化体制机制不断改善,内在发展活力持续增强。在全国首创"三旧"(旧城镇、旧村庄、旧厂房)改造政策,在全国率先建立城市总体规划实施评估制度,推动规划体制机制创新。在全国率先实现城镇住房制度市场化和引进房地产物业管理及中介服务，推进住房保障制度的改革创新。

二、广东省新型城镇化战略与政策的提出

（一）广东新型城镇化战略提出

2013年10月7日，习近平总书记在亚太经合组织工商领导人峰会的演讲中提到："中国经济发展的内生动力正在不断增加，并将继续增强。持续进行的新型城镇化，将为数以亿计的中国人从农村走向城市、走向更高水平的生活创造新空间。"从党的十六大开始，中央逐渐将新型城镇化的思路明晰，其内涵的明确提出是在党的十七大，根据相关数据统计，"新型城镇化"这一概念于2013年开始广泛使用。从"走中国特色城镇化道路"到新型城镇化全面指导"十二五"规划，新型城镇化的理论探索经历了五个阶段。

1. 第一阶段：特色城镇化

2003年10月，党的第十六次代表大会在北京召开，当时全国城镇化发展迅猛，在此背景下，党的十六大提出新型城镇化的雏形——"走中国特色城镇化道路"，其内涵为：大中城市与小城镇的协调发展。"新型城镇化"的讨论开始在全国兴起。党的十六大报告中提到："农村富余劳动力向非农产业和城镇转移，是工业化和现代化的必然趋势。要逐步提高城镇化水平，坚持大中小城市和小城镇协调发展，走中国特色的城镇化道路。"

2. 第二阶段："新四化"与"新五化"

2005年10月，党的十六届五中全会通过了《中共中央关于制定国民经济和社会发展第十一个五年规划的建议》，中央领导人在会上提出"新四化"（工业化、城镇化、市场化、国际化）的概念，郑重提出新型城镇化是"新四化"的主要内容，将新型城镇化摆到了国家战略的层面，奠定了新型城镇化的地位。相对于20世纪70年代以来对于工业、农业、国防和科学技术的"四个现代化"的理解，党的十五大报告提出"实现工业化和经济的社会化、市场化、现代化"的"四化"，以及在党的十六届五中全会提出的"工业化、城镇化、市场化、国际化"，被称为"新四化"。

2006年在各省的"十一五规划"中开始出现了关于"新型城镇化"的专门论述。2007年5月17日,中央领导人在长江三角洲地区经济社会发展座谈会上强调"统筹城乡发展,努力改变城乡二元结构,扎实推进新农村建设;优化城市布局,走新型城镇化道路,充分发挥中心城市作用"。讲话将新型城镇化建设提到了统筹城乡建设的高度。2007年6月25日,中央领导人在中央党校重要讲话中再次强调:"我们必须科学分析我国全面参与经济全球化的新机遇新挑战,深刻把握工业化、城镇化、市场化、国际化深入发展形势下我国各项事业发展面临的新课题新矛盾。"

党的十七大确立"新五化",利用科学发展观推进新型城镇化。2007年10月,党的十七大报告提出:"立足社会主义初级阶段这个最大的实际,科学分析我国全面参与经济全球化的新机遇新挑战,全面认识工业化、信息化、城镇化、市场化、国际化深入发展的新形势新任务,深刻把握我国发展面临的新课题新矛盾,更加自觉地走科学发展道路,奋力开拓中国特色社会主义更为广阔的发展前景。"新型城镇化被列入"新五化"范畴,全国新城镇建设进入崭新阶段。2007年11月至2008年3月,在各省的贯彻党的十七大精神学习会议上,都将"新型城镇化"作为党的十七大重要指示加以推进。党的十七大明确新型城镇化的内涵,提出新型城镇化的指导思想与建设路径,在新型城镇化的提出与发展的道路上达到理论的集大成。

3. 第三阶段:特色新型城镇化

新型城镇化深入指导"十二五"实践。2011年制定的中国《国民经济和社会发展第十二个五年规划纲要》(以下简称"十二五规划")中提出:"坚持走中国特色城镇化道路,科学制定城镇化发展规划,促进城镇化健康发展。"新型城镇化开始全面指导全国城乡建设。其后,在各省的"国民经济和社会发展第十二个五年规划纲要"中均提出"以新型城镇化"为指导,全面建设小康社会,新型城镇化逐渐在各省展开了实践。就广东省而言,2010年8月,《珠江三角洲城乡规划一体化规划(2009—2020年)》提出珠三角要"率先建立新的规划建设模式,在空间资源配置上遏制'高消耗、高排放、高污染'的传统发展方式,引导走'低消耗、低排放、低污染'的新型工业化道路以及'高聚集、高效能、高质量'的新型城镇化道路"。2011年1月,《广东省国民经济和社会发展第十二个五年计划》明确新型城镇化指导全省的城镇化建设。2011年1月,《珠江三角洲地区改革发展规划纲要（2008—2020年）》提出继续推进广东省特色新型城镇化建设。由此,广东省进入到全面推进"广东省特色新型城镇化"建设之中。

4. 第四阶段:"新四化"的融合共进

党的十八大明确新型城镇化的发展路径,"新四化"的融合共进。2012年11月,党的十八大胜利召开,会议肯定了中国的新型城镇化建设成果,指出"城镇化水平明显提高,城乡发展协调性增强",并提出"坚持走中国特色新型工业化、信息化、城镇化、农业现代化道路,推动信息化和工业化深度融合、工业化和城镇化良性互动、城镇化和农业现代化相互协调,促进工业化、信息化、城镇化、农业现代化同步发展"。党的十八大报告不仅肯定了新型城镇化、信息化、新型工业化及农业现代化的"新四化"道路,并为未来新型城镇化与信息化、新型工业化、农业现代化的综合协调提供了明确的方向。

从2003年至2013年,中央不遗余力地持续推动新型城镇化的研究及实践,前后历经四个阶段,新型城镇化经历了从提出概念意向到逐步发展概念内涵,从拓展内涵到完善理论,直至全面指导全国城乡建设的过程。新型城镇化的提出与发展体现出中央在城镇问题上积极的态度,各省市积极推进新型城镇化也反映出改革开放勇于求证、勇于实践的精神,而新型城镇化的积极实践也必将反过来进一步深化新型城镇化理论内涵,完善其实施路径,这也充分体现"实践—理论—实践"的马克思主义实践观。

5. 第五阶段:新型城镇化规划

2014年至今的新型城镇化规划阶段。2014年3月16日,新华社发布了《国家新型城镇化规划（2014—2020年）》,印发通知指出,该规划是今后一个时期指导全国城镇化健康发展的宏观性、战略性、基础性规划,要求各级政府切实加强对城镇化工作的指导,着重解决好农业转移人口落户城镇、城镇棚户区和城中村改造、中西部地区城镇化等问题,推进城镇化沿着正确方向发展。2014年9月3日，全面贯彻中央和全省城镇化工作会议精神，推动落实《国家新型城镇化规划（2014—2020年）》，探索符合广东实际的新型城镇化道路，切实提高全省城镇化发展质量，根据广东省委、省政府的有关工作部署，省发展和改革委员会、省住房和城乡建设厅组织制定了《广东省新型城镇化规划（2014—2020年）》。该规划指出，未来广东省新型城镇化将以稳步推进外来务工人员和农业转移人口的市民化；促进珠三角地区转型升级和协同治理，建设世界级城镇群；加快粤东西北地区社会经济振兴，实现省域平衡协调发展；实施生态文明，提升城镇综合承载力与可持续发展能力；促进改革创新，建立具有广东特色的城镇化现代治理体系这五大发展路径。2017年8月22日，广东省住房和城乡建设厅、省发展和改革委员会正式印发《广东省新型城镇化规划（2016—2020年）》，到2020年，预计全省常住人口城镇化率达71.7%左右，户籍人口城镇化率达到50%。这一规划的总体目标是：城镇化水平和质量稳步提升，城镇化布局和形态进一步优化，城镇化可持续发展能力显著增强，城镇化体制机制不断完善。

（二）广东新型城镇化政策回顾

1. 广东发展新型城镇化的政策目标

2013年12月12日，习近平总书记在中央城镇化工作会议上的讲话中提出："推进人的城镇化，一个重要的环节在户籍制度。要按照党的十八届三中全会精神，全面放开建制镇和小城市落户限制，有序放开中等城市落户限制，合理确定大城市落户条件，严格控制特大城市人口规模。解决建设用地粗放利用问题，关键还是要靠制度。土地制度改革牵一发而动全身，要按照守住底线、试点先行的原则稳步推进。土地公有制性质不能变，耕地红线不能动，农民利益不能损，在此基础上可以有序进行探索。目前，各地区都在积极推进农村土地承包经营权流转试点，这有利于改变一些地方农村土地过于分散的状况，提高农业生产效率。在这个过程中，要尊重农民意愿、保障农民权益，防止土地过度集中到少数人手里，防止土地用途发生根本性变化，造成农村贫富差距过大。也不要以土地改革、城乡一体化之名,行增加城镇建设用地之实,这种挂羊头卖狗肉的事不能干。"

总结归纳广东发展新型城镇化的政策目标,有五个重点:一是有序推进农业转移人口市民化,包括推进农业转移人口落户城镇、提升基本公共服务均等化水平和完善农业转移人口市民化机制三个措施;二是优化城镇化空间布局和形态,包括构建三大新型都市区、建设珠三角世界级城市群、推动粤东西北地区振兴发展、促进县城和小城镇加快发展和着力构筑沿海城镇发展带四个方面;三是提高城镇可持续发展能力,包括强化城镇产业就业支撑、提升城市功能与基本公共服务水平、保护资源环境与发展生态经济、加强岭南地域文化传承保护和提升基础设施建设水平五个方面;四是提升城镇建设水平和推动城乡发展一体化,包括推进新型城市建设、推动城乡发展一体化、提高农业现代化水平和加快建设美丽乡村四个方面;五是完善以人为本的城镇化发展体制机制,包括深化城镇化管理制度改革、推进城乡规划管理体制改革、加强和创新城市社会治理、建立健全城镇群协同发展机制和完善区域合作机制五个方面。

2. 广东推进新型城镇化的政策回顾

2014年,中央提出"三个1亿人"的城镇化发展总目标,出台《国家新型城镇化规划(2014—2020年)》,确立了我国新型城镇化发展的总体构想。为全面贯彻中央和全省城镇化工作会议精神,在省委、省政府的部署下,广东省发展和改革委员会、省住房和城乡建设厅随后制定并出台了《广东省新型城镇化规划(2014—2020年)(公众咨询稿)》,并开展为期15天的公众咨询,广泛收集社会各界修改、完善的意见和建议,推动落实国家规划,探索符合广东实际的新型城镇化道路,进一步提高全省城镇化发展质量,建设国家新型城镇化示范省。2015年,重点领域改革不断深化,相关配套政策陆续出台,中央城市工作会议时隔37年后再次召开,为城市发展做出整体部署,意义重大。2017年8月22日,广东省住房和城乡建设厅、省发展和改革委员会联合印发《广东省新型城镇化规划(2016—2020年)》,规划明确了珠三角城市升级行动等十一项重点行动实施指引。本节将分为户籍制度改革政策、城镇规划建议政策、产业发展支撑政策和生态文明建设政策四大类,分别梳理广东省推进新型城镇化的政策措施。

(1) 户籍制度改革政策。2015 年 12 月 20 日,习近平总书记在中央城市工作会议上的讲话上指出:"户籍制度改革涉及多方面利益调整,要加强对农业转移人口市民化的战略研究,统筹推进土地、财政、教育、就业、医疗、养老、住房保障等领域配套改革。各地区各部门要加快落实户籍制度改革方案,加快推进农民工市民化,实现中央确定的到 2020 年解决一亿左右农业转移人口和其他常住人口在城镇落户的目标。建设用地指标分配要适应城镇化趋势,同落户人口规模相挂钩,同时要深化农村产权制度改革,维护好进城落户农民的土地承包经营权、宅基地使用权、集体收益分配权,将农民的户口变动与'三权'脱钩,以调动广大农业转移人口进城落户的积极性。"以下是中华人民共和国成立以来户籍制度改革主要政策的回顾。

1951 年 7 月,公安部公布的《城市户口管理暂行管理条例》标志着我国的户籍登记制度开始形成,随后国家通过户口登记制度等多种措施限制农村人口向城镇的流动,以此为基调,直至改革开放前,我国的户籍制度仍以"城乡二元""限制人口流动"为主要特征。1978 年以后,城乡二元的户籍制度开始逐步松动,城镇经济的发展开始吸引剩余劳动力进入城镇就业。1984 年《国务院关于农民进入集镇落户问题的通知》发布,开始允许务工经商农民在解决自身口粮的情况下落户集镇。1992 年公安部出台《关于实行当地有效城镇居民户口制度的通知》,允许部分地区实行当地有效的城镇居民户口制度,即享受正式户口待遇但需多年才能转正的"蓝印户口"政策,有效缓解了农村进城人口多与城镇户口指标少这一矛盾关系。

2000 年,国务院出台《关于促进小城镇健康发展的若干意见》,小城镇户籍改革试点,取消对县级市及以下城镇的落户限制,进一步推进小城镇户籍改革试点的工作。2001 年 11 月,广东省政府办公厅下发通知,在全国率先提出户口登记管理一元化改革,但由于历史原因,此文件并没有真正得到贯彻实施。

第五章　新型城镇化与广东区域协调发展

2012年2月,《国务院办公厅关于积极稳妥推进户籍管理制度改革的通知》要求引导非农产业和农村人口有序向中小城市和建制镇转移,逐步实现城乡基本公共服务均等化,将我国户籍制度开放的范围由最初的集镇向各类城镇、城市逐步扩大。广东省政府紧随其后迅速出台相关通知,提出分类实施户口迁移政策、合理放宽城镇入户条件、依托居住证提升服务农民工水平等三点具体贯彻落实意见。2012年10月,省政府办公厅下发《关于加快落实户籍管理制度改革有关政策的通知》,对广东省进一步推进户籍制度改革提出四条具体意见和推进工作时间表。

2014年3月,《国家新型城镇化规划（2014—2020年）》提出全面放开建制镇和小城市落户限制,有序放开城区人口50万～100万的城市落户限制,合理放开城区人口100万～300万的大城市落户限制,严格控制城区人口500万以上的特大城市人口规模,并明确规定"大中城市可设置参加城镇社会保险年限的要求,但最高年限不得超过5年","特大城市可采取积分制等方式设置阶梯式落户通道调控落户规模和节奏"。2014年7月,国务院发出的《关于进一步推进户籍制度改革的意见》提出户籍制度改革总的指导思想,就是按照"尊重意愿、自主选择,因地制宜、步步推进,存量优先、带动增量"的原则,以农业转移人口为主要人群,以推进户籍制度改革和实现基本公共服务均等化为主要手段,努力实现"约1亿农业转移人口落户城镇"的奋斗目标。以上两个政策文件成为广东省制定农业转移人口落户城镇的主要依据,在此基础上,广东历时一年,于2015年7月份推出《广东省人民政府关于进一步推进户籍制度改革的实施意见》。

1984年,深圳率先实行暂住证制度。1985年公安部发布《关于城镇暂住人口管理的暂行规定》,允许社会成员在户籍所在地以外地区长期居住并办理暂住证;同年,《中华人民共和国居民身份证条例》公布,我国的人口信息登记制度开始走向全国统一。2010年,发改委发布的《关于2010年深化经济体制改革重点工作的意见》首次提出在全国范围内实行居住证制度。2014年2月,中央审议通过的《关于全面深化公安改革若干重大问题的框架意见》,提出取消暂住证制度、全面实施居住证制度、建立健全与居住年限等条件相挂钩的基本公共服务提供机制等与户籍制度相关的改革构想。

回顾近几年的广东省推进新型城镇化的政策文件，可以发现2016年1月30日广东省十二届人大四次会议审议批准的《广东省国民经济和社会发展第十三个五年规划纲要》对广东省的户籍制度改革具有指导性的作用，通过对比2015—2017年广东省政府发布的《政府工作报告》和《广东省人民政府办公厅关于解决无户口人员登记户口问题的实施意见》等政策文件，来反映广东省户籍制度改革政策的进展。

在人口落户政策方面，2016年以后的政府工作报告都明确了"十三五"期间以"有能力在城镇稳定就业和生活的农业转移人口举家进城落户"为城镇化发展的着力点。（见表5－1）

表5－1　人口落户政策

时间	文件	人口落户政策相关表述
2015年2月9日	《政府工作报告》	改革户籍制度，有序推进农业转移人口市民化，健全流动人口居住证制度，推动城镇基本公共服务常住人口全覆盖
2016年1月30日	《广东省"十三五"规划》	统筹推进差别化户籍制度改革，严格控制广州、深圳两个超大城市人口规模，有序放宽珠海、佛山、东莞、中山市入户政策，适度把握珠海市落户节奏，有序放开其他地级市落户限制，全面放开建制镇和小城市落户限制。继续推行高技能人才入户制度和积分入户制度，完善异地务工人员积分制入户城镇政策。促进有能力在城镇稳定就业和生活的农业转移人口举家进城落户，并与城镇居民享有同等权利和义务

(续表 5-1)

时间	文件	人口落户政策相关表述
2016年1月25日	《政府工作报告》	把促进有能力在城镇稳定就业和生活的常住人口有序实现市民化作为首要任务，加快户籍制度改革和居住证制度双落地，有序推进户籍人口城镇化，逐步实现基本公共服务常住人口全覆盖
2017年1月19日	《政府工作报告》	促进农业转移人口市民化，深化户籍制度改革，力争户籍人口城镇化率达54.9%。全面实行居住证制度，推进城镇基本公共服务常住人口全覆盖

在基本公共服务政策方面，国家"十三五"规划建议要求实施居住证制度，努力实现基本公共服务常住人口全覆盖，广东省随后的《政府工作报告》明确了基本公共服务提供的基本途径，即通过落户政策和居住证制度扩大基本公共服务覆盖面，为农业转移人口长期在城市居住提供基本保障。另外，中央经济工作会议指出，要明确深化住房制度改革方向，以满足新市民住房需求为主要出发点，以建立购租并举的住房制度为主要方向，把公租房扩大到非户籍人口，这必将为农业转移人口在城镇安居乐业提供有力支撑。2015年10月，国务院常务会议通过的《居住证暂行条例》规定，公民离开常住户口所在地，到其他城市居住半年以上，符合有合法稳定就业、合法稳定住所、连续就读条件之一的可以依照规定申领居住证。（见表5-2）

表 5-2　基本公共服务政策

时间	文件	基本公共服务政策相关表述
2015年2月9日	《政府工作报告》	加大保障性住房建设力度。完成56939户城市棚户区改造。完成20572户国有工矿棚户区改造，每户补助2万元

（续表 5-2）

时间	文件	基本公共服务政策相关表述
2016 年 1 月 30 日	《广东省"十三五"规划》	以满足新市民住房需求为主要出发点，以建立购租并举的住房制度为主要方向，深化住房制度改革，把公租房扩大到非户籍人口，实现公租房货币化。加大城镇棚户区和城乡危房改造力度，推动保障性住房覆盖全部农业转移人口 加快保障性安居工程建设，提高城镇住房保障标准，把公租房扩大到非户籍人口，基本解决新就业无房职工和异地务工人员的居住困难问题，全面实行具有广东特色的住房制度保障体系，严格执行在普通新建商品住房和"三旧"改造时配建 10% 的公租房以及地方土地出让净收益按不低于 10% 用于公租房建设
2016 年 1 月 25 日	《政府工作报告》	推进以满足新市民住房需求为出发点的住房制度改革，逐步建立购租并举的住房制度
2017 年 1 月 19 日	《政府工作报告》	推动建立购租并举的住房制度，组建省属国企专业化住房租赁平台。促进住房回归居住功能，坚决抑制房地产泡沫，维护房地产市场平稳健康发展

在配套管理政策方面，《政府工作报告》将"建立财政转移支付与市民化挂钩机制，合理分担农民工市民化成本""建立规范多元可持续的城市建设投融资机制"作为政府的重要工作内容。"十三五"规划建议进一步提出，要健全财政转移支付同农业转移人口市民化挂钩机制，建立城镇建设用地增加规模同吸纳农业转移人口落户数量挂钩机制。另外，中央城市工作会议要求，政府要创新城市治理方式，特别是要注意加强城市精细化管理。

2017 年 10 月的全省户籍制度改革推进电视电话会议上，中共广东省委常委、常务副省长林少春对广东省的户籍制度改革获得的成果做出总结：户籍制度改革主体政策框架基本形成，"人地钱权"挂钩机制相继出台；城镇基本公共服务加快覆盖全部常住人口，4300多万在粤非户籍人口全部纳入省内城镇基本公共服务范围；城乡统筹发展进程明显加快，最低生活保障、医疗救助等城乡统筹范围不断扩大；服务群众的基础进一步夯实，21万无户口人员落户问题得到基本解决，居民身份证异地办理全面实施。

（2）城镇规划建设政策。2015年4月30日，习近平总书记在中央政治局第二十二次集体学习时的讲话中指出："要坚持以改革为动力，不断破解城乡二元结构。要完善规划体制，通盘考虑城乡发展规划编制，一体设计，多规合一，切实解决规划上城乡脱节、重城市轻农村的问题。要完善农村基础设施建设机制，推进城乡基础设施互联互通、共建共享，创新农村基础设施和公共服务设施决策、投入、建设、运行管护机制，积极引导社会资本参与农村公益性基础设施建设。"

城镇规划建设政策主要包括三部分内容：一是与国土布局相关的整体性规划政策；二是与土地利用相关的规划；三是与城镇建设相关的具体规划政策。

在改革开放前，我国没有专门的、整体性的国土规划，只有对国有农场、人民公社的土地利用规划以及各类城镇的建设规划，缺乏对全国国土利用的整体性谋划。早期的土地规划主要借鉴苏联经验，对"山、水、田、林、路、居"进行全面布局，土地规划初期的主要目的在于解决国有农场建设、荒地开垦等土地利用问题，后期则主要服务于人民公社和国有农场的水利化、机械化、电气化等农业现代化问题。

在国土规划方面，改革开放初期，在总结、借鉴国内外国土资源利用经验教训的基础上，1981年，中央书记处第97次会议做出全面部署和开展国土规划和国土整治工作的决定。1989年《全国国土总体规划纲要（草案）》基本编制完成；2001—2009年，国土资源部在广东等省份实施大规模的国土规划试点工作；2007年，党的十七大明确提出"优化国土开发格局"的重大决定；2009年，国务院批准国土资源部开展《全国国土规划纲要（2011—2030年）》的编制工作，为我国进行全面的国土规划编制和实施奠定了基础；2010年底，国务院公布《全国主体功能区规划》，不仅明确规定我国国土优化开发、重点开发、限制开发和禁止开发区域的范围，还确定"两横三纵"的城镇化发展主体格局，该规划也成为我国进行国土开发和城镇规划的基础性和约束性规划。

在土地利用方面，1986—2010年，我国进行了两轮土地利用总体规划。第一轮规划期为1986—1996年，1986年的《土地管理法》明确提出"各级人民政府编制土地利用总体规划经上级人民政府批准执行"的要求；第二轮规划期为1997—2010年，1997年的《关于进一步加强土地管理切实保护耕地的通知》和1998年新修订的《土地管理法》将耕地保护摆在突出重要的位置，要求"保持耕地总量动态平衡"，并开始实行土地用途管制制度，在具体实施过程中对于建设用地则采取指标控制、占补平衡、增减挂钩等多种控制调节手段，以实现保护耕地和满足建设用地需要的双重目标。2008年10月24日，国务院公布《全国土地利用总体规划纲要（2006—2020年）》，对新时期的土地利用做了较为系统的部署，提出要"坚持节约资源和保护环境的基本国策，坚持保护耕地和节约集约用地的根本指导方针，实行最严格的土地管理制度"。

在城镇规划方面，1952年9月，当时的政务院（即后来的国务院）组织召开的第一次城市建设座谈会，确立了统一领导、按照规划进行城市建设的基本原则。1954年，第一次城市建设会议提出"重点建设，稳步前进"的方针；1958年，第一次城市规划工作座谈会对中华人民共和国成立以来的城市规划进行了经验总结，并提出大中小城市相结合，以发展中小城市为主、有计划地建设卫星城市、加强区域规划等科学主张。直到1973年，随着国家基本建设委员会在合肥召开城市规划座谈会，城市规划工作在部分城市陆续恢复开展。1978年第三次城市工作会议明确"控制大城市规模，多搞小城镇"的建设方针，会议决定从1979年起从工商利润中提成5%作为城市维护和建设资金，城市规划工作的重要性得到突出强调；1980年全国城市规划工作会议确定了"控制大城市规模、合理发展中等城市、积极发展小城市"的城市发展基本方针，随后城市规划大规模展开，到1985年全国324个设市城市的第二轮总体规划基本完成、为了规范各级政府的城市规划工作，我国在1984年出台《城市规划条

第五章 新型城镇化与广东区域协调发展

例》，对城市规划的基本原则、基本流程等进行了规范统一。

（3）产业发展支撑政策。2015年3月，中共中央、国务院出台《关于深化体制机制改革加快实施创新驱动发展战略的若干意见》，指导深化体制机制改革，加快实施创新驱动发展战略。该意见指出，面对全球新一轮科技革命与产业变革的重大机遇和挑战，面对经济发展新常态下的趋势变化和特点，面对实现"两个一百年"奋斗目标的历史任务和要求，必须深化体制机制改革，加快实施创新驱动发展战略。2016年1月18日，习近平总书记在省部级主要领导干部学习贯彻十八届五中全会精神专题研讨班开班式上指出，要着力实施创新驱动发展战略，抓住了创新，就抓住了牵动经济社会发展全局的"牛鼻子"。推动城镇化健康发展，最主要的经济发展支撑政策就是"四化同步"政策，即坚持走中国特色新型工业化、信息化、城镇化、农业现代化道路，推动信息化和工业化深度融合、工业化和城镇化良性互动、城镇化和农业现代化相互协调，促进工业化、信息化、城镇化、农业现代化同步发展。

为了促进新型城镇化的发展，国家在产业就业支撑、城乡一体化、城镇化和信息化融合等领域采取了许多改革创新举措。

在城镇化发展的产业就业支撑方面，2015年的《政府工作报告》提出推动产业结构迈向中高端的发展任务，要求通过实施"中国制造2025"加快向制造强国迈进；提出制定"互联网+"行动计划，推动移动互联网、云计算、大数据、物联网等与现代制造业结合，促进电子商务、工业互联网和互联网金融健康发展。

在城镇化和信息化融合方面，2015年中央领导人在一季度经济形势座谈会上敦促相关企业提高网速、降低网费，随后工业和信息化部宣布将在当年加大宽带专项行动，加快4G（第四代移动通信技术）建设、努力提升网速。"十三五"规划建议提出，实施网络强国战略，加快构建高速、移动、安全、泛在的新一代信息基础设施，拓展网络经济空间，实施国家大数据战略，推进数据资源开放共享。完善电信普遍服务机制，开展网络提速降费行动，超前布局下一代互联网；推进产业组织、商业模式、供应链、物流链创新，支持基于互联网的各类创新。

在城乡一体化发展方面,"十三五"规划建议提出,要发展特色县域经济,加快培育中小城市和特色小城镇,促进农产品精深加工和农村服务业发展,拓展农民增收渠道,完善农民收入增长支持政策体系,增强农村发展内生动力。促进城乡公共资源均衡配置,健全农村基础设施投入的长效机制,把社会事业发展重点放在农村和接纳农业转移人口较多的城镇,推动城镇公共服务向农村延伸。

(4)生态文明建设政策。2012年12月,习近平总书记在广东考察工作时指出:"我们要把生态文明建设放在突出位置,融入经济建设、政治建设、文化建设、社会建设各方面和全过程,牢固树立尊重自然、顺应自然、保护自然的生态文明理念,坚持节约资源和保护环境的基本国策,着力推进绿色发展、循环发展、低碳发展,加快推进节能减排和污染防治,给子孙后代留下天蓝、地绿、水净的美好家园。这些工作应该融入工业化、信息化、城镇化、农业现代化过程中,要同步进行,不能搞成后再改造。"

2013年5月24日,中共中央政治局就大力推进生态文明建设进行第六次集体学习。习近平总书记在主持学习时发表讲话。他强调,建设生态文明关系人民福祉,关乎民族未来。党的十八大把生态文明建设纳入中国特色社会主义事业"五位一体"总体布局,明确提出大力推进生态文明建设,努力建设美丽中国,实现中华民族永续发展。这标志着我们对中国特色社会主义规律认识的进一步深化,表明了我们加强生态文明建设的坚定意志和坚强决心。生态文明是我国实现"两个百年"发展目标的重要保证,是实现以人为本新型城镇化建设的决定性因素之一,新型城镇化将生态文明建设提高到前所未有的高度。

中华人民共和国成立后,党和国家领导人就非常重视环境保护工作,主要以植树造林、加强林业建设为工作重点,1956年毛泽东同志曾在《中共中央致五省(自治区)青年造林大会的贺电》中发出"绿化祖国"的号召,并对"大跃进"期间出现的毁林烧炭现象提出了批评。1972年我国派代表团参加在瑞典斯德哥尔摩召开的首届联合国人类与环境会议,随后在1973年召开我国第一次全国环境保护会议,将环境保护提到国家的议事日程上来，并成立了国务院环境保护领导小组办公室，全面负责我国的环保工作。

1985年，广东实施"五年消灭荒山、十年绿化广东"行动。1991年，广东被党中央、国务院授予"全国荒山造林绿化第一省"。1999年以来，广东在全国率先实施林业分类经营、生态公益林效益补偿，建设林业生态省。2008年，广东率先提出科学发展生态、民生、文化、创新、和谐"五个林业"，迈开了建设现代林业强省的新步伐。2012年，广东省委、省政府全面启动新一轮绿化广东大行动，志在建设全国一流、世界先进的现代林业。2013年，广东省委、省政府做出《全面推进新一轮绿化广东大行动的决定》，实施四大工程，构建五大体系，建设全国绿色生态第一省。中共中央政治局委员、时任广东省委书记胡春华强调，要坚持走生态立省之路，坚决守住生态底线，全面提升全省生态文明建设水平。高层的决策部署，决定了广东要走一条生态先行、绿色发展的道路，不仅要发展经济，更要保护青山绿水，给子孙后代留下天蓝、地绿、水净的美好家园。美丽广东呼唤绿色生态，新一轮绿化广东凝聚了广大人民群众和社会各界共建共享美丽广东的强烈共识。各地党委、政府发挥主体作用，以前所未有的力度推进造林绿化工作；发展改革、财政、交通、林业等部门切实履行职责，合力推进重点生态工程建设；广大群众团体组织积极参与新一轮绿化广东，营建了形式多样的青年林、巾帼林；各地乡贤和有社会责任心的企业捐资造林，反哺乡里、回馈社会。在全社会的共同推动下，新一轮绿化广东大行动开局良好。

三、珠三角地区的新型城镇化战略与政策

（一）珠三角地区推动新型城镇化战略规划与措施

2013年5月24日，习近平总书记在中央政治局第六次集体学习时的讲话中指出："国土是生态文明建设的空间载体。从大的方面统筹谋划、搞好顶层设计，首先要把国土空间开发格局设计好。要按照人口资源环境相均衡、经济社会生态效益相统一的原则，整体谋划国土空间开发，统筹

人口分布、经济布局、国土利用、生态环境保护,科学布局生产空间、生活空间、生态空间,给自然留下更多修复空间,给农业留下更多良田,给子孙后代留下天蓝、地绿、水净的美好家园。""主体功能区战略,是加强生态环境保护的有效途径,必须坚定不移加快实施。要严格实施环境功能区划,严格按照优化开发、重点开发、限制开发、禁止开发的主体功能定位,在重要生态功能区、陆地和海洋生态环境敏感区、脆弱区,划定并严守生态红线,构建科学合理的城镇化推进格局、农业发展格局、生态安全格局,保障国家和区域生态安全,提高生态服务功能。"

珠三角地区的新型城镇化发展坚持以人为核心,基本由新型城镇规划引领,区别于其他国家或地区工业化先于城镇化的发展路径,广东省的城镇规划先于城镇化开始,城镇化先于工业化开始。珠三角区域的城镇规划从关注城镇体系培育到点轴空间形态、用地模式的引导,再到轴带网络空间结构的构建、空间政策分区的划定、区域发展政策的提出,体现了政府对珠三角不同发展阶段目标要求和区域问题的应对,也体现新型城镇化战略规划从侧重技术研究、空间表达向公共政策内涵的演进。伴随珠三角产业经济、城镇形态转型和生态环境、社会问题的凸现,珠三角的城镇规划采取的政策应对明显呈现出经济发展观、环境保护观、区域及社会公平、宜居区域观的不断叠加和混合。随着珠三角城乡一体化的推进,共建宜居区域成为珠三角未来发展的共识和行动方向。自 1978 年以来,珠三角城镇规划的探索与创新可以概括为以下六次。

1. 第一次:《珠江三角洲城镇体系规划 (1991—2010 年)》

此次规划所强调的"区域增长极点的培育"和"城镇等级结构体系建构"的思想,为珠三角城镇体系结构完善和城镇群发展布局提供了很好的研究基础。此次的规划关注于以下四点:①突出城镇规模等级、职能等级和空间布局体系的建构;②侧重区域增长极点的培育,提出打造广佛、深圳、珠海、中山、江门、顺德、东莞、惠州—大亚湾、肇庆、清远这 10 个城镇群空间构想;③提出区域性重大设施(包括交通运输网、供水、供电、城市防洪、口岸设施、环境保护、公共服务设施)布局安排和建设要求;④提出了旅游网点布局及旅游设施建设策略。(见图 5 – 1)

第五章 新型城镇化与广东区域协调发展

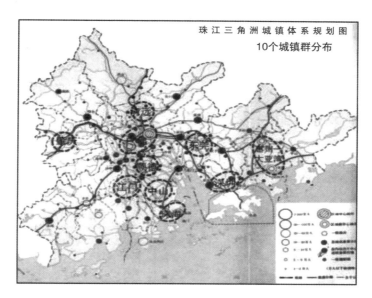

图5-1 珠江三角洲城镇体系规划

2. 第二次：《珠江三角洲经济区城市群规划（1995—2020年）》

该规划明确了珠江三角洲城市群总体发展格局和"三大都市区"协调发展策略，从城市群协调的角度，对需要由各城市总体规划确定和落实的主要因素（如城市性质、规模、发展方向及重大基础设施布局、对外交通网络等）提出相应的意见，为地方层次的规划和发展提供初步的政策框架。其内容主要关注以下四点：①制定城市群在目标定位、发展规模、空间结构等方面的总体战略；②探索适合珠三角城市化发展道路，提出一种可持续发展的空间协调发展模式；③强调区域交通市政基础设施通道的预留对接和城乡建设标准的制定，引导和规范城乡规划建设行为，以形成一个与现代化相适应的经济社会发展的物质环境；④制定都市区发展策略，引导区域协调。（见图5-2、图5-3）

3. 第三次：《珠江三角洲城镇群协调发展规划（2004—2020年）》

本次规划所提出的"网络型轴带空间结构""空间政策区划""规划实施的行动计划"，不仅为区域的统筹协调和城乡一体化发展提供了空间

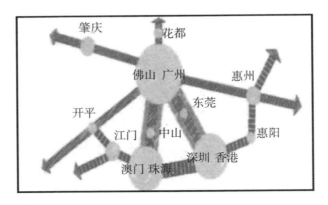

图 5-2 珠三角城市群"两主轴、七拓展轴"示意

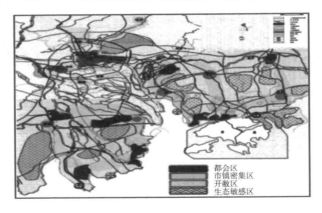

图 5-3 珠三角城市群四种用地模式

上的支持,也使城乡空间规划技术文件转化为区域发展政策提供了大胆尝试。规划的主要内容关注在以下四点:①基于对区域空间结构由"点轴拓展"向"区域一体化"发展趋势的判断,提出"一脊三带五轴"网络型空间结构;②应对区域生态保护、重大设施统筹布局、城际地区合作协调、内外圈层发展差异等问题,提出基于区域统筹发展、公平发展和省市责任共担的分类、分级空间管治——九类政策区、四级管治;③强调人文环境体系建设,构筑公共服务均等化;④提出规划实施机制和"八大行动

计划",形成规划实施的抓手。(见图 5-4、5-5)

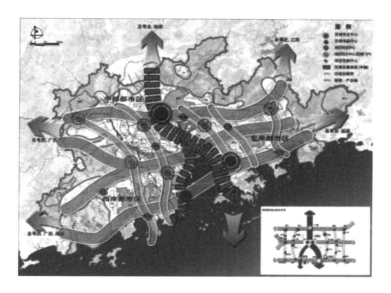

图 5-4 珠三角"一脊三带五轴"空间结构

图 5-5 珠三角政策区划与空间管治

4. 第四次:《珠江三角洲地区改革发展规划纲要(2008—2020 年)》

经过改革开放 30 年的发展,珠三角已经站在了一个新的更高的历史起点。但随着国家改革开放由沿海向内陆、由沿江向沿边推进,经济特区以及珠三角先行开放的政策优势减小，来自外部及全球竞争的压力加大，探索改革发展、创新发展成为必然要求；2008年国际金融危机的影响，加剧珠三角产业转型升级的紧迫感；过去，珠三角重产业开发、轻城市发展所造成的产业发展与城市建设不协调问题，已经成为制约区域转型发展的重要因素。建设宜居区域、宜居城乡是现在的新议题。此次编制是对前几轮珠三角区域规划的修订、梳理、深化和细化，是对珠三角区域规划的多规合一，具有地理概念的全域和空间规划。规划的主要内容关注五个方面：①现代产业体系的构建和创新区域的谋划；②推进城乡与区域经济一体化发展；③完善设施体系与宜居环境建设；④建立适应社会转型发展的管理体制；⑤深化粤港澳合作，共建优质生活。

5. 第五次：《珠江三角洲全域规划》

2014年5月份，为深入贯彻落实习近平总书记视察广东时的重要指示以及中央城镇化工作会议精神，中共中央政治局委员、时任广东省委书记胡春华在召开的全省推进珠三角"九年大跨越"工作会议上提出，要对珠三角地区进行全域规划，朝着建设世界级城市群的目标扎实迈进。该规划是对前几轮珠三角区域规划的修订、梳理、深化和细化，是对珠三角区域规划的多规合一，是具有地理概念的全域和空间规划，突出了"全空间"和"全要素"，是体现生态优先、以人为本、传承文明的具体实践，是广东省实现"三个定位、两个率先"总目标的改革创新之举。珠三角通过区域规划、都市圈规划、行政区划改革、地方政府领导之间的互动、地方政府部门间协商等策略过程，在相当程度上促进了区域协调发展与合作。

6. 第六次：《广东省新型城镇化"2511"试点方案》

2015年4月8号，广东省政府发布《广东省新型城镇化"2511"试点方案》，围绕破解农业转移人口融入城市难、城镇土地利用粗放低效、"城市病"多发、城镇空间结构不合理、城镇化资金保障不到位等问题，以体制机制改革创新为重点开展综合试点，方案选择2个地级市、5个县区、10个建制镇作为新型城镇化综合试点，选择十类项目作为新型城镇化专项试点。其中，综合试点要求坚持以人为本、促进科学布局、坚持生态文明、突出传承文化、探索制度创新；专项试点包括十类项目，即"一

第五章 新型城镇化与广东区域协调发展

张蓝图"工程、产城融合项目、城市更新项目、绿色建设项目、美丽小镇项目、"骑楼"城市项目、智慧城乡项目、城市"良心"工程、记忆岭南项目、公园体系项目。

四、粤东西北地区新型城镇化战略规划

（一）粤东地区战略规划

粤东地区包括汕头、梅州、潮州和揭阳四市。结合国家海峡西岸城市群规划，加快建设粤东城市群，推进"汕潮揭"同城化发展，形成多中心、网络化的都市区格局。促进梅州市融入"汕潮揭"城市群，培育辐射带动粤东北、赣东南和闽西南地区的重要增长极；强化汕头市作为粤东地区中心城市的辐射带动作用；推进潮州市建设成为潮文化特色明显的历史文化名城；增强揭阳市区域枢纽城市功能，加快推进榕江、韩江等航道建设，加快完善粤东城市群综合交通网络。加快战略性平台建设，从而加强与港澳台的经贸联系，规划建设闽粤经济合作区，积极推动设立梅州综合保税区。

（二）粤西地区战略规划

坚持走新型城镇化道路，优化城乡建设空间布局，加快新农村建设，积极引导农村人口向城镇转移，努力形成城乡经济社会一体化发展新格局。粤西地区范围包括阳江、湛江和茂名市。在战略规划上，强化陆海统筹、区域统筹和产业统筹，加快粤西沿海经济带发展，推进"湛茂"一体化发展，辐射带动阳江等地区加快发展，建设珠三角连接东盟、北部湾城市群连接港澳的陆路大通道。推动中心城区扩容提质，打通对外交通瓶颈。加快深茂铁路、合湛铁路建设，推进黎湛铁路电气化改造，贯通两广沿海高速铁路通道。将湛江市打造成为广东省参与世纪海上丝绸之路建设的重要节点，将茂名市打造成为广东省对东盟开放的重要基地。

(三) 粤北地区战略规划

以机制体制创新为动力，以富县强镇为抓手，加快中心镇建设，统筹城乡发展，重点推进城镇化和新农村建设，使粤北地区加快形成城乡经济社会发展一体化新格局。粤北地区范围包括韶关、河源、梅州、清远和云浮市。以建设国家生态文明先行示范区为重点，保护青山、碧水、蓝天、绿地等生态本底，构建北部环形生态屏障。大力发展生态经济和绿色产业，推动城镇集约紧凑发展，建设可持续发展的粤北生态型新经济区，带动北部山区绿色崛起。强化中心城市和节点的地位与作用。重点发展"门户"城市和一批中心镇，加强中心城市和节点的辐射带动作用，带动北部山区发展，构建北部环形生态屏障，保护具有重要水源涵养和生态保障功能的山区，确保全省生态安全和质量。加强生态文明制度建设，有效落实最严格的环境保护制度，形成符合主体功能定位的生态发展格局。发展生态经济和绿色产业，重点发展民族文化特色生态旅游。推动粤北地区与珠三角地区的全方位合作，联合打造北江经济带、环珠三角特色产业带，建设全省低碳经济示范区、国家级文化旅游产业集聚区。

第二节 新型城镇化对促进广东区域协调发展的重要作用

一、新型城镇化对珠三角经济与社会发展的影响

改革开放40年来珠三角的快速发展，极大地促进了城市化进程，城镇人口迅速增加，城市体系结构发生明显变化。截至2017年，珠三角的城镇化水平从1978年的16.26%增加到了85.29%，比全省高15.44个百分点，远远高出全国城镇化率27个百分点。超过500万常住人口的特大城市有多个，超过1000万人口的超级城市也有2个，广州、深圳分别成

为全国第三和第四大城市。区域城市体系由改革开放初期的特大城市—中等城市—小城市的大城市缺失的首位分布，逐步演变成了特大城市—大城市—中等城市—小城市的规模等级序列相对完备的区域城市空间分布格局。在新型城镇化政策规划的推进落实过程中，珠三角已经进入超级城市体时代。

（一）城镇化水平快速提高，城镇化体系不断完善

改革开放以来，广东省通过承接国际资本、技术和产业转移，吸引大量外来务工人员，推动经济社会与城乡建设迅速发展。1978年至2017年，广东省城镇常住人口从825万增加到7802万，城镇化率从16.3%提高到69.85%，年均提高1.4个百分点，地级以上城市数量从1984年的12个增加到2017年的21个。逐步形成了以珠三角城镇群为核心，以"汕潮揭"城镇群和"湛茂阳"沿海城镇带以及韶关都市区为增长极，大中小城市和小城镇协调发展的城镇体系格局。

（二）城镇化格局不断优化，城市群建设初见成效

面对国际经济环境的变化和传统发展模式的制约，广东省率先开展城镇化模式的探索创新，认真组织实施《珠江三角洲地区改革发展规划纲要（2008—2020年）》，初步形成珠三角地区优化发展、粤东西北地区振兴发展的区域城镇化格局。特别是珠三角地区经济活力、开放程度、创新能力、吸纳外来人口数量走在全国前列，国际化大都市连绵区已初具雏形，成为国家三大城市群之一。

（三）城乡统筹的步伐加快，一体化格局初步形成

基本建成覆盖城乡、功能完善、分布合理、管理有效、水平适度的基本公共服务体系。一些城市率先实施积分制入户政策，引导外来务工人员有序落户、融入城镇。建立城乡统一管理的户籍制度和外来人口居住证制度，加强对外来务工人员的管理和服务。基本实现城乡居民养老保险制度一体化和全覆盖，建立和完善被征地农民就业和社会保障制度。全面推行

"户收集、村集中、镇转运、县处理"的农村生活垃圾处理模式,农村环境得到明显改善。城乡建设用地增减挂钩试点有序开展。

(四)生态建设取得了成效,城镇宜居度明显提高

珠三角地区在全国率先划定区域绿地,并通过立法和行政等手段进行有效监管,守住了生态底线。截至2017年年底,全省共建成国家级自然保护区15个、国家地质公园8个,森林覆盖率达59.08%,广州、深圳、珠海等16个市被评为国家园林城市。全省绿道建设取得突出成效,累计建成绿道超过1万公里,基本形成省立绿道—城市绿道有机衔接、综合功能完善的绿道网络。在全国率先部署开展生态控制线划定工作,推进宜居城乡、宜居湾区、优质生活圈建设,人居环境得到明显改善。

(五)城镇化体制不断改善,内在发展力持续增强

在全国首创"三旧"(旧城镇、旧村庄、旧厂房)改造政策,深入推进节约集约用地示范省建设。建立省、市、县三级城乡规划委员会制度,提高了城乡规划的公众参与度,增强了规划决策的科学性和民主性。在全国率先建立城市总体规划实施评估制度,推动规划体制机制创新。在全国率先实现城镇住房制度市场化和引进房地产物业管理及中介服务,推进住房保障制度的改革创新。

二、新型城镇化对粤东西北经济与社会发展的影响

(一)交通基础设施不断完善

在新型城镇化战略的推进作用下,粤东西北交通建设取得相当大的成就,一大批公路、铁路、港口等项目建成或取得相当大的进展,交通路网规划的系统性、前瞻性和科学性进一步提升,公路项目的建设力度不断加大,铁路交通、机场及水运工程规划和建设工作不断推进,实现了交通基础水平大幅提升,促进发展的成效明显。粤东西北城乡交通基础设施不断完善,与珠三角地区增长速度的差距不断缩小。未来几年,随着粤东西北

第五章　新型城镇化与广东区域协调发展

重大交通基础设施建设速度的加快，特别是现代化机场、高铁站、城市快速路系统、高速公路等一大批区域性重大基础设施相继建设成功，粤东西北一些重要的交通节点市县，需要相应建设一批现代化的客货运综合交通站场，科学规划和建设好这些站场，做到既有适度的超前性，又不盲目攀比"高大上"，对粤东西北发展将会产生相当深远的影响。

（二）区域生态环境不断改善

在新型城镇化的战略指导下，经济后发展的粤东西北牢牢把握"生态先发"的良机，充分发挥自身生态资源条件富足、空气水质良好和土地空间广阔的三个生态优势，在粤东西北地区形成以资源综合利用为特色的产业集聚带，开辟出一条"弯道超车"的振兴发展新路。粤东西北地区的大气和水环境质量持续改善，将生态环境作为崛起的重要资源进行了重点保护，并取得一定的成效。但目前粤东西北地区的环境质量状况与全面建成小康社会的目标要求还有差距，部分地区的环境问题仍未完全改善。目前以推进生态文明建设为支点，撬动加快发展的杠杆，开创一个生态、经济、社会协调发展的崭新局面是粤东西北新型城镇化战略推进的重要环节。

（三）民营企业实力不断提高

粤东西北振兴使很多企业提高了企业竞争力，许多城市焕发了活力。经过新型城镇化战略措施的不断推进落实，尽管粤东西北地区的整体创新氛围、企业实力仍远不如珠江三角洲地区，但不少地市在传统的工业基础上，经过长期发展，培育出一些具有较好技术实力和市场基础的优质企业。这些基于传统工业基础转型成长起来的企业，能够较好地适应市场经济的竞争，利用积累的技术基础，不断成长壮大，是粤东西北地区实施创新驱动发展战略的中坚力量。各市积极探索，通过各种政策、资金的扶持，鼓励本土大企业建立高水平的研发平台，进一步增强创新能力，在优势领域取得新的突破，进而辐射带动相关企业、产业链的提升。

（四）区域协调格局初步形成

粤东西北振兴计划推动了珠三角地区的产业转移，初步形成了粤东、粤西、粤北之间协调互动的格局。在新型城镇化战略的指导下，一方面，粤东西北地区各市大力推进三次产业结构调整，以科技创新和珠三角人才为依托，通过重点优势产业尤其是制造业发展，加快工业化步伐。另一方面，城镇化水平快速提高，大幅度缩小与珠三角的经济差距，在快速提高自身经济实力，实现区域共同发展的目标的同时，为产业合作提供一个合作平台。粤东西北地区与珠三角的产业合作主要以垂直型分工为主，逐步形成与珠三角产业链条对接的格局，并不断寻求产业发展与合作机遇。

三、新型城镇化对广东区域协调发展的主要影响

城镇化是促进城乡、区域协调发展的根本途径。为了实现我国全面进入小康社会的战略构想，必须加速广东省农村富余劳动人口向城镇化的转移，提高广东省的城镇化水平。新型城镇化进程对广东省区域协调发展五大目标的实现至关重要，实现区域协调发展的五大目标是互相联系、互为促进、有机统一的。比较优势充分发挥是区域协调发展的基本内涵和首要评判标准；区域收入差距控制在合理范围内是区域协调发展的必然要求；地区基本公共服务均等化是实现区域协调发展的基本保障；形成全省统一大市场是提升资源配置效率、实现空间最优的重要驱动力；资源环境得到保护利用是实现区域协调发展的落脚点和归宿。其中，区域收入差距合理和基本公共服务均等化主要体现区域公平，而其他三个目标则着重于宏观经济效率，两者是动态统一的。

（一）促进广东各地区充分发挥比较优势

在新型城镇化政策的引导下，各地区根据自身发展条件、资源禀赋、潜在优势等具体特点，明确其区域定位和比较优势，在此基础上深化地区间专业分工，并加强区域间经济技术和人才等多方面的合作和互助，形成了各具特色、优势互补、共同发展的区域关系新格局，从而促进广东各地

区充分发挥比较优势，提升广东省宏观经济效率。

（二）减小广东各地区之间区域收入差距

通过总结改革开放以来广东省区域协调经济差距的变动趋势，新型城镇化政策通过影响物资资本、劳动力、人力资本等生产要素的空间差异、制度因素、市场化水平以及结构变动等因素，有效控制了区域经济差距扩大、促进了广东省各区域之间的协调发展。使区域收入差距控制在社会可承受范围之内，并逐步缩小，以实现地区间的共同富裕为最终目标。

（三）促进广东各地区基本公共服务均等化

新型城镇化政策在促进地区基本公共服务均等化的各个方面都有所涉及，包括基础设施、义务教育、医疗卫生、社会保障各方面，使广东省各区域居民都享受到质量和数量都大体相当的基本公共服务，从而保障落后地区居民最基本的生存权和发展权，全面提高当地人口素质，增强落后地区长期的自我发展能力。地区基本公共服务均等化意味着全省不同区域的人民都能分享改革开放的成果。

（四）提升广东区域范围市场一体化水平

新型城镇化政策促进了地区贸易保护壁垒的消除，加强了全省各区域间的贸易联系，从而使市场在资源配置中的基础性作用得到有效发挥。全省各区域间的互相开放使区域间要素流动趋于合理，区域间经济贸易联系得到加强，相互间的贸易量扩大，不仅提高了区域间贸易自由度，还改善了各地区的技术效率、配置效率和价格效率。在新型城镇化政策下，市场一体化水平的提高对于广东省整体福利水平和经济效益改善而言都是有利的，并极大地促进了区域协调发展。

（五）提高资源利用效率以改善生态环境

在资源利用开发的过程中，新型城镇化思想有助于广东省各区域间利益关系的协调，除此之外，不但能保证当前资源空间利用效率，又保证长期内资源可持续利用,实现当前和长远发展利益的统一。

第三节 新型城镇化对促进广东区域协调发展的主要经验

广东的城镇化模式又可以分为两条主线:一是珠三角模式,即以乡镇企业和民营企业集中的中心镇为发展依托,通过产业集聚带动人口集聚,进而实现城市周边地区的快速崛起;二是山区模式,即围绕着县城,发展专业镇。在40年改革开放的发展过程中,广东省积累了许多值得参考的宝贵经验,这些经验对广东省的区域协调发展产生了重要的影响,对新型城镇化的建设有着重要的推进作用。

一、加强政策协同力量,建立持续发展机制

政策是新型城镇化建设的推动剂。只有做到部门间政策的协同配合,才能保证各政府单位高效率的运转,才能有效地推动新型城镇化相关政策落地,才能实现新型城镇化的各项任务目标。新型城镇化背后蕴含的新思路、新理念、新导向使其担负着一份特殊历史使命,而推进新型城镇化的每一步都面临着复杂的系统性调整。改革开放至今的40年间,广东省政府将推进城镇化的工作视为一项系统工程,不断关注其整体性、协调性,对各政府部门的工作进行统筹思考和长远规划;在快速增长的经济环境下,不断改善以现代市场经济制度为核心的制度系统设计。在顶层设计中,层层向下地往一线部门进行工作和政策设计,保证政策的有效落地。广东省委、省政府紧跟国家五年规划,考虑全省的区域协调发展,筹划新型城镇化发展规划,以此为统领建立可持续发展的机制,推动多规融合,打破之前各部门工作中互相冲突、互相抵消的格局,加强对财政、税收、投资、产业、环保、土地、公共服务均等化、城乡建设和发展等相关政策的统筹和协调力度,为新型城镇化规划等相关政策的真正落地和有效实施

第五章　新型城镇化与广东区域协调发展

提供有力保障,有效地促进了区域协调发展。

二、推进产业带动经济,推动城镇赋能城市

城镇化过程是一个经济发展、经济结构和产业结构演变的过程,其中产业的发展与经济的发展、经济的结构之间也不断产生相互作用。在新型城镇化的过程中,广东省政府要求各地方政府以全省的新型城镇化规划为指导,根据自身市县的资源禀赋、区位、经济基础及其与周边的经济关系进行城镇功能定位,再根据定位做好产业选择。"选准一个产业,搞活一方经济。"在经济发达的珠三角地区,各类型产业的集聚发展是新型城镇化建设的基础。同时,珠三角地区发挥凝聚效应,又带动了周边乡镇企业的集约发展。而在粤东西北地区,相当一部分农村开辟了许多乡镇工业区,并逐步使小区城镇化;一些相对成形且具有一定规模的农村专业产销市场,逐步发展为新型小城镇,成为推进小城镇发展的一条切实可行的路子。在产业带动经济的指导方针下,广东省将一个个粤东西北中心镇培育成为产业特色鲜明、生态环境优良、社会事业进步、功能设施完善的县域重要经济中心,促进了中小城镇发展从数量型向质量型转变,全省的区域协调发展水平得到不断的提高。

三、促进人口市民化,逐步增进农村现代化

"加快农业转移人口市民化,是推进以人为核心的新型城镇化的首要任务,是破解城乡二元结构的根本途径,是扩内需、调结构的重要抓手。"近年来,广东省以人为核心的新型城镇化进程不断深入,高效平稳有序推进"农业转移人口市民化"的工作。促进人口市民化的工作主要从两部分入手,一部分是非户籍常住人口,主要是农民工及其家属的市民化问题;另一部分是新增城镇居民的市民化问题。值得一提的是,在广东省政府的领导下,以农村人地关系的改善政策为支点,一批批具备农业优势的市县通过推动劳动力回流开始发展现代农业。"免收农村税费""改善农村生产条件"等具体政策,吸引了许多返乡劳动力从事农业生产。这种促进"人口再市民化"的政策,改善了农村活力,减少了城镇压力,促进了全

省范围的区域协调发展。同时,农民收入提高带来的对县城金融保险、信息服务等现代服务业的需求开始增加,从而为小城镇发展提供了新的服务业动力。此外,由于对于子女教育的重视,以及农村对居住等生活品质的提升要求,随着外出务工人员收入水平的提高,县城以教育设施为主的公共服务集聚也成为新型城镇化推进的主要动力。随着农业转移人口市民化进程的发展,长期以来的区域不平衡问题开始随着城镇化水平的提高而得到改善。

四、发挥区域辐射作用,稳步发展特色城镇

发挥珠三角核心地区的区域带动作用,逐步发展粤东西北地区中心城镇,是一直以来促进全省区域协调发展的工作重点。珠三角地区素来是广东省经济增长的主要贡献力量,但是也需要同步关注欠发达市县的城镇化发展,逐步提升粤东西北地级市产业、人口聚集、辐射带动和服务功能。习近平总书记提过:"在推进城镇化的过程中,要尊重经济社会发展规律,过快过慢都不行,重要的是质量,是同工业化、信息化、农业现代化的协调性。"针对新型城镇建设中存在的操之过急、贪大求快的现象,粤东西北地区的重要经验是循序渐进、稳步发展。特色城镇的发展不论在数量上,还是在规模上都要和农村经济发展水平相适应,既不能超前,也不能滞后。中小城镇的建设要有一个渐进过程,不可能一蹴而就。要发挥中心城市辐射带动中小城镇的作用,把做大做强中心镇作为振兴粤东西北区域发展的战略支点,避免不顾客观条件,脱离非农产业发展实际,突击发展小城镇的操之过急的做法。从全省的客观情况出发,量力而行,尽可能利用中小城镇周边的城市资源,改造现有中小城镇,分层次地进行中小城镇建设,要在新型城镇化的建设过程中处理好区域协调发展问题。

第六章　基础设施建设与广东区域协调发展

基础设施是指为社会生产和居民生活提供公共服务的物质工程设施，是用于保证国家或地区社会经济活动正常进行的公共服务系统。基础设施建设是社会发展和经济增长的重要物质基础。世界银行的发展报告指出："基础设施即便不能称为牵动经济活动的火车头，也是促进其发展的'车轮'"，"经济欠发达地区通常与贫乏的基础设施相联系"（世界银行，2006）。要享受市场带来的福祉，首先要融入市场，而公共设施、通信以及交通部门等各种基础设施则是建立市场联系的基本纽带。统筹区域协调发展，加快粤东西北地区的发展，是提高地区经济发展整体水平、增强区域综合竞争力的基础，同时也是科学发展观的必然要求。受自然条件、资源禀赋、生产要素、创新能力等因素的影响，国家及具体区域均会存在一定程度上的区域发展不平衡问题。要实现粤东西北地区的振兴发展，关键是要通过完善基础设施建设，搭建有效平台，聚集并带动多元投资。

习近平总书记在党的十九大报告中明确指出，我国经济已由高速增长阶段转向高质量发展阶段，正处在转变发展方式、优化经济结构、转换增长动力的攻关期，建设现代化经济体系是跨越关口的迫切要求和我国发展的战略目标。建设现代化经济体系，必须把发展经济的着力点放在实体经济上，把提高供给体系质量作为主攻方向，显著增强我国经济质量优势。加强水利、铁路、公路、水运、航空、管道、电网、信息、物流等基础设施网络建设。

第一节 交通基础设施建设在广东区域协调发展中的作用

一、广东基础设施建设发展概述

基础设施建设对经济社会发展具有关键性、引领性、支撑性作用。我国东南部沿海地区经济快速发展，共同点是通过率先启动大规模的基础设施建设，为经济高速增长奠定坚实的基础。打"基础"，利长远。加强基础设施建设，成为广东省补短板、增后劲的重要抓手，为广东经济发展发挥了关键的支撑作用。广东省城市基础设施建设不断完善，为实现全省经济发展奠定了坚实可靠的基础，城市公共服务水平不断提高，宜居城镇建设全面推进。城市公共交通基础设施不断完善，城市内外部联通有效增强。截至 2015 年年底，全省城市道路面积率达到 12%；城市轨道交通已建成运营线路条数 16 条，总长 452 公里；绿色智慧建设逐步推进，城镇生态环境明显改善。全省人均公园绿地面积达 16.92 平方米/人，城市建成区绿地率达 37.32%，建成绿道 10976 公里，累计完成 96.5 公里地下综合管廊建设里程；公共供给体系逐步完善，城市安全水平有效提升。至 2015 年，全省供水管道总长达 66302.24 公里，用水普及率为 98.46%，其中 2015 年供水综合生产能力、服务人口同比 2010 年分别增长达 17.56%、26.57%；供气管道总长达 22604 公里，燃气普及率为 97.6%，其中管道天然气普及率达到 30%，比 2010 年提高 9 个百分点。城市垃圾污水设施加快建设，环境治理取得阶段性成效。至 2015 年，全省共建成生活垃圾无害化处理场（厂）111 座，城市生活垃圾无害化处理率达 90.16%；建成污水处理厂 449 座，建设配套管网总长 2.3 万公里，城镇生活污水处理能力达 2283 万吨/天。"十三五"期间，在经济发展新常态下，低碳绿色、智慧城市的时代发展潮流，是广东城市基础设施建设的新

第六章　基础设施建设与广东区域协调发展

方向。广东城市基础设施建设提出"全面统筹、质量优先、建管并重"新要求,"一带一路"的开放战略部署,为广东城市基础设施建设拓展了新领域,而"补短板、促增长、保民生"成为广东城市基础设施建设发展的新动力。

2000年,广东省第九次党代会把区域协调发展确定为广东省经济发展的四大战略之一,并将加快东西两翼和粤北山区发展作为实施区域协调发展战略的工作重点。2013年,广东省委、省政府出台的《关于进一步促进粤东西北地区振兴发展的决定》,提出交通基础设施建设、产业园区扩能增效、中心城区扩容提质的构想,开始实施"交通大会战",提出3～5年内建成覆盖粤东西北的快速交通体系。

2017年4月4日,习近平总书记对广东工作做出重要批示,充分肯定党的十八大以来广东各项工作,希望广东坚持党的领导、坚持中国特色社会主义、坚持新发展理念、坚持改革开放,为全国推进供给侧结构性改革、实施创新驱动发展战略、构建开放型经济新体制提供支撑,努力在全面建成小康社会、加快建设社会主义现代化新征程上走在前列。广东认真贯彻落实习近平总书记系列重要讲话精神和治国理政的新理念、新思想、新战略,以习近平总书记对广东工作的重要批示精神为统领,大力推动基础设施供给侧结构性改革,从而全力以赴推进基础设施项目建设的具体实践,为广东实现更高水平发展注入澎湃动力,也为全国推进供给侧结构性改革、实施创新驱动发展战略、构建开放型经济新体制提供支撑。

2017年5月22日,"建设面向未来的现代化基础设施"写入省第十二次党代会报告,与其他四项供给侧结构性改革重大措施并列,成为未来五年广东省供给侧结构性改革的首要抓手,形成独具广东特色的"供给侧广东策",推动粤东西北地区振兴发展实现新跨越。把区域协调发展摆在突出位置,实施"三大抓手"和对口帮扶,加快粤东西北地区发展。7月12日,广东公布推进基础设施供给侧结构性改革实施方案,十大类重大项目目标明确——既有传统认识上的公路、铁路、机场、港航,也有跟未来发展息息相关的能源、水利、城建、环保,甚至包括信息、科技基础设施。交通建设突飞猛进,全省高速公路通车总里程达8338公里,跃居全国第一,实现"县县通"高速目标。其中,新增里程 2624 公里,大部分位于粤东西北地区,粤东西北地区交通条件发生根本性改变。

广东省第十二次党代会报告明确提出:建设面向未来的现代化基础设施。加快建设覆盖全省、通达全国、连通世界的现代化综合交通运输体系。建设高速公路大通道,形成"十纵六横两环"高速公路骨干网,通车里程超过 1 万公里。打造"五纵两横"高速铁路网,实现市市通高快速铁路,加快发展城市和城际轨道交通。适应航空客运大众化、公交化的需要,推进民用机场和通用航空项目建设,强化广州白云机场枢纽地位,提升深圳宝安机场国际化水平,大力推进潮汕机场扩建、湛江机场迁建、韶关机场军民合用工程,形成珠三角地区五大干线机场、粤东西北地区四大支线机场协同发展的世界级机场群。以广州港、深圳港为龙头,优化全省港口资源配置,强化港口集疏运体系建设,打造两大世界级枢纽港区。同时,完善珠三角联通粤东西北的交通网络。以快速便捷的交通为纽带,把粤东西北与珠三角更紧密地连接起来。推进高快速交通网络建设,进一步缩短粤东西北与珠三角的时空距离,形成以珠三角核心城市为中心的全省 2 小时经济圈。落实珠三角交通一体化规划,推动城际交通公交化发展,密切珠江口东西两岸交通联系,加强跨区域路网衔接,打通市域"断头路",构建珠三角 1 小时生活圈。粤东西北地区要完善高速公路主干道与产业园区、城市新区的连接,加强县、镇与中心城区的快速交通联系,推动城镇客运班线与城市公交、镇村公交对接,密切城乡联系。

二、大交通战略对广东区域协调发展的影响分析

基础设施对经济增长有重要影响。基础设施水平的高低往往决定了一个地区贸易成本的大小,各地区内以及地区间贸易成本的不同又决定了产业的空间分布,进而影响各地福利水平与社会总效率。推动基础设施均衡发展是区域协调发展战略的一个重要目标。经过多年超常规发展,珠三角地区的基础设施面貌发生了巨大变化,促进了广东经济社会的快速持续增长。粤东西北地区过去基础设施薄弱的情况制约了这些区域的发展。广东省意识到要实现跨越式发展,就必须在公共服务的各种基础设施供给方面

第六章　基础设施建设与广东区域协调发展

加大投入力度，着力改善供给不足、设施落后等问题，加大城市及农村基础设施建设，减少、消除城乡基础设施差距，促进基本公共服务均等化。公用设施的建设成为粤东西北各地城市"扩容提质"的基础，同时它也成为吸纳发达地区人才、资金等发展要素的支撑。基础设施对经济增长的推动主要源自于降低交易成本、提高规模经济、促进市场一体化，同时能够增加就业机会，促进各种要素流动，提高人力资本投资，加快知识外溢。

习近平总书记高度重视交通运输工作，明确指出："十三五"是交通运输基础设施发展、服务水平提高和转型发展的黄金时期，要抓住这一时期，加快发展，不辱使命，为实现中华民族伟大复兴的中国梦发挥更大的作用。交通运输是连通供给侧和需求侧的大动脉，继续加快推进交通基础设施建设，具有扩大有效投资、增加有效供给和扩大有效需求、激活最终消费的"双重功能"，是推动结构性改革、加快补齐软硬基础设施短板、促进区域协调发展的重要举措。交通是区域经济联系的纽带，也是区域经济发展的基础条件。交通运输主要是由各种交通运输工具及其所依附的基础设施在空间中通过各种组织方式而形成的。从交通运输网络的服务对象来看，它是以实物形式存在的物质在空间内实现位移的载体。而区域经济活动的本质和基础就是要实现各种经济要素在空间上的合理配置，这一过程必然会伴随着大量的物质要素在空间中的位移活动。从该角度来看，交通运输的网络型组织形态就构成了区域经济活动空间联系的基础，从而成为区域经济协调发展的保证。广东省交通运输系统以习近平新时代中国特色社会主义思想为指引，团结一心、攻坚克难，全力加快交通基础设施建设，创新提升运输服务能力和治理水平，为全省经济社会持续健康发展做出了重要贡献。

广东省准确把握习近平总书记 2017 年 4 月 4 日对广东工作做出的重要批示，加快建设覆盖全省、通达全国、连通世界的现代化综合交通运输体系，以快速便捷的交通为纽带，构建珠三角 1 小时生活圈和全省 2 小时经济圈。科学谋划改革发展，努力构建更畅通、更安全、更智慧、更绿色的交通网络。交通基础设施建设是广东省实现"三个定位、两个率先"总目标的重要保障，也是加快粤东西北地区振兴发展战略的三大抓手之一。

2017年年底，习近平总书记对"四好农村路"建设做出重要指示，他指出：交通运输部等有关部门和各地区要认真贯彻落实党的十九大精神，从实施乡村振兴战略、打赢脱贫攻坚战的高度，进一步深化对建设农村公路重要意义的认识，聚焦突出问题，完善政策机制，既要把农村公路建好，更要管好、护好、运营好。基础设施建设中，快速、高效的交通体系是区域聚集要素资源并形成增长极的基础和先行条件。随着一大批高速公路、高速铁路等重大交通基础设施的陆续建设开通，粤东西北地区的区位条件不断改善，区域发展格局和产业布局逐渐发生变化，对粤东西北地区发展将产生重大影响。2016年2月，时任中共中央政治局委员、广东省委书记胡春华在全省加快推进高速公路建设工作会议上强调，要围绕交通谋划产业发展，加强产业园区、城市新区与高速公路的连接，要推动环珠三角地区融入珠三角发展，按照一体化发展思路，强化与珠三角产业对接和分工合作，要根据变化了的交通条件合理调整发展定位和思路，把交通推动发展的作用充分发挥出来。

2011年至今，粤东西北地区交通基础设施加速建设，尤其是"十二五"后三年的交通大会战，极大地改善了粤东西北地区的交通条件，交通网络不断完善，与珠三角间的交通时间进一步缩短，珠三角各城市对外辐射带动水平进一步提升，珠三角对口支援粤东西北的产业转移园的区位优势增长，推动了粤东西北地区经济社会快速发展。2013—2015年，全省交通基础设施建设项目总投资达1.48万亿元，极大提升了全省交通基础设施建设水平。2017年年底，全省高速公路实现通车总里程8338公里，居全国首位（见图6-1）。截至2017年中旬，公路通车总里程达21.8万公里。"十二五"期间，新增8条出省高速公路通道，实现了全省"县县通"高速的目标。全省高速公路密度达到4.27公里/百平方公里，超过德国3.6公里/百平方公里的水平。珠三角核心区密度更超过纽约、东京都市圈水平。粤东西北地区高速公路通车里程达3290公里，比"十一五"末增长51%。粤北5市的高速公路通车里程增长均超过50%。高铁网络不断完善，广深港高铁（广东段）、厦深高铁、南广高铁、贵广高铁开通，极大缩小粤东西北地区与珠三角交通时间。港口体系不断完善，沿海港口群不断升级,广州港突破 5 亿吨,珠海、东莞港实现亿吨大港跨越,亿吨大港数上升至 5 个。拥有码头泊位 2942 个,其中万吨级泊位 281 个,比"十一五"末分别增加 24 个和 36 个。机场网络更加完善,构建了 7 个民航机场和 6 个通用机场的航空网络格局。粤东西北地区交通基础设施建设及环境的改善、全省"高快速综合运输网络"的形成,是实现区域协调发展的前提条件,通过提升交通基础设施建设,有利于进一步提升环珠三角的联系,加强广东与周边省份铁路、公路联系。

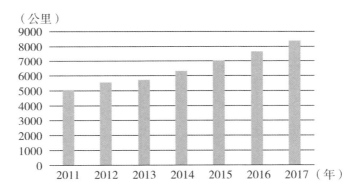

图 6-1　广东省 2011—2017 年高速公路通车里程统计

交通基础设施建设的完善作用于区域协调发展的重要途径为资源配置优化,具体分析如下。

(一) 基本路径分析

区域经济发展在某种角度上体现为资源配置的优化,综合交通体系完善的主要作用路径为缩短区域间距离以优化资源配置。区域间距离具有四种形态:空间距离、时间距离、心理距离、人文距离。综合交通体系的建立及完善,特别是高速交通网络的形成,可以打破空间距离,缩短时间距离,拉近心理距离,整合人文距离,进而破除城市发展障碍,促进供给与需求的衔接与互动,加强资金、技术、人力、信息等资源要素的合理利用及有效配置,从而推动区域协调发展。

资源的自然流动方向是从配置水平低的地区向配置水平高的地区流动，因此，区域经济发展情况并非绝对取决于资源禀赋程度，而是受资源配置有效性的影响。现代城际之间经济的互动效益是一种效率性收益，互动各方获取效益的大小与其资源配置效率高低成正比。某区域若试图寻求与更大、更高区域之间的整合与协作，激发一地的活力，扩充发展能力，重要途径之一是打造适宜的产业发展环境，发挥比较优势，实现合理的资源流动和配置。综合交通枢纽中的各节点承接中心城区的服务功能和产业外溢，发挥周边小城镇的生产基地和居住聚集地的作用。同时，产业结构变化促使经济发达的经济圈向相对滞后的经济圈形成市场经济理念的地区扩散，全面提升商品经济层次和竞争软实力，在巨大辐射效应推动下，资源流动得以加快，配置趋向科学合理，进而在区域经济协调发展中发挥重要的推动作用。

（二）对空间可达性的影响

可达性是交通网络中各节点间相互作用机会的大小，或指借助某种交通方式从给定地点到达指定活动地点的便捷程度。古典区位论提出的空间可达性思想，旨在对空间上某一要素实体（如区域）的区位优劣程度进行衡量，是用来反映交通成本的基本指标。空间可达性，主要是指各点之间交通交流的便捷程度，空间—距离—可达性对区域发展具有先觉性。交通条件的改善，使从某一给定区位到达活动地点的便利程度大幅提高，而可达性作为度量一个地方到另一个地方便利程度的有效指标，揭示了交通网络中城镇相互作用机会、城镇控制市场能力和获取发展机会的核心内容，可达性的提高将使城市区域获得大规模的开发和迅速发展的机会。另外，可达性水平的高低是区域交通运输条件、组合状况的综合反映，是评价区域获取发展机会和控制市场能力的有效指标。交通条件的改善，尤其是高速公路、铁路的发展，缩短了区域内各地之间的通行时间，改变了交通可达性，影响站区周边的开发，进而对地区产业、人口分布产生直接以及间接的影响，从而影响区域发展。以粤东为例，随着汕头至揭阳、汕头至湛江、潮州至惠州、揭阳至惠州高速公路的全面动工，大粤东地区与珠三角

第六章 基础设施建设与广东区域协调发展

区域的时空距离不断拉近，而以汕头港口群、厦深高铁潮汕中心站和揭阳潮汕机场为代表的海陆空交通枢纽建设，也正在不断拉升大粤东的发展潜力。

（三）对要素流动的影响

就区域而言，交通基础设施建设扩张了城市的边界，在空间上降低了不同地区间资源的流动障碍，在时间与空间上缩短了城市、城镇间的距离，改善了生产要素在地区间的优化配置，促进资本远离"资本拥挤"的地区，促进人力资源从过剩区域转向匮乏区域；交通基础设施的改善降低了地区间要素流动的成本与交易成本，促进要素向要素报酬较高的地区流动，从而提高资源的配置效率；同时，交通基础设施的改善提高了区域可达性，较低的运输成本加快了区域间知识与技术的流动，创造了跨地区竞争环境，推动企业进行技术创新，淘汰效率较低的落后企业，从而推动地区产业结构升级与行业资源整合。此外，交通基础设施建设，还降低了技术扩散的空间距离，削弱了技术扩散面临的障碍，使不同区域企业间的技术扩散变得更为便捷，技术溢出效益更加明显。

第二节 广东省基础设施建设发展现状

一、铁路、公路民航、港口航道网络与运输生产质量、服务水平发展现状

（一）高速铁路网络

近年来，按照"三个定位、两个率先"和"四个坚持、三个支撑、两个走在前列"的总体要求，围绕促进珠三角地区一体化发展和粤东西北地区振兴发展的目标，广东省着力弥补交通基础设施中的铁路短板，以建设联通周边省份和覆盖粤东西北地区的高速铁路，以及覆盖珠三角地区的

城际铁路为主要发展任务,加大投入,加快建设,提升行业治理能力和服务水平,促进区域协调发展。截至2017年10月底,全省铁路运营里程达4154公里(其中,高速铁路里程为1492公里,居全国前列),"十二五"以来新增铁路运营里程1564公里(其中,高速铁路里程为1300公里),较2010年增加60%。全省21个地级以上市均通铁路,其中16个市通高速铁路,铁路出省通道由2010年的8个增加到目前的13个,全省高速铁路网主骨架基本形成。

按省十二次党代会关于建设面向未来的现代化基础设施的要求,加快打造"五纵两横"高速铁路网,实现市市通高快速铁路。目前的"五纵两横"中,第一纵的张海高铁,其中湛江至海口铁路已纳入"十三五"规划,桂林至湛江铁路正在争取纳入国家规划;第二纵的贵广—广珠城际铁路,已建成通车;第三纵的武广—广深港高铁,两个项目均已建成通车;第四纵的赣深高铁,已于2016年12月开工;第五纵的瑞梅—梅汕铁路,其中梅汕铁路已于2014年12月开工,瑞梅铁路正在开展前期工作,争取2018年开工。第一横为的南广—广汕—汕汕铁路,其中南广铁路已建成通车,广汕铁路先行工程于2017年7月5日开工,汕汕铁路正在开展前期工作;第二横的合湛—深茂—厦深铁路,其中厦深铁路已建成通车,合湛铁路已于2016年12月开工,深茂铁路江茂段计划2018年建成,深茂铁路深江段正在开展前期工作,计划2018年开工。随着深茂铁路江茂段开通,粤西三市迎来经济腾飞的高铁"加速器"。

振兴粤东西北,交通先行。目前粤东的汕头、潮州、揭阳、汕尾4市,粤北的清远、韶关2市和粤西的云浮都已开通高铁或轻轨。根据最新规划,广东"十三五"期间将推进约42个铁路项目建设,拟于2020年,全省实现"市市通高铁"。潮汕站设计客流量3000~5000人次,如今平时日均客流量已经远远超出了设计,节假日客流量甚至超过5万人。依托高铁潮汕中心枢纽而规划建设的高铁新城拥有绝佳的地理区位优势:地处"汕潮揭"三市的地理中心,距离潮州市区约18公里、揭阳市区约23公里、汕头市区约22公里,距离揭阳潮汕国际机场约8公里。除交通要素之外,潮州有着良好的工业、制造业基础,潮州工业骨干企业所在的庵埠、彩塘、金石等镇分布在高铁站周边,人才相对聚集。潮州市建设"高铁新城":依托厦深铁路潮汕站,打造粤东轨道交通枢纽,强化珠三角地区、海峡西岸经济区和粤赣闽的合作,发展商务办公、商贸物流、文化创意等现代服务业,建设区域性总部基地,为粤东地区特色商品打造国际贸易平台。随着高铁线向粤东西北的延伸,越来越多的企业正加速布局粤东西北,汕尾比亚迪、清远长隆等一系列来自珠三角的重大项目加速落地,优质资源向粤东西北聚集。

(二)公路网络

广东省内联外通的公路网络规模显著扩大。陆路大通道陆续建成,大广高速公路、乐广高速公路等一批国家和省内陆路大通道项目建成通车。截至2017年年底,高速公路通车里程达8338公里,居全国首位,全面实现"县县通高速公路、市市通铁路",实现与各陆路相邻省(区)分别有3条以上高速公路通道和1条以上铁路通道。高速公路网络服务经济社会的支撑能力进一步增强,基本形成以珠江三角洲地区为核心,以沿海为扇面,以主要城市(港口)为龙头,向粤北山区和内陆省(区)辐射的网络体系。

高速公路在现代交通体系中具有高速、高效、便捷等优势,连接各市、县的高速网络成为粤东西北交通基础设施建设的重中之重。广东的高速公路大多以广州为中心辐射下去,之前仍存在粤东西北有的城市之间不能直达等现象。为推动粤东西北地区振兴发展,广东大力推进粤东西北县县通高速工程,2017年前基本建成规划的跨省界高速公路,实现公路网络内联外通。根据《广东省2013年至2017年高速公路建设计划》,2013年至2017年广东省全省共建设高速公路项目69项、79个路段,共计5464公里,总投资约7226亿元。其中,2013年至2015年全省新建成高速公路1316公里。同时,部分重点建设桥梁工程也取得突破性进展。虎门二桥四座主塔全部封顶,通车后将进一步完善穗莞间乃至珠三角路网;龙怀高速大埠河大桥双幅合龙,建成通车后将结束龙川至连平没有高速公路的历史。经过"十二五"时期的努力,珠三角连通粤东西北直达邻省区的高速公路主骨架网络基本形成,高速公路作为粤东西北和珠三角地区互动发展的重要战略通道作用正在逐步显现。

在大力推动高速公路建设的同时,粤东西北地区的普通公路建设稳步推进,力争实现普通公路与市政道路、高速公路互通立交以及铁路、港口、机场枢纽的顺畅衔接,最大限度发挥高速公路、铁路的功能作用,加快中心城区扩容提质,实现各市中心城区30分钟内连通高速公路。按照《广东省2014年至2017年政府投资普通国省道项目建设计划》,加快推进广东省普通国省道项目建设。截至2016年年底,全省公路通车里程达21.8万公里,等级公路里程达20.46万公里,一级公路里程达1.13万公里,二级公路里程达1.92万公里。普通公路路况水平明显改善,全省基本形成规模适度、结构合理、连接顺畅的国省干线路网;农村公路建设管理与养护水平稳步提升,安保设施逐步完善。

广东省尤其是粤东西北地区交通区位得到明显改善,投资和发展环境不断优化,珠三角向粤东西北地区产业转移加快推进,生产要素优化配置不断加速,为珠江三角洲优化发展和粤东西北地区振兴发展提供了强大动力。

(三) 民航运输网络

广东省民航运输网络通达性进一步提高,广州白云机场第三跑道、揭阳潮汕机场、深圳宝安机场扩建、惠州机场军民合用改扩建以及湛江、梅州机场改扩建工程等一批项目建成投产。其中,广州白云国际机场、深圳宝安国际机场年旅客吞吐量分别达5973万和4198万人次。全省民用机场共开通航线530条,其中国内航线370条、国际航线160条,初步形成覆盖国内主要城市、通达五大洲重要城市的航线网络。

(四) 港口航道网络

广东省港口航道网络加快完善。初步建设成亚太地区最开放、最便捷、最高效沿海港口群。截至2016年年底,全省沿海港口完成货物吞吐量18亿吨,完成集装箱吞吐量5728万标准箱;港口适应度分别达到

0.92 和 1.03，实现港口能力由"总体缓解"向"基本适应"的提升。全省港口基本形成了以广州港、深圳港、珠海港、汕头港、湛江港五大沿海主要港口和佛山港、肇庆港两大内河主要港口为龙头，辐射华南、西南，面向全球的港口发展格局。以珠三角为核心、粤东粤西为两翼的沿海港口群竞争力保持全国前列；珠三角高等级航道网进一步完善，内河高等级航道网不断延伸，出海航道能力不断提升，粤东西北地区航道扩能工程加快推进。

"十二五"时期全省交通基础设施建设情况。（见表 6-1）

表 6-1 "十二五"时期全省交通基础设施建设情况

指标	单位	2010 年	2015 年	增长量
1. 轨道交通营运里程	公里	2892	4472	1580
1.1 铁路运营里程	公里	2591	4020	1429
其中：高速铁路	公里	314	1360	1046
城际铁路	公里	—	145	145
1.2 城市轨道交通	公里	301	452	151
2. 公路通车里程	万公里	19	22	3
其中：高速公路	公里	4839	7018	2179
3. 内河航道通航里程	公里	11843	12150	307
其中：三级以上航道	公里	793	897	104
4. 沿海万吨级以上泊位	个	245	291	46
5. 港口货物年综合通过能力	亿吨	11.7	16	4.3
其中：集装箱年综合通过能力	万标准箱	3939	5600	1661
6. 民用机场旅客年吞吐能力	万人次/年	6905	9855	2950
7. 民用机场货邮年吞吐能力	万吨/年	300	500	200
8. 输油（气）管道	公里	2300	4770	2470

注：高速铁路指速度≥200 公里/小时的干线铁路。

（五）运输生产质量

客货运输总量继续保持扩张态势，2015 年全社会完成客运量、旅客周转量、货运量和货物周转量分别达到 20.7 亿人、4320 亿人公里、37.6 亿吨和 15131 亿吨公里，年均增长 10%、12.1%、10.9% 和 17.1%。技术装备水平进一步提高，铁路电气化率、复线率分别达 66% 和 63%，较 2010 年分别提高 30% 和 18%；公路客运高端化、货运集约化发展取得积极成效，中高级客车客位占比超过 95%，大型货车吨位数占比超过 86%；水运装备能力显著提升，全省营运船舶平均载货吨位从 2011 年的 1200 吨提升至 2000 吨，运力规模跃居全国前列。交通运输节能减排成效明显，营运车辆、船舶单位运输能耗较 2010 年分别下降 6.1% 和 8.7%，二氧化碳排放分别下降 6.7% 和 8.6%。运输安全形势稳中向好，全省交通事故发生数量总体呈下降趋势。

（六）运输服务水平

整体运输服务水平提升。一体化运输加快发展，机场、大型铁路客站等综合交通枢纽换乘衔接服务进一步完善，公铁水联运、江海联运稳步推广，公路甩挂运输网络基本建成。城乡交通服务更加完善，全省公交运营规模居全国第一，21 个地级以上市全面开通"公交一卡通"，并与港澳地区互联互通；农村客运基本实现"3 个 100%"（100% 镇级有站场、100% 符合通车条件的行政村通车和 100% 有候车亭）。省内建制村和民族地区实现直接通邮，实现"乡乡设所，村村建站"目标。国际化运输进一步拓展，沿海主要港口开通超过 270 条国际航线，与泰国、巴基斯坦等国家缔结友好港口 39 对；全省民用运输机场共开通国际通航点 96 个，国际旅客、货邮吞吐量比重分别由 2010 年的 9.4% 和 36% 提高到 13.3% 和 41.6%；开行"粤新欧""粤满俄"铁路国际货运班列。运输信息化水平进一步提高，全省实现高速公路联网收费"一张网"，初步建成数字航道、交通运输物流公共信息平台、航运公共信息服务平台、交通电子口岸分中心。

二、区域城际交通网发展现状

(一)"珠三角1小时都市圈"

"1小时都市圈"是一个巨型城市的概念,它的核心是城市化,主要联系方式是人流、物流、资金流、商流、信息流和技术流,它通过以上几个"流"加速区域内资源的配置,从而达到资源共享,优势互补的目的。

2003年10月,时任中共中央政治局委员、广东省委书记张德江首次明确提出"泛珠三角"区域协作概念。它就是人们通常所说的"9+2",包括广东、福建、江西、广西、海南、湖南、四川、云南、贵州等9个省(区),再加上香港和澳门。而珠江三角洲又构成了这一区域的核心,因此,珠江三角洲的发展尤为重要。在原有的区域经济合作的基础上,又提出珠三角1小时经济圈的构想,即以广州为中心,1小时车程为半径的轨迹所覆盖的范围。这个经济圈包括了香港、澳门、广州、深圳、佛山、中山、珠海、惠州、东莞、肇庆、江门这11个城市。"泛珠三角"合作的"发动机"是粤港澳大珠三角。因此,广东省铁路建设重点之一是建设连接珠三角主要城市、与港澳衔接的珠三角城际快速轨道交通系统,该系统建成后,包括港澳在内的大珠三角11个城市,可以在1小时内互相通达,形成真正意义上的"1小时商业圈"。

"1小时都市圈"同时突破了以往的城乡和行政区划障碍,让圈内的人、财、物和信息自由流动。"珠三角1小时都市圈"的建设有利于协调区内基础设施建设,避免重复建设项目和浪费资源。区域内城市之间平等协商,规划对接,优化设施布局,错位安排建设项目,有利于城市发展,实现圈内资源共享,优势互补,市场相互开放的目标。珠三角整体经济实力强,开放度、外向型较高,经济吸引力和辐射力强,进一步产生区域扩散效应,辐射粤东西北区域协调发展。

（二）"汕潮揭"中心城区"半小时通勤圈"、粤东地区"1小时经济圈"

城际轨道交通是粤东城镇群内部各级城镇中心、交通枢纽之间快速、便捷、高效联系的公共交通工具，主要服务于区域内中短距离的公务、通勤和生活出行。为实现全面实施城市优先发展公共交通战略，加快转变城市交通发展方式，促进城市公共交通与公众出行、城市发展以及生态环境的和谐统一，广东省大力发展短途公交化客运和跨市公交，重点加快环珠江口湾区都市圈和"汕潮揭"同城化公共交通系统建设，积极构建城乡和区域一体化的公共交通体系。

粤东地区深汕同城化步伐加快。2015年1月，广东省政府出台了《广东深汕特别合作区管理服务规定》，从法规层面确定了合作区各项管理权限及利益共享机制。深圳市将部分城市功能和部分产业的生产环节向合作区疏解与转移，城际交通基础设施建设、教育及医疗等公共服务资源配置有序推进。

2016年6月初，中共中央政治局委员、广东省委书记胡春华到汕头、潮州、揭阳三市调研，要求三市围绕交通枢纽谋划经济布局，加快推进厦深高铁潮汕站、揭阳潮汕机场、汕头港等交通枢纽建设，谋划建设汕潮揭临港空铁经济合作区，以重大交通基础设施驱动经济发展。粤东"汕潮揭"同城化建设中，揭阳协力推动交通网络互联互通。一方面推动粤东港口群规划建设。例如，揭阳市中海油粤东液化天然气项目（一期）码头工程建成，中委广东石化2000万吨/年重油加工工程配套码头工程等在建重大项目扎实推进，揭阳港大南海东岸公共物流码头项目等建设加快。另一方面，不断推进轨道交通建设。粤东地区疏港铁路已完成项目不同接轨点及分期实施方案的比选论证，完善项目预可研报告。

由广东省发改委委托中铁工程设计咨询集团有限公司编制的《粤东地区城际轨道交通规划》于2017年3月通过专家评审。规划方案推荐在粤东地区建设由9条线路外加汕尾至汕头高速铁路的"两环两射"城际轨道交通线网，打造"汕潮揭"中心城区"半小时通勤圈"和粤东地区"1

小时经济圈"。经济要素的输入输出，人流物流的高效流动，迫切需要粤东地区加快交通设施建设。拟修建的粤东城际轨道交通，成为联系珠三角与海西经济区及粤北、赣南地区客货交流的重要枢纽，可以促进粤东地区一体化发展，适应区域城镇体系规划和空间发展战略的需要，适应粤东地区经济社会发展，提升粤东核心竞争力的需要。

（三）经济圈融入

粤东地区的汕头积极融入"深莞惠"经济圈。加快对接一体化交通网络，如汕尾到深圳的水上客运交通、深汕高速扩建、珠东快速、深圳和汕尾鲘门之间的城际线、汕尾机场、汕尾港等均在抓紧筹划。汕头联合粤北河源市开展了"3+2"经济圈交通运输一体化衔接规划研究工作，河源至汕尾高速公路走向基本确定。

2015 年 2 月 8 日，"广佛肇"经济圈市长联席会议在广州举行，决定将 2009 年成立的"广佛肇"经济圈扩大到"广佛肇清云"经济圈。同年 12 月，再度扩容为"广佛肇清云韶"经济圈，"广佛肇+清云韶"将通过"3+3"合作模式打造成为珠三角带动粤东西北振兴发展的示范区。"广佛肇清云韶"经济圈建设着力于发挥重大平台和重点项目的支撑作用，重点打造广佛同城化合作示范区、广佛肇（怀集）经济合作区、广清产业合作园、佛山（云浮）产业转移工业园等重大合作平台，加快推动广佛地铁（燕岗至沥滘段）、韶柳铁路、广佛肇高速、汕湛高速清远清新至云浮新兴段、北江及西江航道升级改造、广州北江引水工程、广佛交界河涌整治等重点项目建设。

粤西地区的茂名市市域路网基础设施建设完善，建成茂化快线，"两区两市"纳入市区半小时生活圈。阳江市扎实推进重点交通项目，着力抓好"一港两桥三路"为重点的交通基础设施建设，同时加快园区基础设施建设。珠海市与阳江市坚持全面系统开展对口帮扶，合作共建取得新成效，搭建技术服务平台，五金刀剪生产研发基地建成投入使用。此外，粤西的阳江积极推进"湛茂阳"沿海经济带及北部湾经济区合作，加强海洋经济、基础设施等领域合作。

三、综合交通行业治理能力状况

经过多年的大力发展，广东省交通行业治理能力明显增强。行业管理体制进一步理顺，成立了高速公路建设管理总指挥部，组建省综合交通建设管理办公室和省道路运输管理局；简化政府投资普通公路和水运项目审批程序，有效承接国家下放的交通基础设施项目审批工作；顺利接管珠三角城际铁路建设管理工作，项目管理制度体系基本建立；积极推进邮政管理体制改革。行业管理法规进一步完善，完成《广东省道路运输条例》《广东省公路条例》修订，颁布实施《广东省珠江三角洲城际轨道交通建设管理办法》《广东省高速公路联网收费管理办法》《广东省道路货物运输源头超限超载治理办法》《关于完善珠三角城际轨道交通沿线土地综合开发机制的意见》《广东省快递市场管理办法》等一批规范性文件。

四、交通投融资模式发展状况

广东省交通行业投融资改革取得新进展。投资模式趋向多元，铁路项目路地合作更加紧密，高速公路省市共建稳步推进。依托省重大项目面向民间投资招标推介会平台，推动一批民间资本采用政府与社会资本合作（PPP）模式参与交通基础设施投资建设。融资渠道更加多样，组建了广东省南粤交通投资建设有限公司，省级融资平台规模进一步扩大。设立广东省铁路发展基金，通过市场化运作引导社会资金投入铁路项目建设。积极开展统筹贷款工作，帮助有困难的地市解决基础设施市级出资，采取公交导向型（TOD）开发模式推进轨道交通沿线土地综合开发，以土地开发收益弥补项目建设及运营资金缺口，实现了项目建设、运营与城市开发良性互动。

五、信息、水设及环保基础设施建设发展状况

粤东西北地区除了展开交通大会战外，在城市排水供气、城乡水力、电力、通信等基础设施建设方面加大投入力度，扭转城乡公共基础设施的落后状况，可以提高当地居民生活质量。特别是粤东西北农村区域公共基

第六章 基础设施建设与广东区域协调发展

础设施的建设,为农村经济、社会、文化发展以及农民生活提供公共服务的各种要素。现代信息技术应用于经济、社会、行政及文化各领域,加快信息化基础设施和信息安全保障服务体系建设,有利于加快粤东西北地区工业、农业、商业和社会管理等领域的现代化进程。

(一)信息基础设施建设

信息基础设施对粤东西北的经济发展升级带动作用显著增强,为广东省"互联网+"、云计算、智能制造、智慧城市建设提供强支撑。广东省全力建设全省大容量骨干网。按照"优化架构、提升容量、高速接入、广泛覆盖"的思路,建设珠三角光缆网、粤东骨干光缆环、粤西骨干光缆环、粤北骨干光缆环,构建"一网三环"的全省大容量骨干光缆网。扩容珠三角光缆网骨干网节点,建设与粤东、粤西、粤北骨干环的通达光缆,大幅提升全省光缆网络覆盖密度和网间带宽。全省新建佛山—东莞、广州—惠州、汕头—潮州、潮州—揭阳、揭阳—梅州、江门—阳江、阳江—湛江、茂名—湛江、梅州—湛江等20条骨干光缆,扩容揭阳—潮州、惠州—深圳、肇庆—佛山等11条光缆,全省骨干光缆总里程增加21.7万公里,总带宽容量提升60%。同时,广东省全面推进城市新建小区光纤入户。加快建设全光纤网络城市,在公用电信网络已实现光纤传输的县级以上城区全面落实光纤到户和广电双平面复合光纤网国家标准,光纤接入能力达到100Mbps以上。积极推动实现电信运营商平等接入,保障用户自由选择权。加快建设农村光纤网络。实施村村通光纤工程,引导电信运营企业在全省所有行政村建立通信机房和光缆接入节点,逐步推进自然村(20户以上)连通光缆,光纤接入能力达到20Mbps。推进光纤网络服务下乡进村,在乡镇政府、行政村村委会、农村中小学校、农业生产基地、农村电子商务聚集区等地区和场所率先开通光纤网络,利用智慧乡村建设、农村信息化特色应用试点示范项目带动农村光纤用户发展。珠三角和有条件的粤东西北地区乡镇居民小区、新农村综合体、新型社区、新村聚居点的新建住宅参照光纤到户国家标准建设。在韶关、河源、梅州等地未通光缆的偏远农村地区,由电信和广播电视运营企业开展分片区包干建设试点,规模化推进光缆到自然村。截至 2017 年年底，基本建成"高水平全光网省"。固定宽带方面网络，光网覆盖率超过 100%，光端口占比超过 85%，FTTH/O（光纤到户）用户占比超过 80%，光纤接入能力达到 20Mbps 以上的行政村占比达到 100%。

移动宽带网络方面，省内所有行政村覆盖 4G 网络，4G 基站数达 29.8 万个，占移动通信基站的比例过半。窄带物联网方面，全省共建成 NB-IoT 基站 3 万个，发展用户 12.6 万户，基于 NB-IoT 的 M2M（机器对机器）连接数达 12.7 万个，省内所有地市主要城区均覆盖 NB-IoT 网络。推进公共通信管道共建共享。省住房和城乡建设厅（简称"省住建厅"）将通信管道纳入全省地下综合管廊建设。省通信管理局指导全省城市通信管线管理，配合省住房和城乡建设厅开展地下综合管廊建设规划编制及地下空间资源调查评估工作。在广州、深圳等有条件的地市探索开展地下综合管廊管理试点，建立政府主导的公共通信管道共建共享模式。支持省电信和广播电视运营企业参与地下综合管廊投资建设和运营管理，进一步完善公路、铁路、地铁、机场、港口等大型公共设施通信管道网络。

粤东西北大力提升"三农"信息化基础设施建设，完善农村信息服务体系，加强信息服务站点网络化建设。建设支撑"三农"发展的数据库，提升农村信息采集、分析和挖掘能力，推进农村基础信息交换及共享。着力建设特色农产品电子商务平台，推进供销社经营网络的标准化、信息化，发展城乡一体的现代流通方式及新型经营业态。分阶段、有计划地逐步推动精准作业、智能控制、远程诊断、遥感监测、灾害预警、地理信息服务及物联网等现代信息技术在粤东西北农业农村、海洋渔业和林业中的应用。

（二）水利基础设施建设

区域协调发展过程中，广东省不断加强城市饮用水水源保护和备用水源建设，合理利用本地水资源，慎重开展跨区域调水工程建设。加快水厂处理工艺升级改造，提高水源、水厂水质监测能力和应急供水能力。加强以城带乡的城乡区域联网供水建设，改善农村饮水条件。深入开展节水型城市（单位）创建活动，逐步更换使用年限超过 50 年、材质落后和漏损严重的老旧供水管网，加强节水技术、工艺、设备和器具的推广使用。2017 年年底前，各地级以上市关闭城市公共供水管网覆盖范围内的自备水井，全省城市完成应急备用水源建设规划和老旧管网普查、改造计划编制审批工作，实现城市公共供水普及率达到 97% 和水质达标双目标，城市供水企业全部具备国家《生活饮用水卫生标准》42 项常规指标以上的检测能力，珠三角 9 市及粤东、粤西、粤北地区至少各有 1 家供水企业具备 106 项指标的检测能力。

粤东"汕潮揭"同城化建设中，汕头、潮州、揭阳成立了党政主要领导联席会议、分管市领导工作协调推进机制、部门协调会议等多个层级的协调机制，推动三市资源互补，产业错位发展，基础设施共建、共享，有效提升区域整体竞争力。水利基础设施建设不断加快，内洋南总干涝区排涝整治工程潮州段已完成，汕头段也已动工建设，韩江粤东灌区续建配套与节水改造工程（安揭总干渠渠首工程）设计基本完成。

（三）环保基础设施建设

1. 环保基础设施建设部署及实施

2012 年，习近平总书记在广东考察工作时的讲话中指出，"我们要把生态文明建设放在突出位置，融入经济建设、政治建设、文化建设、社会建设各方面和全过程，牢固树立尊重自然、顺应自然、保护自然的生态文明理念，坚持节约资源和保护环境的基本国策，着力推进绿色发展、循环发展、低碳发展，加快推进节能减排和污染防治，给子孙后代留下天蓝、地绿、水净的美好家园。这些工作应该融入工业化、信息化、城镇化、农业现代化过程中，要同步进行，不能搞成后再改造"。广东不断加大投入和工作力度，城乡生活垃圾和污水处理等环保基础设施建设取得积极进展，城乡人居环境得到明显改善。粤东西北地区环保基础设施建设明显低于全省平均水平，这样的区域差异成为制约广东实现"两个率先"目标的短板。为了加快粤东西北地区环保基础设施建设，省政府做出了启动粤东西北地区新一轮环保基础设施建设的重大战略部署。省住建厅牵头组织

150多人分赴粤东西北地区及江门、惠州、肇庆等15个地级市开展生活垃圾及污水处理设施建设调研，按照"全面规划、全面覆盖、无一漏网"要求，编制完成了《加快推进粤东西北地区新一轮生活垃圾和污水处理设施建设实施方案》，涵盖15个地级以上城市市区、粤东西北地区12个市的县（市、区）、镇、村的建设方案，不仅明确了近三年建设任务和投资需求，而且对项目推进提出了PPP模式建设及资金解决方案，吸引社会资本参与环保基础设施投资建设和运营。同时，还将以PPP模式整县推进粤东西北地区新一轮生活垃圾和污水处理基础设施建设。该实施方案获省政府批准同意并由省住建厅牵头联合其他8个省直有关部门印发实施。截至2015年年底，全省共建成污水处理设施460座，日处理能力达2353万吨，连续多年居全国第一位，配套管网2.2万多公里，城镇污水处理率约85.5%。

2. 加快清洁家园建设

《广东省人民政府关于印发2015年省政府重点工作实施方案的通知》提出了"支持69个县（市、区）'一县一场'（垃圾焚烧厂或垃圾填埋场）建设"的工作任务，并将其纳入2015年省十件民生实事。作为牵头承办单位，省住建厅高度重视"一县一场"项目建设，与各级政府及有关部门齐心协力，共同推进。截至2015年年底，69个"一县一场"项目中，63个已基本建成或投入运营；1049个乡镇全部建成"一镇一站"，约14万个自然村全部建成"一村一点"，城镇生活垃圾无害化处理率达90.06%，农村垃圾有效处理率达到78.28%，村庄保洁覆盖面达到94.93%，农村垃圾分类减量比例达26.45%，有关主要指标均超过2015年既定目标，农村人居环境和质量明显改善。此外，为了加强生活垃圾管理政策和技术引导，省住建厅配合省人大制定并颁发了《广东省城乡生活垃圾处理条例》，这是国内第一部针对生活垃圾分类并将农村垃圾管理纳入其中的省级地方性法规，为推广城乡生活垃圾管理提供了法律依据；组织制定并经省政府同意印发了《关于全面开展农村生活垃圾收运处理工作的通知》；编印了《广东省生活垃圾焚烧厂运营管理技术指引（试行）》《广东省农村生活垃圾分类工作指引》等技术指引，为生活垃圾管理提供了技术指引；根据住房和城乡建设部等十部委印发的验收办法，结合广东实际，进一步细化制定了《广东省农村生活垃圾治理验收评价办法》，为农村生活垃圾治理工作验收评价提供依据和标准。

省十二届人大常委会已连续五年将跨市域河流污染整治列入重点监督计划。经过多年的努力，"两河""四河"水环境治理质量持续改善、稳中向好。2017年"两河""四河"流域新改、扩建48座污水处理厂，新增污水处理能力70万吨/日。截至2018年1月，全省列入整治计划的243个黑臭水体中，已有191个黑臭水体完成整治工作。

第三节 交通基础设施建设促进广东省区域协调发展的成就

2013年7月，广东省委、省政府出台了《关于进一步促进粤东西北地区振兴发展的决定》，交通网络外通内连被列为"三个抓手"之一。自此，粤东西北地区的交通基础设施建设驶入"快车道"。2012年年末至2016年年末，广东新建成2100多公里高速公路，近三分之二集中在粤东西北。过去5年，粤东西北地区交通条件发生了根本性改变。通过加大交通基础设施建设，交通区位条件得到明显改善，而信息基础建设得到大力发展的地区往往能较快进入工业化和城镇化的快速推进阶段，快速成长为粤东西北地区新的增长极，并带动周边地区快速发展。2013年，广东开展高速公路建设大会战，主战场就是粤东西北地区。当时，粤东西北地区高速公路面积密度偏低，仅为全省平均水平的58%，不足珠三角地区的三分之一。通过振兴粤东西北的"三个抓手"，交通网络外通内联被视为重中之重。2011年，珠三角地区率先实现"县县通高速公路"。2015年年末，粤东西北地区的揭西、陆河等最后8个不通高速公路的县（市）迈进了高速时代，广东全省实现"县县通高速"目标。2017年，粤东西北地区的高速公路通车里程超越珠三角地区，实现珠三角核心区通往粤东有3

条高速公路通道、通往粤西有 6 条高速公路通道（含通云浮）、通往粤北有 9 条高速公路通道。粤东西北联通珠三角地区的高速公路建设，改善了粤东西北整体交通状况，使这些区域的经济与社会运作成本降低，区域要素流动效率提升，为促进区域协调发展打下坚实基础。

一、交通对经济发展贡献率提升

交通基础设施建设既要打通大动脉，也要畅通毛细血管。交通基础设施的建设和完善开创了粤东西北地区经济社会发展的新局面。在广东省委、省政府大力推进粤东西北振兴发展战略带动下，粤东西北各市加快改革创新，狠抓政策落实，经济发展取得了突出成就。粤东西北地区要坚定不移践行新发展理念，突出抓好"三大抓手"之一的交通基础设施，振兴实体经济，实现振兴发展，补齐广东全面建成小康社会的短板。"路通则财通"，交通区位条件的明显改善无疑会给欠发达地区带来良好的发展机遇，缩短粤东西北地区与珠三角地区的时空距离，提升交通可达性，可促进相关经济要素向欠发达地区流动和积聚，实现经济加快振兴发展。以"枕楚跨粤，南北咽喉"的南雄为例，该地区是广东省最北的一个县级市，集老、边、穷、山于一身，多种先天性劣势长期制约当地发展。通过交通基础设施建设的不断推进，随着韶赣高速及铁路的开通，当地交通基础设施明显改善，为当地经济带来新动力，当地工业用地地价从最初低价乃至零地价，步步增长。通过计算机模拟测算，粤东西北地区交通基础设施建设对地区经济发展的贡献率达到 15.5%，超过外商直接投资和科技创新等要素投入的贡献率。

二、区域发展协调性进一步增强

广东省第十二次党代会报告中明确提出："推动粤东西北地区振兴发展实现新跨越。把区域协调发展摆在突出位置，实施'三大抓手'和对口帮扶，加快粤东西北地区发展。"过去 5 年，粤东西北地区 GDP 年均增长 9.7%，超过珠三角地区 1 个百分点。进出口总额年均增长 9.01%，比珠三角地区高 0.82 个百分点。地方财政一般预算收入年均增长 9.27%，比

第六章 基础设施建设与广东区域协调发展

珠三角地区高 1.68 个百分点。粤东西北地区与珠三角地区发展差距进一步缩小，区域经济发展差异系数从 2010 年的 0.68 降至 2015 年的 0.66。

三、新型城镇化稳步发展

交通网络的完善提升了粤东西北地区县城及中心镇的吸引力，推动农村人口的就地城镇化，2015 年粤东西北地区城镇化率达到 46.90%，比 2010 年提高 2.37 个百分点，提升速度比珠三角地区高 0.97 个百分点。粤东西北地区人民生活水平明显提高。通过加快发展、有效调节地区人民生活水平，欠发达地区更多地从发展经济中得到了实惠。2016 年，粤东西北全体居民人均可支配收入提高到了 18365 元，比 2015 年增加 9%，全体居民可支配收入占人均 GDP 之比为 51.7%，比全省高 10.1 个百分点，粤东西北经济更加有效地惠及人民。2016 年，粤东西北农村居民人均可支配收入达 13147.1 元，比 2015 年增长 9.4%，分别比全体居民和城镇居民人均可支配收入高 0.4 个和 1.0 个百分点；农村居民人均可支配收入与人均 GDP 之比从 2015 年的 0.364 提高到 2016 年的 0.370。

四、旅游业迅猛发展

粤东西北地区各地市在交通基础设施建设方面，不断完善高速公路主干道与产业园区、城市新区的连接，加强县、镇与中心城区的快速交通联系，推动城镇客运班线与城市公交、镇村公交对接，密切城乡联系。例如，银英公路是清远市民往来英德及韶关的主要通道，也是经济要道。但该公路飞来峡路段积水深坑密布，石头、土块纵横，导致往来车辆行驶缓慢，存在较大的安全隐患，曾被市民们吐槽为"清远第一烂路"。清远市借助中央、省补助和地方配套支持筹资近 50 亿元，5 年多时间完成市域 1607 公里国省道中 1001 公里的国省道改造。2016 年 9 月底，银英公路基础设施改造主体工程全线完工，彻底告别旧历史。如今的银英公路双向四车道，公路两边风光旖旎，成为自驾一族偏爱的地方。广乐高速开通带动英德市旅游发展，2015 年全市接待游客 1006 万人次，旅游总收入 57.6 亿元，同比增长 28.7% 和 32.1%。2014 年，二广高速开通结束了连山瑶族自治县不通高速的历史,独特的民族风情吸引了来自珠三角的大量自驾游客,2015年游客量同比增长38.17%,极大提升了当地经济发展动力。再如,河源市依托汕湛、大广、汕昆、武深、河惠莞等高速公路,赣深高铁等综合交通网络的建设,充分发挥河源生态优势,建设环珠三角新型产业集聚地、岭南健康休闲旅行名城、现代生态园林城市。

广东省第十二次党代会报告提出,完善珠三角联通粤东西北的交通网络,"要以快速便捷的交通为纽带,把粤东西北与珠三角更紧密地连接起来。推进高速快速交通网络建设,进一步缩短粤东西北与珠三角的时空距离,形成以珠三角核心城市为中心的全省2小时经济圈"。2015年年底,江罗高速新兴段正式通车。2016年年底,该高速全线通车,珠西各市到新兴的车程缩短到2小时以内,极大带动了春节期间新兴的旅游经济。旅游产业作为现代服务业的重要组成部分,具有附加值高、资源消耗少、环境污染少等优点,后发地区发展旅游业是促进地区经济跨越发展的重要途径。据统计,2017年农历正月初一到初七,六祖故里旅游度假区接待车辆达13.0894万辆,是前一年同期的5.1倍;接待人数达32.65万,是前一年同期的2.7倍。2018年春节仅农历初一至初五已累计接待车辆13.6639万辆,同比增长46.9%。

五、交通体系完善影响粤东西北交通区位的新变化

(一)珠三角的辐射范围进一步增强

曾经,粤东西北交通发展滞后成经济掣肘。交通基础设施区域不平衡,不但制约了珠三角地区向外的经济辐射,而且制约了广东省向周边省份的辐射。广东决定构建快速交通体系,将新一轮"交通大会战"作为广东推进区域协调发展,重构区域经济版图的重大战略和突破口,初步形成覆盖粤东西北的快速交通体系,拓展广东未来发展的新空间。截至"十二五"末,珠三角"1日经济圈"(距离3小时以内)的面积达到15.24平方公里,占粤港澳区域总面积的83.48%。覆盖人口1.07亿人,占区域总人口的92.08%。辐射区域的GDP总量达8.99万亿元,占区域总量的

第六章　基础设施建设与广东区域协调发展

96.81%。以高速公路和高速铁路为主的快速交通体系，将粤东西北地区的清远、韶关、河源、云浮、阳江的大部分地区和肇庆、惠州的山区纳入了珠三角 2 小时经济圈，更有部分粤东西北地区的市县已进入珠三角 1 小时或 1.5 小时圈。广州和深圳"1 日经济圈"的人口分别达到 8820 万人和 9447 万人（包括香港、澳门，下同），占区域总量的 75.59% 和 80.97%，经济总量达到 8.42 万亿元和 8.60 万亿元，占区域的 90.60% 和 92.53%。

（二）粤东西北地区与珠三角的交通时间大幅缩短

据统计，2010 年，粤东西北各县区到珠三角的平均时长为 3.05 小时，"十二五"末缩短至 2.91 小时，平均提升幅度为 4.59%。全省 67 个县（市）只需 30 分钟即可驶上高速公路。粤东西北地区有 63 个县区到珠三角地区时间小于 3 个小时，占粤东西北县区个数的 87.5%。揭西县、大埔县等 4 个县市到珠三角 9 市的总时间缩短 5 个小时以上，电白县、乳源瑶族自治县等 6 个县市缩短 1 个小时以上，连平县、乐昌市等 10 个县市缩短 2 个小时以上。高铁大幅缩短中心城区间通行时间。

高速铁路拉近了粤北和粤东地区中心城市与珠三角的距离。韶关借助高铁优势，进入广州"1 小时经济圈"，"潮汕揭"地区与深圳的距离也缩短至 2 个多小时。主要高铁枢纽对外辐射能力不断提升，从广州南站出发 2 小时到达地区范围增长 10.24%，3 小时范围增长 11.07%，深圳北站 2 小时范围增长 11.64%，3 小时范围增长 19.94%，均实现较高增长。

（三）粤东西北中心城市经济带动作用快速增强

对比 2011 年，广东省各中心城市"1 日经济圈"的面积平均提升 11.41%，覆盖人口平均提升 5.72%，覆盖地区的 GDP 平均提升 6.95%。其中，揭阳市的带动作用提升最高，其"1 日经济圈"的面积增加了 12.71%，覆盖人口增加了 10.16%，覆盖地区 GDP 增加了 12.48%。

（四）产业转移园交通区位优势同步提升

"十二五"时期，全省各产业转移园交通区位优势平均提升3.57%。其中，粤东西北地区的产业转移园中，佛山顺德（英德）产业转移园、佛山顺德（云浮新兴新成）产业转移园的区位优势提升超过10%。东莞大朗（信宜）产业转移园（提升8.84%）、珠海（揭阳）产业转移工业园（提升8.81%）、东莞东坑（乐昌）产业转移工业园（提升8.31%）的区位优势均有较大提升。

（五）市县内部交通更加均衡

河源市、茂名市、梅州市等10个地级市区域内部交通基础设施水平得到全面提升，内部均衡性增加。英德市、兴宁市、云安县等63个市县区内部交通区位均衡性得以大幅提升。（见表6-2）

表6-2　粤东西北地区城市主要交通区位

地市	主要交通区位	功能定位
清远市	汕昆、汕湛、二广高速公路	环珠三角高新产业成长新区、生态宜居名城和珠三角北缘的门户城市
河源市	汕湛、大广、汕昆、武深、河惠莞高速公路，赣深高铁	环珠三角新兴产业集聚地、岭南健康休闲旅游名城、现代生态园林城市
云浮市	罗阳、汕湛高速公路，南广高铁	全省循环经济和人居环境建设示范市、生态文明建设示范区
阳江市	汕湛高速公路、阳江港	国家新能源基地、全国五金刀剪基地、沿海临港工业城市、休闲旅游度假胜地
汕尾市	潮莞、深汕高速公路，厦深、广汕高铁	全省滨海旅游集聚区、宜居宜业宜游的现代化滨海城市、珠三角产业拓展集聚地

（续表6-2）

地市	主要交通区位	功能定位
韶关市	京港澳、广乐、武深、韶赣、汕昆、大广高速公路等	珠江西岸先进装备制造产业带韶关集聚区、国家旅游产业集聚区、国家生态文明先行示范区、粤北地区中心城市
湛江市	广湛、渝湛、湛徐高速公路	全国海洋经济示范市、广东对接东盟的先行区、环北部湾中心城市、竞争力强的现代港口城市
茂名市	沈海、汕湛、包茂高速公路，西部沿海高铁	世界级石化基地、全省重要能源物流基地、特色现代农业基地、粤西组团式海滨城市
汕头市	沈海、汕湛、汕昆高速公路，广梅汕铁路，沿海高铁	创新型经济特区、东南沿海现代化港口城市、粤东地区中心城市
潮州市	沈海、汕梅高速公路，厦深高铁	中国陶都、重要临港产业基地、粤东特色旅游目的地、有重要影响力的历史文化名城
揭阳市	潮惠、汕湛高速公路，广梅汕、厦深铁路，揭阳潮汕机场	广东新型工业化城市、重要石化能源基地
梅州市	济广、汕湛高速公路，广梅汕铁路	全国生态文明建设试验区、广东文化旅游特色区、粤闽赣边区域性中心城市、世界客都

第四节　大交通战略促进广东区域协调发展的主要经验

一、政府主导，突出建设重点

省政府及各级地方政府在基础设施建设中扮演"组织者"和"推动

者"的角色。政府通过颁发行政性指令、征收电力建设基金、高速公路建设基金、航道建设基金、通信建设基金等,对山区、少数民族和贫困地区的基础设施建设,给予倾斜性补助与支持,扶持其发展。外商投资和社会集资,由政府出面筹措。交通基础设施建设过程中,广东省坚持以政府为主导,重点规划、建设一批交通大中型重点项目,不断完善粤东西北地区交通基础设施,抓好内联外通高快速交通网项目建设,着力推进发达区域与欠发达区域一体化发展。广东省提出"畅内网、联外网、优衔接"目标:"畅内网"是加快国家高速公路网粤境段和跨珠江口通道建设,有序实施瓶颈路段的改扩建,畅通城市群的内部通道和对外通道,加强珠三角对粤东西北地区的辐射;"联外网"是基本建成出省和连通港澳的高速公路,实现与各陆路相邻省区之间拥有5条或以上高速公路通道,全部建成通港澳的6条高速公路通道;"优衔接"是加强高速公路与普通公路的衔接,推进与高快速路接驳的公路的升级改造,完善高速公路互通立交设置,进一步提升"县县通高速"的成效,强化高速公路对县域、中心镇及重要经济开发区的辐射作用。在政府的整体规划下,分阶段、抓重点,逐步推进交通基础设施建设,进一步扩散辐射,由此产生廊道效应,推动区域协调发展。

二、不断加强欠发达地区交通基础设施网络化建设

为促进区域经济协调发展,广东省不断加强粤东西北地区综合交通体系建设,充分发挥高速公路支撑作用和国省道的骨干作用,重点加强中心城区、产业园区、发展新区、重要港区、物流园区、旅游景区等重要节点高速公路连接道路,打通"最后一公里"。积极构建"物流枢纽—物流园区—配送中心—物流终端"组成的物流网络建设,促进珠三角区域以及粤东西北区域原材料及产品的流动。努力创建粤东西北地区与珠三角区域,以及泛珠三角地区的产业分工协作体系,并创造最佳的交通基础条件。

三、完善对口帮扶工作机制,推动帮扶全面对接

积极引入珠三角地区先进的改革经验、市场理念、体制机制和管理模

式,促进粤东西北地区对口帮扶工作全覆盖、扎实推进,产业共建势头良好。推动被帮扶市加快行政审批制度、商事制度改革,积极参与被帮扶市交通基础设施和新区项目建设。不断完善对口帮扶工作机制,全力推动交通建设帮扶全面对接,共同发展良好态势。注重引进龙头企业,推动企业的帮扶双方的整体布局、一体发展,促进被帮扶市产业提升质量和效益。

四、市场导向,努力实现投资主体多元化

广东省交通基础设施建设坚持政府主导的同时,积极引进市场机制,努力实现投资主体多元化,确保资金充裕、效益提高。2009年,广东逐步建立了"国家投资、地方筹资、社会融资、利用外资"和"贷款修路、收费还贷、滚动发展"的多形式、多层次、多渠道的投融资机制。新机制极大地调动了全省各地集资贷款、利用外资多渠道等筹集资金建桥修路的积极性。2013年,广东印发《加快推进全省重要基础设施建设工作方案(2013—2015年)》,明确提出各级财政统筹安排基础设施建设资本金,重点确保粤东西北地区交通基础设施项目政府出资资本金按建设时序及时足额到位。省财政厅牵头负责统筹省级资本金出资,"十二五"后3年省级财政预算新增安排专项资金用于高速公路、铁路项目省级资本金出资,省级资本金缺口由省财政厅牵头协调以多种方式解决;市级资本金由各市落实。国家批准的地方政府债券,主要用于高速公路和铁路等项目建设。同时,建立省与各大金融机构沟通联系机制,落实省政府与各银行签署的战略合作协议,争取各银行给予项目建设资金支持。严格履行已签订贷款协议的项目协议,及时落实贷款资金。充分发挥企业原有融资平台作用,积极开展融资,优先安排交通基础设施建设资金。

广东城市基础设施建设最大的亮点之一就是推广运用PPP模式。城市基础设施建设难,难在建设资金不足。为破解城市基础设施建设资金不足的难题,广东多点发力,大胆创新,不断拓宽融资渠道,助推城市基础设施建设。城市基础设施领域项目具有投资建设收益稳定、资金需求规模较大、长期合同关系较为清晰,是我国最早面向市场开放、引入社会资本参与投资建设和运营的领域之一。省住建厅高度重视在城市基础设施领域推广运用PPP模式。广东省认真做好城市基础设施PPP项目储备，重点抓试点创新建设，引入社会资本参与，探索环保基金以提供项目前期启动资金或资本金形式，重点支持粤东西北地区基础设施PPP项目建设，探索形成可复制、可推广PPP模式的范例。

第七章　新农村建设与广东区域协调发展

改革开放以来，新农村建设对区域协调发展有重要的促进作用。党的十九大提出实施乡村振兴战略，并写入党章，这是重大战略安排。实施乡村振兴战略，开启了加快我国农业农村现代化的新征程。在中国特色社会主义现代经济体系建设过程中，新农村建设是国家实施精准扶贫和乡村振兴战略的关键环节。习近平总书记在一系列重要讲话中多次强调新农村建设的重要意义和具体路径，对于推进当前和今后我国"三农"事业，乃至全局的发展都有重大指导意义。本章在深刻理解习近平新时代中国特色社会主义思想的基础上，重点结合习近平总书记围绕"三农"的重要论述，梳理改革开放40年来广东新农村建设取得的成就，并在此基础上总结新农村建设对促进广东区域协调发展的基本经验。

第一节　新农村建设与广东区域协调发展概述

2013年12月23日，习近平总书记在中央农村工作会议上指出："中国要强，农业必须强；中国要美，农村必须美；中国要富，农民必须富。农业基础稳固，农村和谐稳定，农民安居乐业，整个大局就有保障，各项工作都会比较主动。"可见，新农村建设是经济社会、区域协调发展的重中之重，涵盖农村的政治、经济、文化、卫生、科技、环境和农村社会保障等各个方面。随着我国综合国力增强和国家对农村的财政投入力度加大，近年来，新农村建设得到快速发展，逐步形成了以"政府主导、农民主体、干部服务、社会力量参与"的新农村建设管理机制，对乡村振兴和现代经济体系构建做出了重要贡献。

广东是我国改革开放的前沿阵地，也是体制机制创新、先行先试的示范区。新农村建设不仅对广东经济增长和区域协调发展有着重要意义，也能为其他地区提供有益参考，具有更加典型的示范作用。党的十六届五中全会提出了建设社会主义新农村的历史任务，制定了"生产发展、生活宽裕、乡风文明、村容整洁、管理民主"的发展目标，推进社会主义新农村的建设。根据会议精神，广东省委、省政府做出加快社会主义新农村建设的决定，并按照"生产发展、生活宽裕、乡风文明、村容整洁、管理民主"的要求，扎实稳步地推进，取得了一系列显著的成绩。2008年，所有行政村实现村村通宽带互联网。2009年，完成农村公路改造任务，提前一年实现镇到建制村公路硬底化。2010年，2.1万个村庄编制了规划，完成农村改厕101万户，建成文化广场5000多个、农家书屋1.2万家，城乡社区文化室1.6万个。2012年，完成扶贫开发"双到"三年任务，贫困户年人均纯收入达7028元；公共卫生服务均等化项目全面实施；社会养老保险和医疗保险实现制度全覆盖；累计培训农村劳动力376万人，转移就业603万人；建设生态景观林带2720公里，完成森林碳汇工程23.3万公顷，森林覆盖率达57.7%。可见，社会主义新农村建设使全省广大农村的面貌焕然一新，为有效解决广东"三农"问题，加快新农村建设，推动区域经济发展迈出了重要一步。总体来看，新农村建设对广东区域协调发展的促进作用主要表现在三个方面。

第一，新农村建设有效确保了农业增长，缩小城乡收入差距。新农村建设是乡村振兴战略实施的整体方案，内容涵盖十分广泛，其中确保农业增长，实现产值提升是新农村建设的关键目标。2015年7月，习近平总书记在吉林省调研时强调："任何时候都不能忽视农业、忘记农民、淡漠农村。必须始终坚持强农惠农富农政策不减弱、推进农村全面小康不松劲，在认识的高度、重视的程度、投入的力度上保持好势头。"因此，新农村建设战略通过重视农村、关注农民，创新体制机制，营造适合农村发展、

第七章　新农村建设与广东区域协调发展

农民富裕的政策环境和保障体系,能够有效确保农业增长和产值提升,促进农业资产保值增值,提高农民收入。以此达到缩小城乡收入差距的目的,进而推动了区域经济社会协调发展。

第二,新农村建设有效推动了农民就业,形成新型城乡关系。农业现代化是新农村建设的内在要求。习近平总书记指出,推进农业现代化,要突出抓好加快建设现代农业产业体系、现代农业生产体系、现代农业经营体系三个重点。随着新农村建设进程的加快,农业科技贡献水平不断提升,新型经营主体规模不断扩大。农业发展开始以构建"三大体系"为抓手,推动种植业、畜牧业、农产品加工业等转型升级,努力向现代农业迈进。与此同时,农业新型经营主体规模不断提升,农业社会化服务体系逐步健全,新型职业农民开始出现,提高了农业经营集约化、专业化、组织化、社会化水平。

新农村建设有效促进了农民的就业质量和就业水平,间接加速了城镇化的建设水平,农业发展向规模化、专业化方向纵深。新型职业农民规模不断提升,农业部门内实现三大产业共融共建,新型城乡关系逐步形成。区域协调发展目标得到实现。

第三,新农村建设有效促进了农村改革,实现社保全面覆盖。农村是我国改革开放的重要起点,随着深化改革进程的持续推进,农村改革一直是党和政府关心的核心问题。农村改革的关键在于土地制度的改革。2013年7月22日,习近平总书记在湖北省武汉市考察时指出:"深化农村改革,完善农村基本经营制度,要好好研究农村土地所有权、承包权、经营权三者之间的关系,土地流转要尊重农民意愿、保障基本农田和粮食安全,要有利于增加农民收入。"由此可见,农村改革的目标是基本经营制度的完善,关键是做好土地流转,而宗旨则在于增加农民收入。可见,农村改革归根到底在于农民。近年来,新农村建设进程不断加快,农村基本经营制度得到有效完善,农民收入持续提高。同时,新型农村合作医疗(简称"新农合")保障体系得到了完善,截至2016年,广东农村新农合保障体系实现了全面覆盖,进一步提升了农民的福利水平,有利于乡村振兴战略实现和区域协调发展。

2013年11月9日，习近平总书记就《中共中央关于全面深化改革若干重大问题的决定（讨论稿）》向全会所做具体说明时指出："城乡发展不平衡不协调，是我国经济社会发展存在的突出矛盾，是全面建成小康社会、加快推进社会主义现代化必须解决的重大问题。改革开放以来，我国农村面貌发生了翻天覆地的变化。但是，城乡二元结构没有根本改变，城乡发展差距不断拉大趋势没有根本扭转。根本解决这些问题，必须推进城乡发展一体化。"由此可见，"三农"问题是关系国计民生的根本性问题。推进新农村建设，是党中央、国务院根据国情民情做出的一项重大战略部署和长期的历史任务，是全面建成小康社会、实现区域协调发展的必由之路。改革开放40年以来，广东的新农村建设进一步得到了全社会的广泛重视，并且取得了一系列瞩目的成绩。

第二节 区域协调发展视阈下广东新农村建设取得的成就

一、农业产值稳步提升，农村经济持续增长

新农村建设是广东省高质量全面建成小康社会的内在要求。改革开放以来，广东省农业持续增长，新农村建设水平不断提高。一直以来，各级政府不断加大新农村建设力度，出台实施了一系列政策措施，提出并推进新农村连片示范工程。把新农村建设作为"三农"工作的重要内容，不断加大投入力度，扎实推进各项建设，取得了明显成效，为全省创造了许多宝贵经验。

2012年2月16日，习近平总书记在中美农业高层研讨会上的讲话中指出："手中有粮，心中不慌。保障粮食安全对中国来说是永恒的课题，任何时候都不能放松。"可见农业增长是新农村建设成功与否的重要指标。改革开放以来，随着农业基本经营制度的确立，农业产值形成了持续增长

的良好局面。"十二五"以来,广东农林牧渔业产值增长明显,农业经济呈现持续稳定增长的良好局面。农业总产值从 2010 年的 3754.86 亿元增长到 2016 年的 6104.26 亿元,年均增长 3.11%;农林牧渔业增加值从 2010 年的 2286.98 亿元增至 2017 年的 3792.40 亿元,平均增速为 3.35%。水果、蔬菜、茶叶等经济作物也呈稳步增长的态势,年均增长率均在 2% 以上。除农业产值外,农民可支配收入也出现持续增长,2017 年全省农村居民人均可支配收入达到 15779.74 元,年均增长率达到 8% 以上,并在较长一段时间内高于全省 GDP 的增速(8.31%),人均经营净收入 4118.65 元,比 2016 年增加 6.1%。其中来自第二、第三产业经营净收入增长较快,达 1749.31 元,增长 12.0%。城乡居民收入差距不断缩小,收入比由 2010 年的 3.0∶1 缩小到 2017 年的 2.6∶1。2017 年年底,全省无公害农产品、绿色食品、有机农产品、地理标志产品的数量已经分别达到 1710 个、745 个、87 个、18 个,均有较大幅度提高,农产品质量安全合格率达到 98.7%;农业综合产值和农民收入均实现稳步提升,进一步实现了第一、第二、第三产业协调发展,产业结构得到不断优化。

二、农业生产科技贡献度不断提升,生态文明建设成绩显著

2013 年 11 月 24 日至 28 日,习近平总书记在山东省考察时指出:"农业出路在现代化,农业现代化关键在科技进步。我们必须比以往任何时候都更加重视和依靠农业科技进步,走内涵式发展道路。"因此,农业要发展,农村要富裕,势必要插上科技的"翅膀"。随着改革开放和区域经济协调发展的持续推进,广东省农业科技贡献水平不断提升。贡献率从 2010 年的 53% 提高到 2017 年的 67%,仅次于江苏省,位于全国第二,比全国平均水平高出 8 个百分点。依托产学研机构,成功建立了水稻、生猪、特色水果、花卉和特色蔬菜等 8 个现代农业产业技术体系和广东省农业科技创新联盟,116 个县(市、区)的基层农技推广体系进行了全面优化改革,从农户视角促进农业技术采用和农业科技进步。现代种业加快发展,优质水稻、鲜食玉米、生猪、家禽等育种处于国内先进水平。2016 年,全省主要农作物、生猪、家禽良种覆盖率分别达 98%、97%、87%,黄羽

肉鸡种苗、种猪供应量分别占全国的65%和8%，农业核心竞争力不断提升。全省农业信息化建设进程不断加快，构建了农业信息采集监测预警、农业大数据综合应用管理、农业政务管理等信息化平台，跨入全国农业信息化先进省份行列。农村电商加快发展，优质新农人逐渐形成，荔枝、龙眼、香蕉、菠萝等岭南水果和特色畜禽网上销售份额不断增大。

在农业科技贡献水平提升的同时，农业基础设施建设也逐步加速。以农田水利建设工程为例，广东省充分发挥公共财政在水利建设中的主要支撑作用，全面推行各项资金政策以加大农田水利建设投入。"十二五"期间，全省已执行中小型灌区续建配套与节水改造工程1270宗，其中，中型灌区112宗、山区小型灌区1158宗，总投资106亿元，省级补助资金67亿元，农田灌排工程体系基本形成。

生态文明建设是区域协调发展的内在要求，也是新农村建设和乡村振兴战略实现的关键指标，是关系到中华民族永续发展的根本大计。2018年5月，习近平总书记在全国生态环境保护大会上讲话时强调："绿水青山就是金山银山，贯彻创新、协调、绿色、开放、共享的发展理念，加快形成节约资源和保护环境的空间格局、产业结构、生产方式、生活方式，给自然生态留下休养生息的时间和空间。"可见，生态文明建设是当前经济发展新旧动能转换，实现高质量增长的关键，也是区域协调发展成功与否的重要评判标准，需要引起高度重视。"十二五"期间，广东农业生态环保稳步推进，全面开展了农产品产地土壤重金属污染普查和修复治理示范，推广测土配方施肥和农药减量施用技术，推进畜禽废弃物综合利用和农村沼气建设，启动实施到2020年"化肥农药使用量零增长行动"，在全国率先实施世界银行贷款农业面源污染治理项目并取得初步成效，项目区试点示范实现化肥农药亩均用量分别减少14.9%、20%，水稻平均亩产增加6公斤，增幅1.6%。

三、新型生产经营主体规模不断扩大，农村改革持续深化

专业化、规模化是现代农业的发展方向。在坚持农业基本经营制度的同时，广东依托改革开放的优势资源，不断创新和扩大新型农业经营主体

第七章 新农村建设与广东区域协调发展

规模。截至 2017 年年底，全省农业龙头企业达到 3524 家，其中省级农业龙头企业 633 家，上市农业龙头企业 23 家，年销售收入超亿元的农业龙头企业 400 多家；农民合作社加快发展，数量达到 3.71 万家，并创建了 341 个国家级示范社；经农业部门认定的家庭农场 13311 家，种养大户达到 13.8 万户。实施了新型农民科技培训工程，创建了一批国家级新型职业农民培育工程示范县，培训大批农村各类实用人才。农业龙头企业、农民合作社辐射带动 500 多万农户共同致富，农机作业、农资配送、病虫害统防统治等社会化服务加快发展。

除新型经营主体规模不断扩大外，农村各项改革也持续得到深化。农村土地确权登记颁证依法务实有序推进，至 2015 年年底已有 104 个县 799 个乡镇启动土地确权工作，完成实测面积 371 万亩，颁发承包经营权证书 13.4 万份，为农业规模化、专业化经营提供了有效支持。农村集体产权制度改革不断深化，基本完成"三资"清产核资任务，摸清了"三资"底数，建成县级农村产权流转管理服务平台 128 个、镇级平台 1397 个，促进资产管理交易阳光运作。成功申报了国家级农村改革试验区，有序推进改革探索。积极推进村级组织"政经分开"改革、以自然村（村民小组）为基本单元的村民自治和承包地自愿互换试点等成果被纳入中央政策文件推广。积极创新金融支农方式，在国家和省级现代农业示范区中积极探索实施"投贷补""政银保"等模式，撬动各类资本积极投入现代农业建设；深化农村金融改革，推进了县级综合征信中心、信用村建设等"八项行动"，加强普惠金融体系建设；农业政策性保险取得突破性进展，2017 年省级财政保费补贴资金达到 8.04 亿元，涉农保险品种从 2010 年的 2 个增加到 18 个。

第三节　新农村建设促进广东区域协调发展的主要经验

一、坚持农业供给侧结构性改革，提高农业产业化水平

党的十九大报告强调要深化供给侧结构性改革。习近平总书记指出，新形势下农业主要矛盾已经由总量不足转变为结构性矛盾，推进农业供给侧结构性改革，是当前和今后一个时期我国农业政策改革的主要方向。因此，近年来广东省坚持把推进农业供给侧结构性改革作为主线，并由此加快推进农业农村现代化。习近平总书记指出，我国农业农村发展已进入新的历史阶段，农业的主要矛盾由总量不足转变为结构性矛盾，矛盾的主要方面在供给侧。他在安徽小岗村农村改革座谈会上强调，要以构建现代农业产业体系、生产体系、经营体系为抓手，加快推进农业现代化。可见，创新农业经营制度，提高农业产业化水平，是农业供给侧结构性改革的必然要求。

新农村建设离不开国家和工业部门的支持。在改革开放的40年进程中，产业部门之间、城乡之间的相互关系发生了巨大变化。当前，"工业反哺农业、城市支持农村"是指导我们国家进行社会主义新农村建设的既定方针政策，也符合当前我国经济积累水平和发展战略。社会主义新农村建设核心任务是实现农业增长，增加农民收入，达到乡村振兴和全面建成小康社会的目的。而农业产业化、交易市场化和生产现代化能够帮助农村实现以上目标，为此必须解决好农业的产前、产中、产后的社会化服务体系建设。强化农村金融支持和技术指导、农业的生产销售等的有机统一是实现农业现代化的有力手段，这些办法能够帮助实现农业的产业化。国家和政府应该在政策、体制等方面予以支持和帮助。

广东新农村建设以科技进步和产业体系完善为基础，以农业科技化、产业化辐射带动发展新农村，探索以"公司+农户"为核心的农业产业化模式，通过实施科工贸一体化和产供销一条龙等具体措施，把农民有序地

第七章 新农村建设与广东区域协调发展

带进农业产业化运行轨道，切实保障农民收入；同时，要以农业龙头企业为依托，实行农业生产科技化，使农业由粗放式转向集约式发展，有力推动了新农村生产力的发展。

"公司+农户"的合作模式还有利于整合社会资源，开展产学研合作，依托科技及产业链延伸，起到辐射带动作用，形成农业科技化、产业化辐射带动发展新农村的新模式，提高农业科技贡献水平，有效推动了区域协调发展。

除此之外，推动农业生产性服务业发展也是农业产业化发展的重要方面。广东省十分重视扶持发展区域性社会服务组织建设，鼓励开展代耕代种代收、统防统治、烘干储藏等社会化和专业化服务，促进农业产业内分工和专业化生产水平；并进一步加大基层农技推广体系建设投入，建立和完善分工协作、服务到位的多元化推广体系；加强农机安全监理体系及农机社会化服务体系建设，建设一批农机社会化服务组织，加快农业物质技术装备发展，完善补贴政策，加大金融扶持力度，加强统筹协调，推进现代农业物质技术装备建设的合力已经基本形成。

农业产业化水平提高会带来农业适度规模经营，有利于完善土地流转服务管理体系。广东创新规模经营方式，坚持形式多样和规模适度的原则，鼓励承包农户依法采取转包、出租、互换、转让等方式流转承包地，引导农户通过土地经营权入股、托管、合作等形式发展土地规模经营。加快构建农业社会化服务体系，培育农业龙头企业、专业市场、农产品经纪人等市场化组织，建立多种利益联结机制，形成以龙头企业为基础、各类服务组织为骨干的市场化服务网络。打造农业社会化服务平台，为各类农业经营者提供政策咨询、产业发展、农业技术、市场行情、农资供应、土地流转、志愿者服务、农产品展销推介等社会化服务。新型农业经营主体不断涌现，农业经营规模不断扩大。

二、提高农业科技贡献水平，加速智慧农业的建设进程

党的十九大报告指出，"创新是引领发展的第一动力，是建设现代化经济体系的战略支撑"。习近平总书记总揽改革发展全局，以历史和全球

视野，从时代发展前沿和国家战略高度，就科技创新发表了一系列重要论述和讲话，形成了系统、完整、开放的科技创新思想体系。

习近平总书记高度重视农业科技工作，2013年7月在山东考察时专门强调："要给农业插上科技的翅膀，按照增产增效并重、良种良法配套、农机农艺结合、生产生态协调的原则，促进农业技术集成化、劳动过程机械化、生产经营信息化、安全环保法治化，加快构建适应高产、优质、高效、生态、安全农业发展要求的技术体系。"2017年12月，中央农村工作会议提出，要不断提高农业创新力、竞争力和全要素生产率，加快实现由农业大国向农业强国转变。这些重要论述为我们开展农业科技创新指明了方向、提供了根本遵循。

2017年，我国农业科技进步贡献率已达到57%，为保障国家粮食安全、推动农民增收和农业可持续发展发挥了重要作用。广东作为改革开放的排头兵，农业科技贡献水平已逾60%。2018年3月7日，习近平总书记在两会期间参加广东代表团座谈会时指出："发展是第一要务，人才是第一资源，创新是第一动力。"可见，实现农业发展，提高农业科技水平，是广东农业现代化建设的必由之路。改革开放以来，广东高度重视农业科技进步，确保投入，注重农业科技成果转化，培育农业科技工作者和新型职业农民。

当前，广东农业发展已经进入创新驱动、内生增长的新阶段，这就更加需要以农业科技创新和成果转化为保证。我省在实践习近平总书记的科技创新思想的同时，以科技服务推动农业供给侧结构性改革为工作主线，将乡村振兴为主要目标，优化产品、产业、区域"三个结构"，服务农业企业、新型经营主体、社会化服务组织"三大主体"，致力解决投入产出、质量安全、生态环境"三大问题"。在具体实践方面，广东在高度重视农业科技创新，确保农业投入的同时，还十分注重农业科技成果的有效转化，提高农业科技贡献水平。以满足广大农民和新型农业经营主体的科技需求为宗旨，拓展社会化服务功能，促进基层推广机构从技术服务向公共服务体系过渡，从生产环节的产中服务向全过程全链条全方位服务延展，从仅服务第一产业向三个产业部门融合的方向升级。进一步优化科技资源配置，实现不同推广主体间资源合理流动和有效组合，进一步推动融合发展，推动公益性农业科技推广服务与经营性服务互补和紧密结合；进一步扩充推广主体，形成多层次、多主体的不同推广主体紧密协作、协同创新的良好工作格局。功以才成，业由才广。习近平总书记把人才看作推进党和国家事业发展的先决条件与根本支撑，多次强调指出："人才竞争已经成为综合国力竞争的核心。谁能培养和吸引更多优秀人才，谁就能在竞争中占据优势。"创新驱动归根到底是人才驱动，谁拥有一流的创新人才，谁就拥有了科技创新的优势和主导权，我们要努力在创新实践中发现人才、在创新活动中培育人才、在创新事业中凝聚人才。因此，有效提高农业科技贡献，还需要进一步培育科技人才和新型职业农民，为提高农业分工效率和科技成果成功应用奠定良好基础。总体来看，广东农业科技创新工作思路新、措施实、力度大，取得了良好效果。并率先在农业科技成果权益分享、持股兼职、分类管理等方面形成操作性较强的制度保障体系。总体上看，改革开放以来，广东在农业科技创新、成果推广和科技服务体系等方面均取得了重要成就。

在"互联网"和"大数据"的信息时代，信息作为一种新的生产要素正在发挥越来越重要的作用。农业信息化有利于实现对乡镇和农村日常事务的信息化管理和服务，提高政务公开和民主管理水平；缩小农村与城市间的数字鸿沟、促进农村城镇化，为农民提供平等发展的机会。广东在新农村建设中不断强化信息服务"三农"主体意识，组织实施农业信息进村入户建设工作，不断完善农村基层信息服务体系，提高农业信息技术应用覆盖率。加快发展电子商务，加速推进电子商务与交易服务、物流服务、金融服务的创新融合。加快发展创意农业、精准农业，实施资源整合工程，打造农业信息化"一图、一库、一网、一平台"。信息服务模式得到不断创新，进一步加速了"互联网+农业"的智慧农业进程。

三、完善现代农产品流通体系，加速冷链物流体系建设

农业生产资料的购买占据农业生产的绝大部分生产成本，而生活资料的流通与否决定农民生活水平的质量，与农民生活息息相关。农产品流通

的顺畅则对农民增收发挥着极其重要的作用。构建农业现代流通网络，是建设社会主义新农村的重要内容。因此，现代农产品流通体系助推社会主义新农村建设，必须坚持以解决农民群众最关心、最直接、最根本的利益问题为抓手。发达的物流产业和完善的市场体系，是现代农业建设的重要保障。

农产品冷链物流是指果蔬、肉类、水产品在加工、贮藏、运输、销售等各个环节始终处于适宜的低温控制环境下，以保证农产品质量，减少损耗成本，防止污染的特殊供应链系统。冷链物流具有复杂性、协调性及高投入等特征，是一种专业化的特殊物流服务，也是广东农业发展的重要经济增长点。加快冷链物流建设，构建高效、安全、集约的农产品冷链物流服务体系，对于促进农业转型升级，提升广东农业产业竞争力，打造特色农业，促进农民增收，推动区域协调发展具有重要意义。

为促进农产品流通，满足广大居民对生鲜农产品的品质和安全的要求，促进农民增收，广东高度重视以生鲜农产品冷藏、低温仓储和运输为主的冷链物流建设，冷链物流设施建设成为新的投资热点，吸引了外资冷链物流企业入驻，冷链物流规模不断扩大，冷链物流业进入了一个全新发展时期。具体实践来看，广东新农村建设以冷链物流为重点，构建农产品大流通体系。综合考虑珠三角地区作为农产品主销区和粤东西北地区作为主产区的不同情况，以及种养、城乡、进出口等对冷链物流的不同需求，对全省农产品冷链物流体系进行科学布局。健全农产品产地营销体系，推广农超、农企等多种形式的产销对接。探索出"现代连锁店"与"三层市场体系"等现代农业物流发展模式，支持城市流通企业经营网络向农村延伸，以企业为主体建设连锁化农家店，完善农村流通基础设施建设，发展现代流通方式和新型农业流通业态，解决农民身边的问题。

四、坚持生态文明建设，实现农业可持续增长

党的十九大报告明确指出，我国社会的主要矛盾是人民日益增长的美好生活需要和不平衡不充分的发展之间的矛盾，这是关系全局的历史性变化，对各项工作都提出了新的要求。习近平总书记在中央深改小组会议审

议农业绿色发展的文件时指出，推进农业绿色发展是农业发展观的一场深刻革命，"绿水青山就是金山银山"，良好生态环境是农村最大优势和宝贵财富，要让良好生态成为乡村振兴的支撑点；农业发展不仅要杜绝生态环境欠新账，而且要逐步还旧账。可见，坚持生态文明建设，实现农业可持续增长，是推动新农村建设、实现城乡区域协调发展的必然要求。

改革开放40年来，广东人民已经基本完成了从"站起来"到"富起来"乃至"强起来"的伟大目标，人民的需求也从原先单纯的物质文化需要向更加多元化的需求转变，特别是对绿水青山美好环境的需求日益强烈。为实现生态环境向"金山银山"，更向"绿水青山"转变，广东省委、省政府高度重视，坚持"创新、协调、绿色、开放、共享"的五大发展理念，出台了一系列积极的政策措施，确保农业实现可持续增长。创新地构建了农业生态补偿机制。针对不同经营主体的补偿对象，制定了不同的补偿标准和补偿方式，建立了不同类型的补偿政策。并以IC卡（集成电路卡）信息系统为载体，破解了分散农户补贴发放的客观难题，为资金安全提供了保障，真正落实了农户利益。为"农业面源污染零增长"目标的实现奠定了基础。另外，广东省还创新建立了农业面源污染治理技术新模式。在农业科技进步的前提下，保护性耕作试点实现了全程机械化。基本实现污水零排放、固体废弃物资源化利用。总体上，广东农业面源污染持续恶化的趋势得到有效遏制，农药保持零增长，化肥增幅明显减缓。农村自然环境不断优化，农业实现了可持续增长。

第八章　公共服务均等化与广东区域协调发展

习近平总书记在中国共产党第十九次全国代表大会上的报告中指出，从2020年到2035年，在全面建成小康社会的基础上，再奋斗15年，基本实现社会主义现代化。到那时，我国经济实力、科技实力将大幅跃升，跻身创新型国家前列；人民平等参与、平等发展权利得到充分保障，法治国家、法治政府、法治社会基本建成，各方面制度更加完善，国家治理体系和治理能力现代化基本实现；社会文明程度达到新的高度，国家文化软实力显著增强，中华文化影响更加广泛深入；人民生活更为宽裕，中等收入群体比例明显提高，城乡区域发展差距和居民生活水平差距显著缩小，基本公共服务均等化基本实现，全体人民共同富裕迈出坚实步伐；现代社会治理格局基本形成，社会充满活力又和谐有序；生态环境根本好转，美丽中国目标基本实现。

第一节　公共服务均等化对广东区域协调发展的作用

一、改革开放过程中的广东公共服务均等化

公共服务是指筹集和调动社会资源，通过提供公共产品这一基本方式来满足社会公共需要的过程，它建立在一定社会共识基础上。公共服务不仅包括了通常所说的公共产品，而且也包括市场供应不足的产品和服务。

第八章 公共服务均等化与广东区域协调发展

所谓"均等化",是指"均衡相等",均等包括机会的均等和结果的均等。我国对基本公共服务均等化的官方定义是"政府要为社会公众提供基本的、在不同阶段具有不同标准的、最终大致均等的公共物品和公共服务"。

公共服务可分为基本公共服务和非基本公共服务。基本公共服务主要包括公共就业服务、基本养老、义务教育、基本医疗卫生、保障性住房、公共文化、基本环境质量以及公共安全等服务类别,旨在保障全体公民特别是低收入群众生存发展的基本需求,这是公共服务中最基础、最重要的部分,公益性较强,政府担负着义不容辞的主体责任。基本公共服务是为了满足居民最基本需求的那一类公共产品,从本质上来说,基本公共服务均等化就是政府本着公平公正的原则,向所有公民公平地提供满足其基本需求的公共产品和服务。

(一)广东省公共服务均等化的指导思想

高举中国特色社会主义伟大旗帜,全面贯彻党的十九大精神,深入贯彻习近平总书记新时代中国特色社会主义思想,认真落实党中央、国务院决策部署,统筹推进"五位一体"总体布局和协调推进"四个全面"战略布局,牢固树立和贯彻落实新发展理念,坚持以人民为中心的发展思想,坚持以社会主义核心价值观为引领,从解决人民群众最关心最直接最现实的利益问题入手,以普惠性、保基本、均等化、可持续为方向,健全基本公共服务制度,完善服务项目和基本标准,强化公共资源投入保障,提高共建能力和共享水平,努力提升人民群众的获得感、公平感、安全感和幸福感,实现全体人民共同迈入全面小康社会。

(二)广东省公共服务均等化的基本原则

(1)兜住底线,引导预期。立足现实,充分发挥基本公共服务兜底作用,牢牢把握服务项目,严格落实服务指导标准。坚持尽力而为、量力而行,合理引导社会预期,通过人人参与、人人尽力,实现人人共享。

(2)统筹资源,促进均等。统筹运用各领域各层级公共资源,推进科学布局、均衡配置和优化整合。加大基本公共服务投入力度,向贫困地区、薄弱环节、重点人群倾斜，推动城乡区域人群均等享有和协调发展。

（3）政府主责，共享发展。深化简政放权、放管结合、优化服务改革，划清政府与市场界限，增强政府基本公共服务职责，合理划分政府财政事权和支出责任，强化公共财政保障和监督问责。充分发挥市场机制作用，支持各类主体平等参与并提供服务，形成扩大供给合力。

（4）完善制度，改革创新。推进基本公共服务均等化、标准化、法制化，促进制度更加规范。加快转变政府职能，创新服务提供方式，消除体制机制障碍，全面提升基本公共服务质量、效益和群众满意度。

（三）广东省公共服务均等化的发展目标

习近平总书记在参加十三届人大一次会议广东代表团审议时指出，共产党就是为人民谋幸福的，人民群众什么方面感觉不幸福、不快乐、不满意，就在哪方面下功夫，千方百计为群众排忧解难。到 2020 年，广东全省将基本建成覆盖城乡、功能完善、分布合理、管理有效、水平适度的基本公共服务体系，实现城乡、区域和不同社会群体间基本公共服务制度的统一、标准的一致和水平的均衡，全省居民平等享有公共教育、公共卫生、公共文化体育、公共交通、生活保障、住房保障、就业保障、医疗保障等基本公共服务。力争做到率先实现基本公共服务普遍覆盖，率先建立城乡统一的基本公共服务体制，率先实现省内各地区基本公共服务财政能力均等化，率先建立基本公共服务多元化供给机制，基本公共服务水平在国内位居前列，在国际上达到中等发达国家水平。在确定最终目标的基础上，分四个阶段推进。

（1）2009—2011 年：大力推进基本公共服务覆盖工作。重点调整财政收支结构，增加对公共教育、公共卫生、公共文化体育、公共交通四项"基础服务"以及对生活保障、住房保障、就业保障、医疗保障等四项"基本保障"方面的投入，坚持投入向农村、基层、欠发达地区和困难群体倾斜，建立健全城乡、不同地区和社会群体间多层次、差别化的基本公共服务体系，使基本公共服务加速覆盖广大居民。

（2）2012—2014 年：重点推动城乡基本公共服务均等化普遍覆盖。

将农村居民和农民工纳入城镇基本公共服务体系，实现城乡基本公共服务的制度衔接和统一，建立和完善省直管县财政体制，城乡基本公共服务均等化普遍覆盖广大居民。

（3）2015—2017年：基本实现地区性基本公共服务均等化。加快完善省对市县的转移支付制度，实现地区性基本公共服务财政能力均等化，基本实现地区性基本公共服务均等化。

（4）2018—2020年：总体实现全省基本公共服务均等化。在城乡、地区制度差别基本消除的基础上，最终建立相对完善的现代基本公共服务制度体系，在全省范围内总体实现基本公共服务均等化。

二、公共服务均等化促进广东区域协调发展

注重实现基本公共服务均等化是面对社会转型进入关键时期我国政府提出的一个新的改革命题，是体现以人为本和弥补市场公共产品供给失灵的重要制度安排。党的十九大报告明确指出："要履行好政府再分配调节职能，加快推进基本公共服务均等化，缩小收入分配差距。"国际经验已表明，实现基本公共服务均等化是缓解区域贫富差距的重要因素，也是有效缩小城乡地区差距的施政方针。区域发展不平衡是制约广东全面协调发展的最大的问题之一，统筹区域发展既是解决未来广东发展的一个重要突破口，也是共建共享和谐广东的重大任务。广东的区域发展要求高度重视基本公共服务均等化的实现。

实现基本公共服务均等化是解决现阶段广东经济社会发展中突出矛盾的现实选择，是广东经济社会协调发展的必然要求。改革开放以来，广东经济社会发展一直位居全国前列，取得了一系列的成就。广东正处于转入科学发展的关键时期。但是，站在新的历史起点上，以"排头兵"的标准审视自己，也必须清楚看到广东在深入贯彻落实科学发展观中的困难和不足。广东省是经济强省，但是广东省经济发展不平衡，珠三角发展迅猛，而东西两翼、粤北山区两个区域则相对滞后，制约了当地社会的发展。统筹区域发展是解决未来广东发展的一个重点突破口。就区域发展差距来说，试图在短期内让东西两翼、粤北山区赶上珠三角地区是不太现实的，而在经济总量和人

均国民收入一时赶不上珠三角发达地区的情况下,在社会公众的基本公共服务方面逐步实现均等化则是可能的,通过努力是可以实现的。

在社会公共服务体系中,基本公共服务应居于核心地位。推进基本公共服务均等化,既是促进经济社会健康可持续发展的必然要求,也是加快建立城乡统筹发展格局和缩小区域间发展差距的重要抓手,更是实现人的全面自由发展和构建社会主义和谐社会的重要支撑。推进基本公共服务均等化,既是人民群众的迫切愿望,也是广东加快经济社会发展转型和发展方式转变的必然要求。基本公共服务是由政府主导、保障全体公民生存和发展基本需要、与经济社会发展水平相适应的公共服务。享有基本公共服务是公民的基本权利,保障人人享有基本公共服务是政府的重要职责。

广东省积极推进基本公共服务均等化,有利于保障公民的基本权利,确保每一个公民平等享受基本公共服务,促进社会公平公正、维护社会和谐稳定;有利于缩小城乡、区域之间的差距,推动区域之间、城乡之间协调发展;有利于改善城乡居民对未来的预期,引导和拉动即期消费,扩大内需,促进经济平稳较快发展;有利于加快政府职能转变,建设以公共利益为目标、以公共需求为尺度、为全社会提供高质量公共服务的服务型现代政府。基本公共服务是政府的基本责任,也是公民的基本权利。"基本公共服务均等化"不仅仅是经济总量上的计划与号召,更为重要的是,它体现了发展的社会属性和公共政策价值基点向人的本质属性需要的回归。积极推进基本公共服务均等化也是新阶段广东实现科学发展、促进区域协调发展的关键。

第八章　公共服务均等化与广东区域协调发展

第二节　公共服务均等化作用于广东区域协调发展的主要成就

一、广东省公共服务均等化的覆盖举措

（一）统筹城乡间公共服务一体化

制定区域内城乡统一的义务教育学校建设标准和生均公用经费标准，推进义务教育阶段规范化学校建设，城乡义务教育规范化学校覆盖率达80%以上。按照国家和省的标准，合理配置农村中小学教学仪器设备、信息化设施设备、体育艺术教学器材设备和图书资料等教育装备，加强实验室、功能室、图书馆（室）和卫生室的标准化、规范化建设，逐步缩小城乡之间教育装备建设和应用差距，生均装备价值达到城乡基本一致。建立农村教师岗位津贴制度，确保农村教师实际收入水平不低于同一县域内同级城镇教师收入水平。积极发展农村学前教育，基本完成乡镇中心幼儿园建设工程，基本普及学前一年教育，学前教育毛入园率达80%。探索学前教育财政拨款制度，加大对乡镇中心幼儿园的扶持。

基本建立一体化的城乡居民基本医疗保险制度，基本医疗保障制度全面覆盖城乡居民。全面建立以县级医院为龙头、乡镇卫生院为骨干、村卫生站为基础的农村医疗卫生服务网络，实现城市社区卫生服务街道全覆盖。新增医疗资源重点向农村和城市社区倾斜，改革完善基层医疗卫生机构补偿机制和运行机制，加强以全科医生为重点的基层医药卫生队伍建设，提高基层医务人员的工资福利待遇，逐步缩小城乡之间基本公共卫生服务的差距。均衡适度提高住院待遇水平。坚持"保基本"原则，建立筹资水平与经济社会发展水平相挂钩机制，保持医保待遇水平与经济社会发展水平相适应。统一按照国家和省颁布的基本公共卫生服务规范，全面实施基本公共卫生服务项目,并适当增加服务内容,逐步提高人均公共卫生服务经费标准,提高公共卫生服务能力和突发公共卫生事件应急处置能力。

(二) 均衡县区间公共服务协调化

加快推进文化体育信息资源共享工程建设。建立健全公共文化体育设施网络。加强各类文化馆(站)、博物馆、图书馆、美术馆、艺术馆、纪念馆、体育场馆、游泳池、全民健身广场,以及广播电视台(站)、互联网的公共文化信息服务点和卫星接收设施公共服务管理系统等公共文化体育设施建设。加强文化体育要素市场建设,促进产权、资本、人才、信息的流动。推进县(市、区)国民体质监测网络建设,积极开展国民体质测试工作。加强各级各类社会体育指导员培训,提高社会体育指导员的服务水平,为广大群众提供科学健身指导。

优化区域内中小学布局,稳妥推进义务教育学校布局调整,坚持办好必要的村小学和教学点,逐步向县城和中心镇集中。整合区域内中等职业教育资源,做大做强做优一批龙头骨干中等职业学校和技工学校,全面提升人才培养质量。进一步整合优化职业技术教育资源,加强基础能力建设,扩大办学规模,推进职业技术教育战略性结构调整。完善区域间中职教育合作互助机制,引导各地差异化发展,形成区域职业教育特色,实现互补。继续完善农村义务教育阶段家庭经济困难学生和寄宿制民族班生活费补助政策,建立自主标准动态调整机制并不断提高标准。建立健全普通高校和中等职业学校家庭经济困难学生资助政策体系,完善以"奖、助、补、减"为主体的经济困难学生助学体系。

(三) 促进群体间公共服务均等化

在提高低收入群体基本公共服务保障标准、实现户籍常住人口基本公共服务均等化的基础上,逐步实现基本公共服务由户籍人口向常住人口全覆盖。一是提高标准,逐步提高低收入群体和困难群体的基本公共服务保障标准;二是制度对接,逐步消除不同群体之间在政治、经济、生活、公共服务等方面的差异,促进解决基本公共服务异地流转问题;三是平等待遇，促进外来人口在政治、经济、文化、社会等方面与当地城镇居民的全面融合，逐步给予异地务工人员基本公共服务和民主权利等。

加大学前教育的投入和管理，切实解决异地务工人员子女就读幼儿园的实际困难。试行异地务工人员子女在输入地就读学校参加中考、高考。探索省内高职高专院校接受外省户籍考生的入学申请。鼓励外省籍高职高专学生毕业后，在广东就业和入户。逐步实现异地务工人员无差别享受当地公共文化服务。确保异地务工人员按规定参加本省城镇职工基本养老保险、失业保险、工伤保险、生育保险等社保政策的同城待遇。完善城镇住房保障制度建设，切实将进城务工人员住房问题纳入当地住房建设规划，明确符合条件的进城务工人员可申请城市公共租赁房。

建立完善社会福利体系，加快建设区域统一的老人优待制度，建立养老服务补贴制度、高龄老人津贴制度和儿童福利津贴制度。探索残疾儿童报告和分类津贴制度，建立贫困家庭儿童大病医疗救助基金；建立残疾人生活津贴制度和重度残疾人护理补贴制度。以服务老年人、残疾人、孤儿为主逐步扩大到社会各类群体，推动社会福利服务由补缺型向适度普惠型转变。探索建立优待救助对象区域间流动机制，允许抚恤、优待人员、农村五保供养对象和城市"三无"人员等优待救助对象在区域内的流动转移。加强城乡低保、最低工资、失业保险和扶贫等政策的衔接平衡。建立不同制度之间的衔接机制，根据低保对象、优抚人员、农村五保供养对象、城市"三无"人员，以及残疾人、老年人的不同需求，实现分类保障，并实现不同保障制度之间的可衔接。建立区域内抚恤优待、老人优待异地待遇互认机制。建立健全基本养老保险、企业年金、地方养老保险和商业养老保险相结合的多层次的养老保障制度体系。

二、广东省公共服务均等化的成就概述

习近平总书记在中国共产党第十九次全国代表大会上指出，增进民生福祉是发展的根本目的。必须多谋民生之利、多解民生之忧，在发展中补齐民生短板、促进社会公平正义，在幼有所育、学有所教、劳有所得、病有所医、老有所养、住有所居、弱有所扶上不断取得新进展，保证全体人

民在共建共享发展中有更多获得感，不断促进人的全面发展、全体人民共同富裕。广东省在推进公共服务均等化的过程中，坚持以习近平总书记讲话精神为指导，依照《广东省基本公共服务均等化规划纲要（2009—2020年）》的规划，在推进基本公共服务普遍覆盖方面取得了较好的成效。

2009—2010学年，公共教育服务均等化指标21个地市平均任务完成率达到95.92%，实行普通中小学（包括民办学校）就读的本省户籍学生义务教育阶段免除学杂费、课本费，全省共计1151万人受惠；小学适龄儿童入学率和初中毛入学率均达100%；2010年，全省有18个市全面解决中小学代课教师问题，50%以上的义务教育阶段随迁子女在公办学校就读，有7市基本实现城市义务教育学校100%达到规范化学校标准；全省提前一年实现基本普及高中阶段教育目标。学前教育毛入园率提高到2011年的89.37%，义务教育全面纳入公共财政保障范围，实现免费义务教育城乡一体化。普通高中与中等职业教育（含技工学校）在校比例为49∶51，在校生规模全国第一。

2010年年底，全省街道（乡镇）以上公共就业服务机构都能够提供基本的公共就业服务功能；实施农村劳动力技能培训普惠制度；将补贴对象范围从"45周岁以下"扩大到"法定劳动年龄"；全省实现城镇新增就业186.3万人，完成年度任务的149%。全省人力资源社会保障城域网覆盖省、市、县（区）、街（乡镇）四级公共就业服务机构。2011年，培训农村劳动力85.5万人，新增转移农村劳动力就业137.6万人，城镇登记失业率为2.46%，城镇新增就业人数177.1万人。2011年，全省新农合参合率达到99.7%，各级财政人均补助标准提高到200元以上，统筹区域内住院政策补偿比例达到68%，年度累计最高支付限额不低于10万元。基本药物制度全面实施。

2012—2016年，广东省全省各级财政对基本公共服务领域的投入达到17608亿元，占全省一般公共预算支出的比重从35.07%提高到57.7%，绝大部分基本公共服务项目保障标准超过全国平均水平或居全国前列。在61项基本公共服务具体项目中，有42项已经覆盖全部常住人口，人民群众更多地分享改革发展成果。为进一步加快基本公共服务均等化进程，着

第八章 公共服务均等化与广东区域协调发展

力解决基本公共服务均等化面临的深层次、结构性矛盾，2012年以来，广东省先后选定惠州、清远、江门、阳江、河源、珠海、湛江等7市开展综合改革试点，取得了较好的成效，为拓展基本公共服务均等化覆盖领域和范围，以及创新基本公共服务均等化体制机制积累了宝贵经验。

第三节 公共服务均等化促进广东区域协调发展的主要经验

一、匡正主体意识和责任，提高政府基本公共服务供给

实现公共服务均等化是政府的基本职能之一，在推进服务均等化实现的过程当中，政府应当秉承以人民为中心的发展思想，充当职能主体，一方面要避免公共服务供给不当所引发的"泛市场化"问题，另一方面要将地方政府转移资金公平公正地进行分配。同时，科学民主地推进公共服务的政策制定与实施。具体而言，为防止政府基本公共服务出现短缺低效的状况，将基本公共服务供给市场化是一种有效的机制。但是，有时却容易由于过度市场化形成"泛市场化"，所谓的"泛市场化"是指政府把不该市场化的基本公共服务业市场化了，放弃了本身所拥有的安排权。这样容易导致基本公共服务由于成本升高而处于高价位，群众难以接受，从而起到了相反的作用。广东省公共服务均等化的经验表明，政府不能完全放弃对公共服务的安排权，在不同类别的基础公共服务上选择合适的不同供给主体。依据基本公共服务的特性，选择性地允许市场进入部分公共服务领域。在市场进入的公共服务领域，政府需要控制服务的安排权，以此来规避可能的"泛市场化"所带来的弊端。

实践表明，地方政府对转移支付的资金未必能做到公平分配，尤其在经费缺乏时，部门间利益竞争可能会导致转移支付的资金乱用、滥用，甚至被挪用等，这种经费的不合理分配会使得真正需要援助的地区和对象没

有得到服务，导致较为严重的不公。广东省公共服务均等化的经验表明，政府必须严格管控地方对转移支付资金的分配，使其公平公正，以实现基本公共服务的财政供给均等化，具体举措可以包括扩大受服务对象的知情权和参与权，增加相关部门经费开支的透明度等，以及对公共服务支出的公平性进行严格的绩效审计。公共服务政策的制定与实施是基本公共服务均等化实现的核心保障。广东公共服务均等化的经验表明，为防止政策失衡导致其背离公民实际需要与国家公共服务目标所引发的基本公共服务不均等，政府应该制定完善的程序法、行政问责制、干部考核制以及听证制度等，从而使得公共服务政策科学制定与民主施行，不会被曲解与偏离。

二、建立科学的评价体系，增加公众对政府公共服务的满意度

习近平总书记在参加十三届人大一次会议广东代表团审议时指出，共产党就是为人民谋幸福的，人民群众什么方面感觉不幸福、不快乐、不满意，就在哪方面下功夫，千方百计为群众排忧解难。公共服务绩效评价体系包括政府自身的绩效评估和公众对政府公共服务质量的评议。广东的公共服务均等化的经验表明，公众对政府公共服务的满意度应当作为考核政府绩效的标准。作为政府公共服务的主要服务对象，公众的满意度是反映公共需求满足程度最直观的指标。公众的公共需求得到满足是基本公共服务趋向均等的前提。建立健全公众服务评价体系，不仅能够对公共部门的行为起到约束和引导的作用，而且有利于提高公共服务的效率和品质。针对目前公众公共服务评价能力比较低，公共服务评价体系还未建立，缺乏公共服务评价的方法与技能等情况，寻求普及公共服务评价体系的基本理论和方法，完善基本公共服务效果的跟踪反馈制度，明确对公共服务活动监督的主体、内容、对象、程序和方式，规范问责操作程序，健全社情民意沟通渠道，扩大公众在公共服务问责制中的知情权、参与权和监督权等具有重要意义。

一方面要增强意识，提高公众对公共服务的选择能力；另一方面要增

加就业,提高困难群体对公共服务的购买力。具体而言,所有公众都有根据自己实际需要选择基本公共服务的权利,但是并非所有人都具备足够的选择能力来选择合适自己的公共服务。一部分公众有经济实力,但他们缺乏选择公共服务的意识,如参与购买社保、医保、失业保险等,造成机会不均。另一部分公众对公共服务盲目信任,形成了高期望,进而导致选择时缺乏判断,未能经济消费公共服务,增加了不必要的消费成本。这种情况本身会造成一种由自身原因形成的消费不平等,根源在于缺乏经济消费的公共服务意识与公共服务能力。此外,虽然基本公共服务都由政府出资购买,但是仍有相当一部分基本公共服务仍然需要公众自己付费,公众必须具备享受基本公共服务的经济能力,尤其是困难群体,他们的经济能力直接决定着政府供给基本公共服务的压力。因此,提高困难群体公共服务购买力成为消除不均等的根本途径。最基本的举措就是实现充分就业,政府重点考虑帮助困难群体充分就业,为他们提供低保、免费的职业培训及就业信心,创造就业条件等。

三、打破城乡的二元结构,建立城乡统一公共服务体制

广东的公共服务均等化的经验表明,完善城乡居民基本公共服务是实现公共服务均等化的核心要素。现阶段城乡居民基本公共服务严重失衡的主要原因在于城乡二元公共服务结构。政府需要着力打破城乡分割的二元公共服务结构,完善城乡一体均衡发展的制度环境,改变城乡二元制度和政策与城乡分治的管理模式,尽快建立城乡统一的公共服务体制,具体举措包括建立城乡统一的义务教育体制,协调城乡公共医疗卫生事业的发展,逐步建立城乡可衔接的农村社会保障体系,统筹城乡劳动力就业,统筹城乡基础设施建设。

与实施乡村振兴战略相衔接,向贫困地区县镇村聚焦发力,以解决突出制约问题为重点,以重大扶贫工程和到村到户帮扶为抓手,强化支持保障体系,加大政策倾斜和扶贫资金整合力度,因地制宜着力解决这些地区公共服务、基础设施欠缺等问题,加快补齐贫困村基本公共服务短板。把加强农村基层党建摆在更加重要的位置,加强基层党组织建设,培养农村

致富带头人。

此外,由于人员流动和居住边缘地带的原因,一部分居民不可避免地需要临时或长久居住异地,一部分居民更愿意到邻近的区域城镇获取公共服务,因此,应当积极开展异地协作。如与周边地区建立协作机制,以给予协作区域邻近城镇的居民同等待遇的方式换取对方同样的待遇,或者建立相应的跨区域购买服务方式,以解决边缘地带居民的部分基本公共服务需求问题。对于超出边缘地带产生的基本公共服务需求,如异地医疗服务、养老服务等,则可以探索对口协作或分类处理的方式来解决。

四、探索跨区域协作机制,妥善解决基本公共服务需求

基于广东省粤东西北地区的公共服务建设促进区域协调发展的经验,针对公共服务发展较弱的地区要尽力做到四点。

(1)促进教育均衡优化发展。推动教育创强,发展学前教育,巩固提高九年义务教育,加强农村义务教育标准化学校建设,促进城乡区域教育均衡发展。统筹兼顾做好农村教育布局,防止因"撤销并点"出现新的"上学难"和大班现象。继续实行农村学生、城市涉农专业学生和家庭经济困难学生免费中等职业教育(含技工教育)政策,支持粤东西北地区与国内外高等学校合作办学。落实中小学教师工资福利待遇"两相当"及农村、边远地区教师工资补贴政策,稳定基层教师队伍。

(2)提高医疗卫生服务水平。加强欠发达地区基础设施建设,提升基层医疗卫生机构服务能力,促进区域公共医疗卫生资源共享、信息互通和待遇互认,建立区域统一的基本医疗卫生服务标准,为区域居民提供安全、有效、方便、价廉的医疗卫生服务,切实保障区域居民的生命安全和身体健康。健全城乡医疗卫生服务体系,加快城市社区卫生服务机构和农村三级医疗卫生服务网络建设;推进公立医院改革,支持市、县两级人民医院、中医院和妇幼保健医院建设,提升基层医疗卫生机构服务能力;加强区域卫生资源统筹和共享,加快城乡医疗保障一体化,推进"平价医院、平价门诊、平价药包"医疗服务项目,逐步提高大病报销比例。推进扩大基本药物制度实施范围,完善补偿机制。落实村医和乡镇卫生院医生扶持政策。

（3）加快发展公共文化事业。要构建现代公共文化服务体系，建立公共文化服务体系建设协调机制，统筹服务设施网络建设，促进基本公共文化服务标准化、均等化。明确不同文化事业单位功能定位，建立法人治理结构，完善绩效考核机制。整合建设基层综合性文化服务平台。探索建设"三网合一"的公共网络信息服务体系。鼓励社会力量和资本参与公共文化服务队伍建设。完善传统民俗和历史文化资源的保护、传承和开发利用机制。推动农村乡土特色文化健康发展。

（4）健全全民社保体系。需完善社保关系转移接续制度，加快实现社会保障"一卡通"。以45岁以上农民作为重点人群，实现新型农村社会养老保险全覆盖，逐步建立统一的城乡居民社会养老保险制度。健全城乡最低生活补助和城镇职工最低工资保障机制，建立农村"五保"供养标准和城镇"三无"人员供养标准自然增长机制，建立健全城乡综合性社会救助体系和社会福利体系。重视和推进残疾人事业发展，加快建设残疾人社会保障体系和服务体系。

第九章 扶贫攻坚与广东区域协调发展

习近平总书记指出,打赢脱贫攻坚战,对全面建成小康社会、实现"两个一百年"奋斗目标具有十分重要的意义。各级党委和政府要把打赢脱贫攻坚战作为重大政治任务,强化中央统筹、省负总责、市县抓落实的管理体制,强化党政一把手负总责的领导责任制,明确责任、尽锐出战、狠抓实效。要坚持党中央确定的脱贫攻坚目标和扶贫标准,贯彻精准扶贫精准脱贫基本方略,既不急躁蛮干,也不消极拖延,既不降低标准,也不吊高胃口,确保焦点不散、靶心不变。要聚焦深度贫困地区和特殊贫困群体,确保不漏一村不落一人。要深化东西部扶贫协作和党政机关定点扶贫,调动社会各界参与脱贫攻坚积极性,实现政府、市场、社会互动和行业扶贫、专项扶贫、社会扶贫联动。

第一节 扶贫攻坚对广东区域协调发展的作用

一、改革开放过程中的广东扶贫攻坚

改革开放 40 年,给广东省各个方面带来深刻变化,成就巨大。扶贫开发也取得显著成效,成为率先实现国家"八七"扶贫攻坚计划的省份。回顾历程,让人振奋。广东地理特征是"七山一水两分田",山区多在沿边,50 个山区县的面积占全省的 65%,其中 31 个县被列为贫困县,面积

第九章 扶贫攻坚与广东区域协调发展

也占全省的44%,生产、生活条件相对恶劣,与沿海地区形成明显的贫富差距。如何缩小差距,推进各区域协调发展,为政府与人民所关注。

广东省自1978年中共十一届三中全会以来,在实行改革开发的新条件下,秉持"山区不富,全省难富"的理念,提出致富方针,造林绿化,综合治理,践行扶贫方案。广东省委、省政府于1991年做出了《关于加快山区脱贫致富步伐若干问题的决定》,决定中明确提出把开发性农业推上一个新的台阶,实现绿化达标,提高林业水平;扎实发展县级工业,建立县财政自给基础;加快发展乡镇企业,壮大集体经济实力;加强基础设施,改善投资环境;增强科技建设,搞好科技扶贫等措施。1992年年底,广东省委、省政府在邓小平同志南下发表重要讲话的基础上,提出了"中部地区领先,东西两翼齐飞、广大山区崛起"的战略决策,接着召开了山区工作会议,对"山区崛起"做了具体部署,注重做好"解放思想、调整结构、扩大开放、搞活金融、各方支持"的工作。截至1997年年底,有58.3万人解决了温饱问题,全省各县都实现了基本消除绝对贫困。山区贫困县、乡、村机动财力与集体经济得到长足增加与壮大,贫困县本级财政有一定增长,全省50个山区县中,已有40个实现脱贫达标。这是在改革开放推动下,全省上下同心、干群一致、持续努力的结果。

广东省在改革开放初期就积极制定了各项帮扶意见,成立了多个对口扶贫工作组,并成立了诸多民间扶贫组织。1986年10月5日,广东省发出了《关于选调省直机关干部帮助山区县治贫致富的意见》。从1987年开始,组织省直和中央驻穗220个局以上单位,派出12批扶贫工作组,连年不断、定点挂钩扶持31个贫困山区县,从政治思想、科学技术、资金项目、人员培训、文化教育、旅游选点、工农业综合开发等全方位扶持贫困山区。1990年12月,广东省委、省政府做出了《关于进一步支持山区和新建市发展经济的决定》,自1997年起组织沿海7个较发达城市对口扶持6个山区县,1996年为8个沿海较发达城市重点对口扶持16个特困县,1997年调整为6个市对口扶持16个特困县。经过数年,这些沿海市累计向对口山区市县投入资金达51亿元,兴办扶持和协作项目619个。当时,省政府还广泛发动社会各界人士和港澳台同胞及海外侨胞扶贫济困,举办

"同在蓝天下、扶贫献爱心"与国际扶贫年义演捐献活动。1994年,省扶贫基金会成立,其宗旨是通过服务中介,团结关心支持扶贫事业的各种社会组织、团体和个人,引进资金、项目、帮助扶贫者实施定向扶贫工程,为扶贫济困提供服务。

改革开放时期,广东省按照《广东省农村扶贫开发条例》《广东省农村扶贫开发实施意见》精神,也对贫困的标准进行了认定:认定2011年年末全村农民人均纯收入低于5623元(即2011年全省农村农民纯收入9372元的60%)、行政村集体经济收入低于3万元(不含3万元)的2571个村为重点帮扶村;认定重点帮扶村内2011年年末家庭人均纯收入低于7029元(即全省农村农民纯收入9372元的75%)的标准,综合考虑人均收入地方财政收入、人均地区生产总值、农村贫困人口规模和贫困区域等因素。

截至2017年9月底,广东省全省2277个贫困村全部启动创建工作,14708个自然村(20户以上)启动了村庄整治规划编制工作,占20户以上自然村总数(19143个)的76.8%;有12820个自然村启动了"三清理""三拆除""三整治"等村容村貌整治工作,占总数的66.97%;有些村在完成环境整治的基础上,陆续启动了村道硬化、集中供水、垃圾污水处理等基础设施建设。主要进展情况如下。

广东省成立了省委主要领导任组长、省政府主要领导任常务副组长、相关省委、省政府领导任副组长的新农村建设领导小组,省委、省政府与14个地市党委政府签订了贫困村创建新农村示范村的责任书,明确各级责任、目标任务。省建立了省领导分片联系指导粤东西北贫困村创建新农村示范村的工作制度。各相关部门按照省委、省政府《关于2277个省定贫困村创建社会主义新农村示范村的实施方案》加紧制定出台配套措施,省住建厅已出台《村庄编制指引》,省委农办起草的示范村建设的项目管理指导意见、考核办法已报省政府审核,省财政厅起草的资金监管办法、省发改委起草的支持村级组织和农民工匠承接农村小型工程项目管理办法及农村项目建设管理办法等一系列配套政策文件正在征求意见并将陆续出台。各市按照省委、省政府的要求,迅速部署,落实责任。粤东西北14

第九章 扶贫攻坚与广东区域协调发展

市全部成立了领导小组，11 市召开动员会，12 市已出台印发了贫困村创建新农村示范村工作方案。

为确保 2277 个贫困村创建新农村示范村工作有效落实，完成预期的目标任务，省里下大决心，筹措安排财政专项资金 313 亿元，目前已经预拨 80 亿元资金支持各地启动创建工作。各地市、县结合实际陆续落实投入资金，制定财政奖补方案。据不完全统计，截至 9 月份，全省共有 10 个地市落实了 24.42 亿元投入资金，包括汕头 2.3 亿元、韶关 2 亿元、梅州 3 亿元、惠州 2.08 亿元、汕尾 0.71 亿元、阳江 5.28 亿元、茂名 1.8 亿元、肇庆 2 亿元、清远 3 亿元、潮州 2.25 亿元。自 8 月 2 日启动贫困村创建新农村示范村工作以来，省委、省政府主要领导带头深入基层检查了解工作进展情况，分管领导分别按各自分片负责联系的地市深入一线，指导县、镇、村开展示范村创建工作。省住建、财政、交通运输等有关部门按照省委、省政府部署，边完善相关配套政策措施，边组成督导组分赴各地了解实情。省委农办采取明查、暗访、夜访和以"工作动态"的方式，通报、督促各地加快推进创建工作，总结推广各地经验做法。

各地充分发挥报纸、互联网、电视等媒体的作用，积极营造新农村建设良好氛围。省委农办与南方报业集团签订合作协议，在《南方日报》开辟了"新农村建设在行动"专栏，设立微信公众号，专题报道各地创建情况和经验做法；与广东广播电视台合作，联合制作新农村建设公益广告，强化新农村建设意识，广泛发动社会和群众参与新农村建设。全省贫困村创建示范村的行动和氛围已基本形成。

此外，自 2017 年以来，广东省按照习近平总书记的有关讲话精神和中央扶贫决策部署，深入贯彻落实银川会议精神，与广西、四川、云南、贵州 4 省（区）14 个市（州）93 个县（包括 87 个国定贫困县）开展扶贫协作，帮助 4 省（区）114.48 万贫困人口开展脱贫攻坚工作，共派出 6 个省级扶贫协作工作组，选派驻市县挂职干部 119 人，各级财政已安排帮扶资金 20.19 亿元，实施援建和产业扶贫项目 827 个。与对口帮扶省市共建了 10 多个创业就业园区（平台），到位企业 687 个，引导企业实际投资 304 亿元。与 4 省（区）14 市（州）的 93 个县（其中国定贫困县 87 个）

结对开展"携手奔小康"行动,较好地落实县际结对到位、干部挂职到位、人才支援到位、资金援助到位,实现对被帮扶地区的国定贫困县(片区县)结对帮扶全覆盖。

二、扶贫攻坚促进广东区域协调发展

改革开放以来,广东各区域经济发展都较快,但区域经济差异却呈扩大态势,从而影响了"广东区域经济的协调发展"。扶贫攻坚对于广东区域协调发展的作用,主要在于扶持贫困山区的发展,包括省财政的持续扩大的扶贫投入,以及移民搬迁和异地扶贫,即对于生产生活条件恶劣,就地解决通水、通电、通路难度大,成本高、效益差的多个边远分散的老区村庄,因地制宜采取异地搬迁扶贫措施,来共同缩减区域间的贫富差距。正确认识广东区域经济差异发展的态势,采取有力的扶贫措施不断完善和创新广东区域协调发展的思路。以上措施对广东全面建设小康社会,率先基本实现现代化有着重要的现实意义。

改革开放40年,广东省的扶贫闯出了一条新路,创造了一系列新鲜的乃至在全国首创的扶贫新经验,有着非常多的阶段性成效。同时,广东省反贫困战略转型呈现两大明显特征:一是扶贫对象由区域(县、村)转向特定人群。基于贫困人口分布呈现出碎片化状态,采用"靶向疗法",瞄准贫困对象进行个性化扶贫是大势所趋;二是扶贫主体和扶贫资源走向完善和成熟。从区域协调发展的角度来看,粤东西北地区是广东省扶贫开发的核心区域,广东省2012年发布的《中共广东省委、广东省人民政府关于进一步促进粤东西北地区振兴发展的决定》中对扶贫即提出了明确要求。要求完善扶贫到户到人长效机制和扶贫对象认定标准,坚持帮技术、帮项目、帮产业、帮技能培训及转移就业同步推进,增强"造血"功能。继续实行珠三角各市、省直单位、科研院所、大专院校、企事业单位"五帮扶"制度,确保到2015年如期完成全省重点扶持的2571个村、20.9万户、90.6万人的新一轮扶贫开发目标任务。

粤东西北加大扶贫开发力度的路径主要可总结为六个方面。①重视发展式扶贫,为贫困人口提供充分的就业机会。一是在扶贫过程中不断扶持生产，结合贫困地区的地方特色开展扶贫项目，如重点发展粤北山区的现代农业、现代林业、生态文化旅游业、特色产业集群和专业镇等；二是保障贫困人口获得平等的发展机会。②形成网络扶贫体系，集聚社会力量推进反扶贫进程。一是充分发挥社会力量在反贫困中的作用；二是充分调动贫困主体脱贫致富的积极性。③严防贫困"世袭"，阻断贫困代际传递链条。一是通过教育提供贫困家庭子女的就业能力；二是通过医疗保障避免贫困家庭的返贫危险。④破解制度性贫困难题，利用制度改革遏制贫富差距扩大态势。一是把基本的保障制度与积极的保障政策结合起来；二是把再分配措施与"成长性投入"结合起来。⑤充分利用社会组织开展扶贫。一是政府予以政策上的扶持；二是不断推进基金会去行政化改革。⑥强化扶贫资金监管，加强扶贫研究和宣传工作。一是加强扶贫资金使用管理；二是加强扶贫研究和宣传工作。

第二节 扶贫攻坚作用于广东区域协调发展的主要成就

一、广东省扶贫攻坚的主要成就概述

我国"十三五"期间脱贫攻坚的目标是，到 2020 年稳定实现农村贫困人口不愁吃、不愁穿，农村贫困人口义务教育、基本医疗、住房安全有保障；同时，实现贫困地区农民人均可支配收入增长幅度高于全国平均水平、基本公共服务主要领域指标接近全国平均水平。2016 年 6 月，《中共广东省委、广东省人民政府关于新时期精准扶贫精准脱贫三年攻坚的实施意见》正式出台。该意见认定广东省农村 70.8 万户、176.5 万人为相对贫困人口，2277 个村为相对贫困村，并提出新时期精准扶贫精准脱贫要实施八项工程，构建扶贫攻坚"1+N"政策措施体系。

根据扶贫大数据系统监测和有关部门提供的数据显示，截至 2017 年 9 月底，广东省贫困户人均可支配收入 4168 元，其中有劳动力贫困户达到年度预脱贫目标 6883 元的 7.86 万户、18.64 万人，占年度 60 万减贫任务

人数的 31.1%；落实就读九年义务教育阶段、中职和大专的贫困学生生活补助 18.04 万人，占应补学生总数的 68.99%；落实基本医疗保险 53.37 万人，占应保总数的 50.01%；农村贫困户危房改造开工建设 63215 户，开工率为 79.4%；完成到村到户到人各类帮扶项目 234.17 万个，占计划总数的 68.5%；实际使用各类扶贫资金 47.25 亿元，占总投入的 36.2%；扶贫小额贷款总额达 5.99 亿元，获贷贫困户 8753 户。主要工作成就如下。

（一）"两不愁、三保障"落实

义务教育保障到位，建档立卡贫困户子女教育减免学杂费政策全面实施；小学、初中、高中和中职（含技工）、高等专科生活费补助标准分别提高到每生每学年 3000 元、3000 元、5000 元（含国家助学金）、10000 元（含国家助学金），全年补助 26.66 万名学生，补助金额共 8.36 亿元，补助发放率达 100%。基本医疗保障到位，建档立卡贫困人口基本医疗保险政策范围内住院费用报销比例平均达到 76%，救助比例达到 80% 以上。住房安全保障到位，全省实施农村危房改造 79607 户，开工率为 100%，完成年度任务；其中，竣工 71284 户，竣工率为 89.54%。低保救助水平不断提高，农村低保最低标准提高至每人每年 4800 元，农村集中、分散特困人员供养标准分别提至年人均 9800 元、9100 元。困难残疾人生活补贴、重度残疾人护理补贴已分别达到每人每年 1800 元、2400 元的年度目标。全省城乡居民基本养老保险参保人数 2587 万人，覆盖率达 99%。

（二）产业增收项目不断推进

广东省各地大力推动特色产业扶贫，注重实施光伏、电商、旅游等新产业新业态项目，多渠道增加贫困户收入，推动扶贫工作重点转移到促进贫困户增收上，如云浮市实施整镇连片推进产业扶贫，其中罗定市龙湾镇创建"三个一万"产业精准扶贫示范园，将贫困户全部纳入示范园中集中帮扶，预计每个贫困户实现年收入 2.4 万元以上。惠州市博罗县利用生态、文化、地域等优势，打造乡村旅游，通过土地出租、基地就业、出售土特产等多渠道促进贫困户增收，实现农村变景区、农民变工人、农产品变旅游商品的"三变"。据省扶贫信息系统监测，帮扶贫困户的产业项目有15.3万个，带动贫困户20.84万户计75.29万人。

（三）就业扶贫取得新的进展

广东省各市充分利用当地或对口帮扶地区劳动力需求，组织开展技能培训，提高贫困户劳动力就业率。截至2017年9月底止，全省组织贫困劳动力参加各类技能培训23.62万人次，转移就业、就近就业和公益性岗位安置25.2万人，占有劳动力贫困人口22.8%。深圳市对口帮扶河源市上半年转移贫困户劳动力1830人到深圳就业；珠海市企业优先吸纳对口帮扶的阳江、茂名市贫困户劳动力326人；河源市在本地安置780人担任护林员、市场管理员等工作，招收300多人作为高速公路保洁员、收费员、保安员、工程机械操作员。

（四）扶贫资金使用逐步加快

广东省各市按省有关帮扶资金统筹要求，及时按"6∶3∶1"筹集比例落实帮扶资金，并制定资金监管办法和使用流程，加快资金拨付进度。截至2017年9月底止，全省实际使用各类扶贫资金47.15亿元，占总投入130.2亿元的36.2%。其中，省级财政帮扶资金实际使用18.83亿元，占年度投入总量37亿元的50.9%。韶关市按照省统筹资金比例要求（有劳动力贫困户按人均2万元额度筹集），帮扶资金由市县筹集10%，剩余部分全部由市级财政承担。扶贫小额贷款规模呈现逐月上升势头。目前，全省扶贫小额贷款总额达5.99亿元，贷款户8753户。

（五）扶贫大数据平台正在搭建

根据中共广东省委"加快建立覆盖农村低收入群体的大数据库，助推精准扶贫、精准脱贫工作落实"的指示精神，全力推动扶贫大数据平台建设。目前，扶贫大数据平台系统研发第一期已完成，并于2017年6月下旬在全省测试上线，共录入扶贫数据信息5亿多条，上传图片容量达4000

多 GB。现可横向对接民政、教育、人社等行业部门数据，共比对信息 3.3 亿条，纵向可供省、市、县、乡、村、户 6 级用户使用，基本具备了"数据监控、责任监控、项目监控"等六大业务的可查可视、可共享的功能，为全省脱贫攻坚提供了数据支撑。通过扶贫大数据的实时监控，定期分析，有效推动了扶贫政策、扶贫责任、精准识别、资金使用、帮扶项目等的落实。

二、广东省扶贫攻坚"双到"工作成效

（一）扶贫攻坚"双到"工作举措

为解决日益凸显的城乡贫富差距问题和区域经济发展失衡问题，2009 年 6 月，广东省委、省政府结合省情民情，组织实施扶贫开发"规划到户，责任到人"（下简称"双到"）的扶贫攻坚战略。广东省所推行的"双到"扶贫模式，强调由一个帮扶单位对口扶持一个村的"点对点"的帮扶责任和"一村一品、一户一法"精准式扶贫策略，在贫困村和贫困户的脱贫致富中确实起到了十分明显的作用。经过 3 年多的实践，广东省的扶贫开发事业取得了巨大成就。据广东省扶贫办统计，2009 年至 2012 年，全省累计投入帮扶资金 227.2 亿元，平均每村 666.8 万元；3409 个贫困村集体经济收入全部达到或超过 3 万元，村均集体收入达 11.09 万元；全省被帮扶的 3409 个贫困村、36.7 万贫困户、158.6 万贫困人口，人均纯收入达到 7762 元，比 2009 年增加近 4 倍。其中，有劳动能力贫困户人均纯收入达到 7926 元，达到全省农村居民收入水平的 73.6%，高出全省增长水平 14.5%。按照广东省年人均纯收入 2500 元的脱贫标准计算，有劳动能力的 32.5 万户、145.6 万贫困人口全部达到脱贫标准。"双到"扶贫开发的主要做法有以下四个。

1. 精确探位，规划到户

2017 年的全国两会上，习近平总书记阐释说，脱贫攻坚需要下一番"绣花"功夫，扶持谁、谁来扶、怎么扶、如何退，"全过程都要精准"。脱贫攻坚"贵在精准，重在精准，成败之举在于精准"。精准扶贫的首要

前提是瞄准。广东的瞄准机制首先是瞄准扶贫对象。根据扶贫"双到"制定的贫困标准,按照"户有卡、村有册、镇有簿、县有案"的工作要求,对贫困村、贫困户登记造册,录入电脑,建立动态档案和帮扶台账,实现全省联网,使每一个贫困村、贫困户的基本情况和挂扶单位的帮扶情况一目了然。其次是瞄准贫困成因。按照扶贫"双到"工作要求,各帮扶单位深入贫困村、贫困户调研,了解贫困村集体经济发展情况,贫困户生活生产情况,找出贫困原因,为制定扶贫规划和措施提供可靠的依据。瞄准机制还明确了"谁去扶贫"和"扶谁的贫",为实施"靶向疗法"打下了坚实的基础。

2. 产业扶贫,建基促稳

"一个地方必须有产业,有劳动力,内外结合才能发展。最后还是要能养活自己。"由单纯的"输血"到既"输血"又"造血",是习近平总书记扶贫思路的重要内涵,也是精准扶贫思想的集中体现。产业扶贫是"造血式"扶贫的重要手段,是帮助贫困户脱贫的突破口,是确保贫困户脱贫不返贫的最有效方法。广东省通过创新产业扶贫方式,大大拓宽了贫困群众稳定增收的渠道。例如,清远市三排村在驻村工作队和村干部的努力下,把原来荒废的、分到各家各户的土地以村委会的名义统一租赁过来,重新连片开发,建立蚕桑、金银花、花生等生产基地,形成"基地+农户"的形式,保证了农户有稳定的产业发展。又如,清远市的连水村着力打造"一村两品"——油茶、蚕桑。省民族宗教委筹资125万余元兴建野猪洞、十月坪两个优质蚕桑基地。仅2011年,全村养蚕户就达220多户,养蚕户年均增收2万元,大部分贫困户通过种桑养蚕实现脱贫致富。

3. 责任到人,严格考核

2017年6月,习近平总书记在太原主持召开深度贫困地区脱贫攻坚座谈会强调,军中无戏言。脱贫是有责任制的,层层签了责任状。军令状不能白立,立了就要兑现,没有这一条,谁都能拍拍屁股就走,那就变成流水宴、流水席了。对于落实责任,习近平总书记提出,巡视督查要跟上,发现问题要动"真刀真枪"解决。要实施异地检验,脱贫成效不能由本地说了算。组织部门要把脱贫工作考核结果作为干部任用的重要依据，不能干好干坏一个样。

按照习近平总书记的指示，全省各级政府部门都把扶贫"双到"工作列为一把手工程，主要领导亲自部署、亲自挂点、亲自监督。13位省委常委和分管农业的副省长每人挂钩联系一个市，省直和中直驻粤行政事业单位、珠三角7个经济发达市的各地各单位和贫困村所在的市县各有关单位分别对口帮扶一个贫困村。建立完善"双到"工作考核督查机制，每年进行量化考评、交叉考查、人大代表视察，并将考评结果纳入各级领导班子和领导干部政绩考核范围；同时，对考核结果进行全省排名。严格的考核考评制度，对地方各部门工作形成非常大的压力，各级政府将"双到"扶贫工作当作一项必须完成的政治任务。

4. 齐头并进，三位一体

近年来，广东扶贫"双到"进一步推动了扶贫工作由单纯依靠政府向政府主导、社会组织和民间力量共同参与的格局转变，建立起了省市县镇"竖到底"，各行各业"横到边"，慈善机构、港澳同胞、海外华人华侨广泛参与的大扶贫格局。例如，2011年年底，广东省共投入扶贫资金148亿元，其中，帮扶单位自筹35.9亿元、财政资金43.3亿元、行业扶贫资金37.6亿元、金融信贷扶持资金0.0277亿元、社会扶贫资金30.6亿元。落实的扶贫资金中一半以上来自社会组织和民间社会力量。

（二）扶贫攻坚"双到"工作成效

针对广东省扶贫攻坚"双到"工作成效，华南师范大学经济与管理学院成立了专项课题组进行了调研。评估共回收了3127个被帮扶村的调查问卷，其中有效问卷数为3030份。本研究报告是在对3030份有效调查问卷进行详细的数据分析，并对各市提交的47份典型案例材料进行内容分析的基础上，结合个别访谈和实地调查而形成。数据分析发现，此轮扶贫开发"双到"后续跟踪帮扶工作总的成效比较显著，具体表现有以下五个方面。

第九章 扶贫攻坚与广东区域协调发展

1. 跟踪帮扶责任落实情况

总的来说，上一轮跟踪帮扶的责任落实情况比较到位，大部分帮扶单位的主管领导和联络员，以及贫困村所在的镇党委分管领导都能通过调研、回访、指定干部包村等形式落实跟踪帮扶责任。表 9-1 是全省帮扶责任落实情况汇总。

表 9-1 全省各地级市跟踪帮扶责任落实情况汇总

地级市	贫困村数量（个）	分管领导至少每年到村开展1次		单位联络员至少每半年到村1次		镇党委政府明确分管领导，指定干部包村	
		执行数（个）	占比（%）	执行数（个）	占比（%）	执行数（个）	占比（%）
潮州	101	101	100.0	101	100.0	101	100.0
惠州	74	74	100.0	74	100.0	74	100.0
揭阳	328	328	100.0	328	100.0	328	100.0
河源	228	225	98.7	225	99.0	226	99.1
韶关	338	310	91.2	299	88.5	338	100.0
清远	267	227	85.0	224	83.9	261	97.8
江门	25	25	100.0	25	100.0	25	100.0
云浮	79	79	100.0	79	100.0	79	100.0
湛江	352	342	97.2	342	97.2	351	99.7
梅州	537	517	96.3	517	96.3	531	98.9
茂名	234	233	99.6	233	99.6	234	100.0
汕头	52	52	100.0	52	100.0	52	100.0
汕尾	85	85	100.0	85	100.0	85	100.0
阳江	169	168	99.4	168	99.4	169	100.0
肇庆	161	161	100.0	159	98.8	161	100.0
全省合计	3030	2927	96.6	2921	96.4	2955	97.5

2. 扶贫资金与项目管理制度制定情况

各个地级市能够根据实际情况设置相应的项目管理制度，对扶贫资金的使用和项目的运行进行监督。表9-2是部分地级市在项目管理制度建设方面的具体做法。

表9-2 部分地级市项目管理制度建设情况

地级市	项目管理制度建设陈述
清远	据省市关于扶贫资金使用相关规定，结合实际，由扶贫部门联合财政部门制定扶贫资金管理办法和有关实施细则。例如，清远市连南县政府制定的扶贫资金使用管理细则，明确规定严格落实项目资金的"报账制""审计制"和"跟踪检查"，项目除了镇、县扶贫部门和财政部门进行审核把关外，还要求纪委和司法部门介入，确保资金使用的合规合法。帮扶单位与村共同制定帮扶项目的利益分配方案，如佛山帮扶的贫困村，每村都制定村集体经济收益管理制度，明确资金的使用范围、使用程序、管理原则，确保资金项目长期发挥效益
惠州	在跟踪帮扶中，镇政府及帮扶单位积极主动帮助村进一步健全完善帮扶项目资产及财务管理制度，规范资产和财务管理，制定帮扶项目利益分配方案，定期公开帮扶项目的支出、收入、利润等有关情况，接受群众监督。进一步推广落实"四民主工作法"，依法规范村内各项社会事务的管理，定期公开党务、村委，杜绝暗箱操作的各种不正之风
梅州	村级财务公开，公开内容包括财务计划执行情况、各项收入和支出、集体投资项目收支情况、各项财产、债权债务、收益分配情况等以及群众要求公开的其他财务事项。 扶贫资金实行专户存储、专人管理、专款专用、封闭运行，做到账账、账据相符，正确反映资金的拨付、报账情况。 规范项目实施程序。搞好新建项目的工程决算、验收，项目建设完成后，成立验收小组，对项目建设内容、建设标准、工程质量等进行验收，实行资金跟着项目走，切实提高资金使用效益和项目实施质量

(续表 9-2)

地级市	项目管理制度建设陈述
肇庆	一是建立村帮扶项目资产管理制度。后续跟踪工作期间，肇庆市政府明确要求村集体土地转让、重大工程项目开支等涉及帮扶集体项目和资产变更处理的，应由村民大会通过，报经帮扶单位书面同意，经镇政府审核后报县扶贫开发领导小组批准，方可办理。 二是完善村帮扶项目财务管理制度。按照村务公开的有关要求，定期公开帮扶项目支出、收入、利润等有关情况，接受群众监督。镇政府对其进行加强监督，并不定期开展检查。 三是建立定期上报和通报制度。建立统计上报和情况通报制度，每半年镇政府会同帮扶单位填写跟踪帮扶工作报表，报经县扶贫办审核后，向市、县扶贫办上报备案并定期通报工作情况。 四是建立监管责任制度。加强跟踪帮扶工作的督促检查，严格监督扶贫资金使用，明确落实监督责任。目前，肇庆市上一轮扶贫资金落实了专款专用，没有发现擅自改变资金用途和贪污挪用、虚报套取资金等问题；项目实施规模与申报规模基本相符；没发现擅自变卖或变相违规处理村帮扶项目及物资等情况

3. 村集体和农户经济收入增长情况

通过对比各帮扶村集体经济收入和贫困户人均收入水平，2014 年的经济指标与帮扶单位撤离的 2012 年年底相比，绝大部分村都实现了增长。表 9-3 是通过对全省 3030 个有效样本村数据进行汇总分析后，以地级市为单位呈现的汇总结果。

表9-3 15个被帮扶地级市2014年村集体和农户增收情况汇总

地级市	2014年村集体经济收入均值（万元）	村集体收入均值与2012年相比增减率（%）	2014年贫困户人均纯收入（元）	2014年贫困户人均纯收入与2012年相比增减率（%）	返贫（户数）
潮州	8.54	17.31	7336	18.60	50
惠州	12.29	5.77	10477	7.77	31
揭阳	12.37	10.05	7958	10.03	44
河源	6.43	31.22	6117	25.16	1759
韶关	7.93	13.12	7543	18.85	836
清远	10.44	-2.61	7418	3.35	1596
江门	8.12	46.57	6952	18.63	11
云浮	8.35	9.72	7873	19.74	26
湛江	5.87	11.17	5212	14.32	1389
梅州	9.75	5.52	8237	14.40	321
茂名	7.92	19.28	6621	23.54	453
汕头	13.15	6.05	5585	6.34	176
汕尾	7.50	-12.69	6527	4.89	154
阳江	7.15	-10.40	8229	-0.48	14
肇庆	10.22	-6.84	9108	15.06	46
全省平均	9.07	9.55	7412	13.35	460

注：①表中"均值"是指该指标基于算术平均计算得出，如村集体经济收入2014（均值）＝村集体收入加总/村数量；②全省的返贫数值是各地级市返贫数的加总。

从表9-3的数据可以发现，大部分的地级市2013—2015年的跟踪帮扶工作是有效果的。村集体经济收入增长情况，绝大多数地级市的被帮扶村集体经济收入与2012年相比，增幅超过5%，其中江门市达46.47%；

第九章 扶贫攻坚与广东区域协调发展

然而清远、汕尾、阳江和肇庆四个市则出现了不同程度的下滑，下滑幅度最大的是汕尾市，下滑了12.69%。

被帮扶贫困户人均纯收入增长情况。在15个被帮扶地级市中，除了阳江市以外，其他地级市的被帮扶贫困户人均收入均有所增长，其中河源市增长率达25.16%。同时，我们发现，贫困户人均收入增长与村集体收入增长两者之间存在较大程度的背离，如汕尾和肇庆的被帮扶村集体经济收入下降的情况下，被帮扶贫困户人均纯收入却呈现正增长，尤其是肇庆市，在村集体收入与2012年相比下降6.84%的情况下，被帮扶贫困户人均纯收入却上升了15.06%。这种背离在某种程度上说明，贫困户的增收渠道与村集体经济关联度不高。从数据来看，各地出现的返贫现象比较普遍，全省返贫6906户，平均每个地级市返贫460户。其中，清远市、湛江市、河源市返贫户数均超过1300户，韶关也超过了800户，都是返贫现象比较严重的地区。返贫的原因主要是因病返贫、因灾返贫、帮扶项目失败返贫。其中，因病返贫占比59%，因灾返贫占比28%（主要由2014年"5.23"水灾引起），帮扶项目失败返贫占比13%。

4. 后续跟踪帮扶项目投入情况

表9-4 15个被帮扶地级市后续跟踪扶贫项目汇总

地级市	贫困村数量（个）	跟踪扶贫项目总数（个）	其中		未完成的项目总数（个）	其中	
			到村项目数（个）	到户项目数（个）		在建项目数（个）	夭折项目数（个）
潮州	101	363	283	180	13	9	4
惠州	74	605	256	374	73	31	42
揭阳	328	1114	661	472	38	29	9
河源	228	1033	540	493	392	19	273
韶关	338	1510	622	1097	26	1	25
清远	267	1189	671	605	88	61	27
江门	25	356	60	296	1	1	0

（续表9-4）

地级市	贫困村数量（个）	跟踪扶贫项目总数（个）	其中		未完成的项目总数（个）	其中	
			到村项目数（个）	到户项目数（个）		在建项目数（个）	夭折项目数（个）
云浮	79	3976	437	3439	2	1	1
湛江	352	7216	1708	5530	37	12	25
梅州	537	2903	1637	1266	37	12	25
茂名	234	5800	968	5012	83	80	3
汕头	52	310	192	111	11	10	1
汕尾	85	5882	242	5640	6	2	4
阳江	169	3005	398	2607	28	23	5
肇庆	161	1335	568	1044	17	2	15
全省合计	3030	36597	9243	28166	852	293	459

说明：本表中的"贫困村数量"是指提交了《2013—2015年跟踪帮扶调查评估表》的贫困村数量。

从表9-4数据可以看出，在上一轮帮扶任务结束后，各帮扶单位后续跟踪项目投入总体上是比较乐观的，全省共计有36597个后续帮扶项目，平均每个村12个。

5. 建立长效帮扶机制情况

各地级市和帮扶单位在跟踪帮扶的过程中，普遍能够意识到长效机制的重要性，能够根据实际情况加强制度建设，以农业企业（合作社）带动、创新金融帮扶举措（扶贫小额信贷、互助金）等方式，建立相应的长效帮扶机制。表9-5是各被帮扶地级市通过农业企业（合作社）带动农户情况汇总，表9-6是各地级市通过扶贫小额信贷和互助金等金融帮扶措施进行帮扶的情况汇总。

表9-5 15个地级市农业企业（合作社）带动农户情况汇总

地级市	农业企业（合作社）带动农户情况		其中			
	带动农户总数（户）	平均每村带动户数（户）	带动贫困户总数（户）	占农户比例（%）	带动其他农户数（户）	占农户比例（%）
潮州	6816	67	3800	22.9	3808	21.8
惠州	6969	93	1681	13.2	5699	30.0
揭阳	68774	214	33690	23.6	34668	24.7
河源	12560	55	7633	12.3	4886	6.8
韶关	52459	155	20680	19.9	34700	27.6
清远	23091	86	8745	10.8	16506	12.4
江门	3250	130	965	7.3	2286	16.2
云浮	19248	244	7529	19.2	11916	28.6
湛江	84330	239	26353	15.6	62191	26.7
梅州	54175	101	21490	16.5	32688	21.6
茂名	51490	220	24510	20.6	32430	23.6
汕头	4006	77	3077	23.9	1552	12.2
汕尾	9408	110	1990	4.5	5151	11.2
阳江	35281	208	7853	9.6	26911	28.6
肇庆	17538	109	4796	11.5	14021	21.8
全省合计	449397	140	174792	15.4	289413	20.9

表9-6 15个地级市金融帮扶情况汇总

地级市	贫困村数量（个）	扶贫小额信贷试点		互助金试点	
		试点村数量（个）	占比（%）	试点村数量（个）	占比（%）
潮州	101	18	17.8	48	47.5
惠州	74	2	2.7	13	5.7
揭阳	328	3	0.9	9	2.7
河源	228	11	4.8	13	5.7
韶关	338	31	9.2	75	22.2
清远	267	34	12.7	109	40.8
江门	25	0	0.0	7	28.0
云浮	79	19	24.1	27	34.2
湛江	352	14	4.0	21	6.0
梅州	537	64	11.9	51	9.5
茂名	234	19	8.1	22	9.4
汕头	52	6	11.5	6	11.5
汕尾	85	0	0.0	3	3.5
阳江	169	8	4.7	12	7.1
肇庆	161	20	12.4	36	22.4
全省合计	3030	249	8.2	452	14.9

三、广东省社会扶贫领域的创新成就

在社会扶贫领域，广东是资源总量大省，也是机制创新强省，社会组织参与脱贫攻坚的实践探索已走在前列。在这方面，广东省扶贫开发协会就是其中先行者，已初步探索出一条特色新、效果好、可持续、易借鉴、好推广的社会扶贫创新路。简而言之，就是"你扶贫，我服务；你发展，

第九章 扶贫攻坚与广东区域协调发展

我扶贫"。

产业是实现精准脱贫的"铁抓手",是农民持续增收的"摇钱树",是发展区域经济的"发动机",一个地方要脱贫,必须要有产业。产业扶贫正是广东省扶贫开发协会的"主业",在协会的穿针引线下,产业扶贫的触角延伸到了农林扶贫、产业扶贫、电商扶贫、旅游扶贫、资产收益扶贫、科技扶贫等领域。特色种养业是农村脱贫的基础产业。在广东省扶贫开发协会的牵线搭桥下,帮扶队伍和贫困群众精心在"农"字上做文章。一大批产业扶贫示范基地、扶贫龙头企业、扶贫农产品孵化成型,这些产业扶贫示范基地成为脱贫奔康的有效载体,扶贫龙头企业成为贫困村脱贫致富的带头人,特色农产品也成为贫困群众手中的摇钱树,由上至下,现代农业发展的步调高度一致。广东省扶贫开发协会采用了三步走的策略,首先是开展"扶贫农产品认证工程",对一批特色强、质量优的农产品给予"身份认证",为其注入无形资产,帮助塑造品牌形象;其次是成立农产品展销配送中心,扩大品牌效应,帮助开拓农产品市场;最后是帮助农产品搭上电商快车,多渠道解决产品销路问题,着力构建扶贫开发长效机制,打通贫困农户稳定增收"最后一公里",帮农民兄弟卖出好价钱。

除了特色农产品,当地特有的优质旅游资源也是农民脱贫的一大宝藏。协会重点培育的河源市和平县热龙温泉度假村,现已正式跻身为"全国百家休闲农业与乡村旅游示范点"行列。类似这种立足当地自然资源和农业生态优势的农业生态旅游示范区正成为农村地区脱贫致富的时髦项目,被津津乐道。在产业扶贫的过程中,广东省扶贫开发协会的角色是一个牵线搭桥的联络员、服务者,尤其是五大服务纽带将政府、企业、市场、贫困群众等多种资源紧紧地拧合在一起。一是培育产业扶贫示范基地与龙头企业对接,培育产业扶贫示范基地100家;二是培育产业扶贫综合示范园区与整村推进对接;三是组建产业扶贫联盟与产业链、专业链对接,组织扶贫企业间及上下游产业的观摩研讨、交流协作和访问考察,打通产业链,做优做强扶贫产业;四是构建扶贫农产品十大主销渠道与销售市场直接对接,截至目前,共认定扶贫农产品300多种,举办展销推介会60多场次,实现年销售超过20亿元;五是搭建农村青年创业平台与资本、技术对接，先后共举办农村青年创业培训班 100 期次，1000 个创业者获得指导支持，10 万个创业者受益。

协会着力构建企业帮扶、产业发展的利益联结机制，帮贫困村建产业、助贫困户创家业、促驻村干部干事业，进一步促进扶贫产业的壮大发展和扶贫企业效益的综合提升，增强产业扶贫项目的辐射带动能力和惠及贫困农户稳定增收的直接效益。广东省扶贫开发协会创新了帮扶方式。一方面，把单向的帮扶输出变为双向的互利合作，避免简单地给钱给物、"慰问式"的帮扶。让药材种植基地变成药企的原料供应基地，让产业扶贫示范基地成为帮扶机关的生活物资供应基地，让贫困地区的扶贫产业变成珠三角发达地区的互补产业。既为扶贫产业基地提供了农产品销售市场，又丰富了发达地区的农产品供给。另一方面，把贫困户变成创业主体，避免企农脱离、利益脱节的倾向。将贫困农户纳入"农业龙头企业＋农户""专业合作社＋农户"等新型农业经营体系，由经营主体建基地、定项目、找市场，使扶贫产业能够以市场为导向，发展壮大。

扶贫龙头企业在平等互利的基础上，与农户签订农产品购销合同，协商合理的收购价格，形成稳定的购销关系，实现企业发展与贫困户增收的共赢。在帮扶任务完成、帮扶队伍撤退后，建立在产业扶贫基础上的产业合作得以继续，促进双方的共同发展。同时，与一些劳动力不足、不具备创业条件的贫困户进行股权合作，让土地变资产、农民变成股东、资金变股金，共享农业产业链条上的增值收益。在此基础上，广东省扶贫开发协会不仅成功孵化了一批扶贫企业，在粤东西北地区培育了 100 家产业扶贫示范基地，企业实力显著增强，参与扶贫开发的信心显著提高，还培育了一批特色产业，在全省初步形成了以油茶、甘薯、甜金针、金银花、有机米、有机蔬菜、鹰嘴蜜桃、肉兔养殖、蜂蜜养殖、食品加工等为主的十大优势产业，重点培育建设了万亩油茶、万亩甘薯、万亩蜜桃、万亩甜金针、万亩有机蔬菜等五大万亩产业基地。同时，还带动了连片开发，如位于揭东县的万亩油茶基地，投资 3000 多万元，新种油茶 9 万亩，有效带动了揭阳油茶产业的蓬勃发展，推动揭阳油茶产业带项目跻身为中央现代农业生产发展项目。

第九章　扶贫攻坚与广东区域协调发展

截至 2016 年年底，广东省扶贫开发协会成功引进扶贫企业 500 家，落地扶贫项目 1000 个，引导社会资本投入扶贫开发近 20 亿元；培育产业扶贫示范基地 100 家，直接或间接带动贫困村 1000 个，关联贫困农户 20 万户，户年均增收超过 1 万元。随着扶贫服务的深入，广东省扶贫开发协会自身也在不断壮大，形成了一个主次分明、功能互补、结构合理的组织体系。2013 年、2014 年先后成立了广东省南方扶贫开发研究院、广东省国粤扶贫开发服务中心及《广东扶贫》杂志社，从政策研究、社会服务、扶贫宣传等方面引入优质资源，不断增强扶贫主体动员能力、扶贫资源组织能力、扶贫服务提供能力、扶贫品牌打造能力。目前，以广东省扶贫开发协会为代表的"广东社会扶贫系"正在形成，生发出社会扶贫的"榕树效应"。

第三节　扶贫攻坚促进广东区域协调发展的主要经验

党的十八大以来，在以习近平同志为核心的党中央坚强领导下，脱贫攻坚取得决定性进展，创造我国减贫史上最好成绩，形成了中国特色脱贫攻坚制度体系，积累了坚持党的领导、坚持精准方略、坚持加大投入、坚持社会动员、坚持从严要求、坚持群众主体等珍贵经验。广东省在长期的实践过程中，在扶贫攻坚与促进广东区域协调发展上，也形成了具有广东特色的扶贫攻坚制度体系，并积累了众多宝贵经验。

一、深入贯彻中央精神，打赢扶贫攻坚战役

坚持以习近平新时代中国特色社会主义思想为指导，贯彻落实党的十九大精神和中央经济工作会议、中央农村工作会议和全国扶贫开发工作会议精神，进一步提高政治站位，压实工作责任，坚决打赢脱贫攻坚战。准确把握习近平新时代中国特色社会主义思想的丰富内涵和精神实质，准确把握当前我国经济社会发展所处的历史新方位、社会主要矛盾的新变化，清醒认识广东省脱贫攻坚新形势，牢固树立"四个意识"，坚定"四个自

信"，进一步增强责任感、使命感和紧迫感。严格落实"五级书记抓扶贫"工作机制，强化党政一把手负总责的责任制，健全贫困户帮扶联系机制，确保领导到位、责任到位、工作到位、效果到位。

深入贯彻精准扶贫、精准脱贫的基本方略，狠抓政策落实、项目落地，着力解决好相对贫困人口脱贫致富问题。突出抓好扶贫政策的落实落地，强化统筹协调、协同发力，发挥好政策合力作用，着力解决好相对贫困人口的"两不愁、三保障"问题。把发展地方特色优势产业放在更加突出重要位置，推广完善多种形式的扶贫产业发展模式，完善贫困户资产收益保障机制，做好就业创业帮扶，确保每个有意愿的、有劳动能力的贫困人口实现稳定就业。做实做深携手奔小康行动，提升东西部扶贫协作水平。

深入开展扶贫领域作风专项治理，强化督查巡查和考核问责，以作风攻坚战促进脱贫攻坚战，倒逼真抓实干。深入贯彻习近平总书记重要批示精神，按照国务院扶贫办和中纪委要求，深入开展扶贫领域的腐败和作风问题专项治理，做好扶贫作风治理年各项工作，强化督查巡查和考核问责，做好脱贫攻坚考核评估，以作风攻坚战促进脱贫攻坚战，倒逼真抓实干，确保脱贫成果经得起历史和实践检验。

二、完善扶贫帮扶体系，推进区域协调发展

广东省"双到"经验的基础和核心是摸清底数，建档立卡，提高扶贫精准度。提炼与发扬广东省经验，为确保我国新时期扶贫工作取得实实在在的成效，需更加深入地把贫困户建档立卡作为重要的基础性工作来抓。各级政府应当按照扶贫标准，对每个贫困村、户建档立卡，摸底并汇总基本资料。并在此基础上，制定有目标、有规划、有步骤的帮扶计划。

在完善扶贫帮扶体系的同时，要建立扶贫协同机制。贫困村的资源优势，是促进贫困村可持续发展的最有效途径，同时也能够极大地帮助贫困户脱贫致富。但项目扶贫不仅要有资金，还要有技术，人才、市场等诸多要素。在实际的扶贫过程中，各帮扶单位的优势各不相同，政府部门主要在组织、管理、协调等方面具有优势，科研机构和大专院校主要拥有技

术、人才和信息的优势,大型国有企业则有经济和市场优势。当前的"双到"扶贫运行机制中,由于强调了帮扶单位的主体责任,基层政府部门又未能发挥引导作用,同一地区的帮扶单位之间缺少沟通、交流和合作,导致所实施的扶贫项目规模小、效益低、管理成本较高。因此,各级政府应该充分发挥主导作用,倡导资源共享和互补,让参与扶贫开发"双到"工作的各级政府部门、科研院所、大专院校和企业充分发挥各自优势,互相配合,互为补充,从而形成扶贫协同机制,发挥协同效应。

三、创新产业扶贫建设,稳固长效收入机制

产业扶贫是贫困群众持续稳定增收的主要来源。无论是完成减贫任务,还是增加就业机会、加快区域发展,都离不开产业支撑。广东省通过产业开发机制,构建了"村村有产业、户户有项目"的帮扶格局。这一成功的经验告知我们在扶贫工作时要在努力改善贫困群众生产生活条件的基础上,把工作的着力点转移到培育和发展扶贫特色产业上来。应积极探索以建基地为主的区域经济协作帮扶,以发展地方特色优势产业为主的产业化帮扶,以发展休闲农牧业生态旅游为主的特色旅游帮扶,放大扶贫的规模效应,提高贫困群众收入水平。

产业富民,在产业相对薄弱,自然条件相对较好的地区,是一个必须要做足功课的内容。各地把培育产业和就业帮扶作为推动脱贫攻坚的根本出路,立足资源禀赋、产业基础、市场需求,按照宜农则农、宜林则林、宜牧则牧、宜商则商、宜游则游,因地制宜选准项目、找准路子,发展地方特色优势产业,探索创造出"龙头企业+基地+农户""龙头企业+合作社+农户""产业园区(基地)+贫困村+贫困户""家庭农场+贫困户""农村电商+贫困户"、股份合作等多种产业发展模式,实现产业增收脱贫。

四、施行多措并举方针,构建多元扶贫渠道

广东扶贫工作的显著经验还包括致力于动员社会广泛参与,形成强大合力。这一经验告知我们面对贫困地区经济社会发展中大量资金需求与投

入相对不足的突出矛盾,群众自筹能力低、地方财政配套能力严重不足,仅仅依靠有限的财政扶贫资金难以在短期内解决贫困问题,要创新扶贫资金融资模式:一是要加快完善扶贫信贷体系,引导、激励金融机构创新金融产品,加大信贷扶贫力度;二是探索信贷投入新机制发展村镇银行,扶持农户扩大生产、种植,使贫困地区更好地走出适合自身发展的特色产业化道路;三是按照开发式和救助式两轮驱动的救助原则,将捐赠资金和信贷资金相结合,以规划扶贫、产业扶贫、人才扶贫多管齐下的方式推动新一轮精准扶贫工作;四是动员社会各界积极参与,投资扶贫工程建设。

积极引导各类新闻媒体加大扶贫宣传力度,强化正面宣传和舆论引导,激发社会力量、贫困群众参与脱贫攻坚的积极性主动性,办好广东扶贫济困日和国家扶贫日活动,构建大扶贫格局。建立健全涉贫极端事件反馈处置机制,加强扶贫舆情管控。加强扶贫干部队伍建设,强化各级扶贫开发领导小组和机构职责,加强党建扶贫和干部驻村帮扶,加强扶贫干部队伍教育培训和思想作风建设。

2018年2月,习近平总书记在成都主持召开打好精准脱贫攻坚战座谈会时提出:"打赢脱贫攻坚战,中华民族千百年来存在的绝对贫困问题,将在我们这一代人的手里历史性地得到解决。这是我们人生之大幸。"广东省全体人民,将牢记总书记的嘱托,以"不放松、不停顿、不懈怠"的精神齐心协力、顽强奋斗,继续书写新时代打赢脱贫攻坚战的精彩篇章。

第十章 广东区域协调发展的成效、特点及经验

改革开放以来,广东区域协调发展战略的实施,一定程度上缩小了区域发展差距。广东区域协调发展有其显著特点,也积累了促进区域协调发展的宝贵经验。

第一节 广东区域协调发展的主要成效

改革开放以来,通过一系列富有创造性的区域协调发展政策的实施,广东区域协调发展取得了重要进展,尽管尚未完全解决广东区域发展不平衡问题,但区域协调发展的成效有目共睹。

一、促进了粤东西北地区经济社会发展

广东区域协调发展的着眼点,在于提升粤东西北地区经济社会发展水平。从增长速度来看,2012、2013、2014 年,粤东西北 GDP 分别增长 10.7%、11.9%、9.4%,分别高于同期珠三角 GDP 增速 2.6、2.5、1.6 个百分点。2015、2016、2017 年,粤东西北 GDP 分别增长 8.1%、7.4%、6.7%,分别略低于同期珠三角 GDP 增速 0.5、0.9、1.2 个百分点。这一增长速度的取得,是实施区域协调发展战略带来的效果。详见表 10-1。

表 10-1 珠三角与粤东西北地区生产总值年增速比较（%）

地区	2012年	2013年	2014年	2015年	2016年	2017年
珠三角	8.1	9.4	7.8	8.6	8.3	7.9
粤东西北	10.7	11.9	9.4	8.1	7.4	6.7
差距	-2.6	-2.5	-1.6	0.5	0.9	1.2

数据来源：广东统计信息网。

从绝对量来看，粤东西北地区生产总值、固定资产投资、地方一般公共预算收入逐年提升。2010年，粤东西北地区生产总值10055.74亿元；地方一般公共预算收入513.92亿元。详见表10-2。

表 10-2 2010年分区域主要经济指标

区域	GDP（亿元）	GDP增长（%）	第三产业增加值增长（%）	第三产业增加值占GDP比重（%）	地方一般公共预算收入（亿元）	地方一般公共预算收入增长（%）
珠三角	37388.21	12.0	9.8	48.7	3138.56	24.4
粤东西北	10055.74	14.6	12.7	36.6	513.92	28.2
东翼	3241.43	14.9	11.5	35.8	160.78	28.3
西翼	3534.85	14.2	16.6	39.4	144.95	26.6
山区	3279.46	14.6	9.9	34.5	208.19	29.7

数据来源：广东统计信息网。

2016年，粤东西北地区生产总值17788.37亿元，与2010年比，增加7732.63亿元；地方一般公共预算收入990.78亿元，与2010年比，增加476.86亿元。详见表10-3。

第十章 广东区域协调发展的成效、特点及经验

表10-3 2016年分区域主要经济指标

区域	GDP（亿元）	GDP 增长（%）	第三产业增加值增长（%）	第三产业增加值占GDP比重（%）	地方一般公共预算收入（亿元）	地方一般公共预算收入增长（%）
珠三角	67905.33	8.3	9.7	56.0	6923.90	10.7
粤东西北	17788.37	7.4	8.6	42.1	990.78	0.4
东翼	5918.47	7.4	8.9	38.8	285.92	2.6
西翼	6540.85	7.3	8.0	42.5	292.40	-2.0
山区	5329.05	7.5	9.1	45.2	412.47	0.6

数据来源：广东统计信息网。

2017年，继续保持了增长势头。粤东西北地区生产总值19345.38亿元，与2016年比，增加1557.01亿元；地方一般公共预算收入1058.92亿元，与2016年比，增加68.14亿元。其中，粤东地区生产总值6431.62亿元，同比增长7.2%；地方一般公共预算收入304.22亿元，同比增长8.3%。粤西地区生产总值7156.88亿元，同比增长7.0%；地方一般公共预算收入325.79亿元，同比增长12.6%。粤北地区生产总值5756.88亿元，同比增长5.6%；地方一般公共预算收入428.91亿元，同比增长6.3%。

粤东西北地区在地区生产总值、地方一般公共预算收入增长的同时，产业结构得到了优化，第三产业所占比例上升。2016年，全省房地产开发投资10307.80亿元，比上年增长20.7%。按地区分，珠三角地区8601.17亿元，增长21.6%；东翼478.40亿元，增长28.9%；西翼434.43亿元，增长12.4%；山区793.80亿元，增长12.6%。2017年，珠三角地区商品房销售面积下降2.3%，东翼地区增长58.2%，西翼地区增长50.1%，山区增长29.7%。粤东西北地区房地产开发投资的增长、商品房销售面积的增长，说明城市化的进程加快，第三产业得到发展。

二、促进了珠三角地区发展与产业结构调整升级

改革开放以来珠三角地区的崛起,是中国经济发展的奇迹。2010年,珠三角地区生产总值37388.21亿元,同比增长12.0%;地方一般公共预算收入3138.56亿元,同比增长24.4%。2016年,珠三角地区生产总值67905.33亿元,同比增长8.3%;地方一般公共预算收入6923.90亿元,同比增长10.7%。2017年,珠三角地区生产总值75809.75亿元,同比增长7.9%;地方一般公共预算收入7451.29亿元,同比增长10.4%。

珠三角地区经济社会的高速发展,原因是多方面的,但它从广东区域协调发展中获得了不少红利。赋予珠三角地区带动粤东西北地区发展的责任和使命,实际上有利于珠三角地区自身的发展;粤东西北地区承接珠三角地区的产业转移,促进了珠三角地区产业转型升级,解决了珠三角地区企业用地难等问题。2017年,珠三角地区产业转型升级步伐加快,三次产业结构比重优化调整为1.6∶42.1∶56.3,先进制造业和高技术制造业增加值占规模以上工业比重分别达到57.1%、33.5%。2017年,深圳GDP总量为22438.39亿元,首次超过香港,成为粤港澳大湾区城市经济总量第一的城市。

三、改善了粤东西北地区的基础设施和公共社会服务设施

在推进区域协调发展过程中,广东省委、省政府十分重视基础设施建设。依据广东省第三次全国农业普查主要数据,珠三角地区和粤东西北地区农村交通设施的差距缩小,有些指标粤东西北地区甚至高于珠三角地区。例如,有火车站的乡镇,粤西、粤北山区高于珠三角地区;通公路的村,珠三角地区与粤东西北地区都达到99%;村内主要道路有路灯的村,粤东地区超过了珠三角地区。详见表10-4。

表10-4 珠三角与粤东西北乡镇、村交通设施比较（%）

指标	全省	珠江三角洲	东翼	西翼	山区
有火车站的乡镇	6.7	6.2	4.4	9.5	6.8
有码头的乡镇	14.6	24.0	11.0	17.1	8.0
有高速公路出入口的乡镇	41.4	60.3	30.4	32.7	35.8
通公路的村	99.7	99.8	99.0	99.9	99.8
按通村主要道路路面类型分的村					
水泥路面	96.7	93.7	98.8	96.8	98.3
柏油路面	2.7	5.9	0.7	1.9	1.4
沙石路面	0.3	0.2	0.4	0.7	0.1
按村内主要道路路面类型分的村					
水泥路面	94.0	95.8	93.8	88.7	95.7
柏油路面	1.1	2.4	0.5	0.4	0.6
沙石路面	3.2	1.0	3.5	6.9	2.7
村内主要道路有路灯的村	74.4	82.9	90.4	42.2	76.6
村委会到最远自然村或居民定居点距离					
5公里以内	89.3	91.9	97.1	90.1	81.0
6～10公里	8.3	6.5	2.2	7.9	14.5
11～20公里	2.1	1.5	0.5	1.6	3.9
20公里以上	0.3	0.1	0.1	0.3	0.7

资料来源：广东统计信息网；参见《南方日报》2018年1月30日。

就能源、通信设施而言，依据广东省第三次全国农业普查主要数据，珠三角地区和粤东西北地区通电的村、通电话的村、安装有线电视的村、通宽带互联网的村，比例都已较为接近。详见表10-5。

表 10-5　珠三角与粤东西北村能源、通信设施比较（%）

指标	全省	珠江三角洲	东翼	西翼	山区
通电的村	99.99	99.90	99.90	100.00	100.00
通天然气的村	7.70	13.40	7.90	2.80	4.90
通电话的村	99.98	99.90	99.90	100.00	100.00
安装了有线电视的村	94.60	99.50	98.00	90.80	90.00
通宽带互联网的村	98.50	99.40	98.60	97.40	98.00
有电子商务配送站点的村	24.80	36.00	23.90	15.20	20.30

资料来源：广东统计信息网；参见《南方日报》2018年1月30日。

随着区域协调发展的推进，粤东西北地区农村的文化教育设施也有了较大改善，与珠三角地区的差距很小。例如，有幼儿园、托儿所的乡镇，有小学的乡镇，有图书馆、文化站的乡镇，有公园及休闲健身广场的乡镇，粤东西北地区与珠三角地区基本上已无差距。详见表10-6。

表 10-6　珠三角与粤东西北乡镇、村文化教育设施比较（%）

指　标	全省	珠江三角洲	东翼	西翼	山区
有幼儿园、托儿所的乡镇	99.4	99.4	99.4	99.1	99.5
有小学的乡镇	98.5	96.9	100.0	98.1	99.3
有图书馆、文化站的乡镇	98.1	98.8	98.3	96.2	98.3
有剧场、影剧院的乡镇	22.8	36.6	22.1	19.9	13.9
有体育场馆的乡镇	26.1	43.4	17.1	12.8	23.6
有公园及休闲健身广场的乡镇	86.5	92.0	85.6	75.8	88.0
有幼儿园、托儿所的村	39.5	40.8	41.9	55.9	26.5
有体育健身场所的村	62.1	68.9	61.3	58.8	58.0
有农民业余文化组织的村	29.3	37.5	29.2	23.7	24.8

资料来源：广东统计信息网；参见《南方日报》2018年1月30日。

就医疗和社会福利机构而言，依据广东省第三次全国农业普查主要数据，2016年末，广东省99.9%的乡镇有医疗卫生机构，99.6%的乡镇有执业（助理）医师，93.1%的乡镇有社会福利收养性单位，86.1%的乡镇有本级政府创办的敬老院，82.9%的村有卫生室，65.5%的村有执业（助理）医师。这些基本数据珠三角地区和粤东西北地区差别不明显。详见表10-7。

表10-7 珠三角与粤东西北乡镇、村医疗和社会福利机构比较（%）

指　　标	全省	珠江三角洲	东翼	西翼	山区
有医疗卫生机构的乡镇	99.9	100.0	100.0	99.5	100.0
有执业（助理）医师的乡镇	99.6	100.0	98.9	99.1	100.0
有社会福利收养性单位的乡镇	93.1	96.3	81.2	95.3	94.3
有本级政府创办的敬老院的乡镇	86.1	91.1	73.5	87.7	86.6
有卫生室的村	82.9	80.4	78.9	86.7	85.5
有执业（助理）医师的村	65.5	65.9	62.7	68.0	65.3

资料来源：广东统计信息网；参见《南方日报》2018年1月30日。

珠三角地区和粤东西北地区乡镇在交通设施、能源和通信设施、文化教育设施、医疗和社会福利机构等方面差距的缩小或均等化，从一个侧面表明广东区域协调发展取得了明显进展。

四、提升了人民生活水平

改革开放以来，珠三角地区和粤东西北地区尽管发展差距仍然存在，但随着区域协调发展战略的实施，珠三角地区和粤东西北地区人民的生活水平整体上有了较大幅度的提升。

2016年，广东居民人均可支配收入30295.8元，比上年增长8.7%，扣除物价因素，实际增长6.3%。其中，全年农村常住居民人均可支配收入 14512.2 元，比上年增长 8.6%；扣除价格因素，实际增长 6.5%。农村居民消费支出中，教育文化娱乐服务所占比重为 8.5%。农村居民现住房建筑面积人均 43.92 平方米。农村最高 20% 收入组人均可支配收入 30204 元，最低 20% 收入组人均可支配收入 5453 元。全年城镇常住居民人均可支配收入 37684.3 元，比上年增长 8.4%；扣除价格因素，实际增长 5.9%。城镇居民消费支出中，教育文化娱乐服务所占比重为 10.8%。城镇居民现住房建筑面积人均 32.74 平方米。城镇最高 20% 收入组人均可支配收入 74437 元，最低 20% 收入组人均可支配收入 15920 元。

在区域协调发展过程中，随着系列扶贫政策特别是精准扶贫政策的实施，2012—2017 年，广东 208 万相对贫困人口实现脱贫，从一个方面显现了区域协调发展的成效。

五、彰显了中国特色社会主义制度的优势

中国共产党的领导是中国特色社会主义最本质的特征，也是中国特色社会主义制度的最大优势。广东区域协调发展的实践与成效，彰显了党中央对于区域协调发展问题的高度关注和重视，彰显了广东省委、省政府在区域协调发展过程中的宏观指导作用。广东区域协调发展系列政策的制定、各种力量的凝聚、各种关系的协调，都体现了中国共产党的领导。

中国特色社会主义制度的优势之一，就是能够集中力量办大事。邓小平在南方谈话中指出，在今后的现代化过程中，要"发挥社会主义制度能够集中力量办大事的优势"。广东区域协调发展过程中，借助市场在资源配置中起决定性作用的同时，充分发挥政府的宏观调控作用，集中广东的资源推动粤东西北地区经济社会发展。改革开放以来，广东省政府在推动区域协调发展过程中的作用，主要体现在五个方面：一是制定区域协调发展政策，助力区域协调发展；二是推动制度创新，通过财政制度、对口帮扶制度创新，设立深（圳）汕（尾）合作区，促进区域协调发展；三是成立专门机构，统筹区域协调发展；四是政府设立专项资金、基金，对区域经济结构调整、生产力布局、引导重点产业发展等方面发挥导向作用；五是加大基础设施建设投入。

第十章 广东区域协调发展的成效、特点及经验

中国特色社会主义制度以公平正义为取向，通过协调区域发展，确保社会公平正义。广东区域协调发展过程中，通过给予政策倾斜、专项补助等，缩小不同区域收入的差别，保证了社会的公平正义。例如，为协调区域基础教育发展，使粤东西北能留住教师，2013年经省政府批准，省财政厅、省教育厅、省人力资源社会保障厅联合印发《广东省山区和农村边远地区义务教育学校教师岗位津贴实施方案》，明确山区县（非县城镇街）和非山区县农村边远地区义务教育学校在职在岗教职工均可享受岗位津贴，岗位津贴标准按学校与县城的距离、教职工在农村学校服务的年限、教师职称等分档确定，人均岗位津贴不得低于500元/月，所需资金由省财政按人均每月500元的基数与地方分担（省级扶贫县、中央苏区县、革命老区县、省生态县由省财政补助80%，其他符合条件的县省财政补助50%）。2014年，岗位津贴标准提高到人均不低于700元/月。2016年，省政府办公厅印发《广东省乡村教师支持计划实施办法（2015—2020年）》，明确提出进一步完善山区和农村边远地区义务教育学校教师生活补助制度，突出差别化补助政策，分类分档进行补助，重点向边远山区和艰苦地区倾斜，将农村公办高中阶段学校和幼儿园在编在岗工作人员统筹纳入此项政策实施范围，建立生活补助增长机制。为贯彻落实《广东省乡村教师支持计划实施办法》，2016年省财政厅、省教育厅联合印发《关于2016年山区和农村边远地区学校教师生活补助政策调整及资金清算的通知》，将岗位津贴政策调整为生活补助政策，将实施对象范围从山区和农村公办义务教育学校在编在岗教职工，扩大到山区和农村公办幼儿园和公办普通高中在编在岗教职工，生活补助标准进一步提高，2016年达到人均不低于800元/月，2017年达到人均不低于900元/月，2018年达到人均不低于1000元/月。这一制度的实施，保障了山区和农村边远地区学校教师的工资福利待遇，鼓励和吸引优秀人才到山区、农村边远地区长期从教、终身从教，稳定山区、农村边远地区骨干教师队伍，促进山区、农村边远地区学校教师整体素质提高。

改革开放以来，广东通过实施区域协调发展战略，促进了粤东西北地区政治、经济、文化、社会、生态文明的发展，为广东全面建成小康社

会、实现社会主义现代化奠定了重要基础。

第二节 广东区域协调发展的主要特点

追溯改革开放以来广东区域协调发展的历程，审视广东区域协调发展的政策与实践，其特点可概括为以下四个方面。

一、从广东发展实际出发制定区域协调发展政策

珠三角地区与粤东西北地区发展差距是随着改革开放的演进而逐步显现出来的，广东历届省委、省政府敏锐抓住了广东经济社会发展过程中出现的发展不平衡、不充分的问题，并针对不同阶段发展不平衡、不充分的特点，制定了解决问题的具体政策。在制定区域协调发展政策时，既能贯彻党中央关于协调发展的战略部署，又能紧密结合广东区域发展的具体实际，将党中央的战略部署转化为指导广东区域协调发展的政策措施，体现了广东历届省委、省政府的政治意识、大局意识、核心意识和看齐意识。

改革开放前期，广东省委、省政府重点关注山区的发展，力图通过推动山区发展缩小粤东西北地区与珠三角地区的差距。随着社会主义市场经济体制的建立，广东省委、省政府采取了"分类指导、梯度推进"的区域协调发展战略，既注意政府的宏观规划与引导，也开始重视发挥市场在区域协调发展过程中的作用。党的十六大之后，广东正式实施区域协调发展战略，并逐步明确了区域协调发展的战略重点和工作抓手。立足广东区域发展实际，不断创新区域协调发展政策，是广东区域协调发展的重要特点。

二、注重区域协调发展的基础设施建设

基础设施具有先导性、前提性，协调区域经济社会发展，基础设施建设必须先行，基础设施优势可以在一定程度上改变自然地理条件的劣势。

第十章 广东区域协调发展的成效、特点及经验

因此,广东历届省委、省政府在推进区域协调发展过程中,非常重视粤东西北地区的交通、学校、医院等基础设施建设。

交通设施建设是基础中的基础,粤东西北地区经济社会发展滞后的重要原因之一是交通不便。广东历届省委、省政府十分重视珠三角地区和粤东西北地区的公路建设、铁路建设,通过公路、铁路连通珠三角和粤东西北,连通粤东西北和周边省份。2014—2017 年,广东新建公路 14782.59 公里,其中高速公路 2636.18 公里,大大改善了粤东西北地区的交通条件。

教育关系区域人才素养、产业结构与技术创新,在区域协调发展过程中具有重要地位。广东历届省委、省政府重视基础教育和高等教育的发展,通过公办、民办、公办民助等形式,在粤东西北开办了一批中小学、职业学校,改善了基础教育办学条件,对于九年制义务教育的普及、基础教育教学水平的提高,发挥了重要作用。2015 年起,广东加快了高水平大学建设的步伐,力争用 5~10 年时间,建成若干所具有较高水平和影响力的大学,培育一批在全国乃至全世界占有一席之地的特色重点学科。2017 年 1 月,广东省教育发展"十三五"规划提出,统筹优化高等教育结构,在 2020 年以前力争每个地市至少有一所本科高校。一年来,三所省属本科高校陆续布局粤东西北,广东药科大学、广东技术师范学院和广东金融学院分别与云浮、河源和清远签订协议,共建本科校区。

医院建设关系人民群众的健康,也是基础设施建设的重要方面。广东历届省委、省政府领导班子在推进区域协调过程中,重视改善粤东西北的医疗条件,新建了一批医院,有效缓解了粤东西北"看病难"的问题。2017 年年底,全省共有各类卫生计生机构 49926 个(含村卫生室),其中,医院 1464 个、卫生院 1202 个、社区卫生服务机构 2543 个、妇幼保健机构 128 个、专科疾病防治机构 130 个、疾病预防控制中心 123 个、卫生监督机构 202 个、村卫生室 26459 个。医院建设取得的成效,对于实现区域公共服务均等化具有重要意义。

三、以产业转移、技术创新为牵引推动区域协调发展

区域协调发展的关键在于经济的发展。为促进粤东西北地区经济的发展,广东历届省委、省政府领导班子注意培植粤东西北地区自身的发展能力,厚植发展后劲,依靠自身的力量加快发展步伐。同时,广东省委、省政府主张通过产业转移推动区域协调发展,借助珠三角地区产业转型升级,在粤东西北地区对口建立产业园,实现珠三角地区与粤东西北地区产业的无缝对接,促进了粤东西北地区产业的发展,并形成了各自的产业特点。

例如,两德合作区是顺德、清远(英德)两地贯彻落实省委、省政府有关工作部署,自主发起并经省委、省政府批准成立的省重点产业转移园区,通过共建共享实现优势互补,积极发挥"顺德服务、清远成本、政策叠加"的独特优势,促进了区域协调发展。经过6年的努力,园区合作共建成效日益凸显。截至2017年年底,合作区历年资金收入总计22.30亿元,支出总计20.18亿元,其中基础设施固定资产累计投入10.96亿元,园区路网、污水处理、标准厂房、员工村、管道天然气等各项配套日臻完善。合作区(含集聚区)累计签约项目105个,计划总投资476.6亿元,其中工业项目93个、综合配套项目12个,主要覆盖新能源交通、家用电器、机械装备、新型建材、新材料等行业。合作区给顺德、清远(英德)两地搭建了一个沟通交流的桥梁,两地区域协调发展使"顺德服务"延伸到粤北山区,形成溢出效应,既解决了顺德等珠三角高速发展地区企业的用地需求,也促进了清远(英德)的发展。

技术创新是经济发展的动力。在广东区域协调发展过程中,在重视珠三角地区技术创新的同时,注意通过技术创新促进粤东西北地区的发展。产业转移实际上包含技术转移,部分技术在珠三角地区孵化,在粤东西北地区运用推广,提升了粤东西北地区技术创新的水平。

四、以城市化推动区域协调发展

城市在区域发展中居于中心地位,具有辐射作用。广东省委、省政府

第十章 广东区域协调发展的成效、特点及经验

在协调区域发展过程中,把城市发展作为推动区域协调发展的突破口。《中共广东省委关于制定全省国民经济和社会发展第十个五年计划的建议》提出,加快建设现代化中心城市的步伐,包括要强化广州、深圳特大中心城市的集聚和辐射功能,发展珠江三角洲大都会区,"粤东和粤西地区要规划建设具有地方特色的城市群;山区地级市城区要逐步成为山区经济社会发展的区域中心城市"。为此,广东省委、省政府专门邀请国家建设部和国家环保总局等有关单位对珠江三角洲城市群的协调发展、环境保护分别进行总体规划,整合资源、优化结构、提升层次。

首先,注意强化广州、深圳等中心城市的辐射作用。广州作为广东省会城市,是广东省委、省政府首先关注、重点建设的城市,在带动、辐射粤东西北地区发展的过程中,广州发挥了重要作用。随着深圳的崛起,特别是深圳的技术创新领跑全国,广东省委、省政府重视深圳对粤东西北地区特别是粤东地区的带动作用。深汕合作区的建设,开启了珠三角地区与粤东西北地区合作的新模式,对于促进区域协调发展具有示范意义。

其次,将粤东西北中心城区扩容提质作为推动区域协调发展的动力。《中共广东省委、广东省人民政府关于进一步促进粤东西北地区振兴发展的决定》提出:"中心城区扩容提质。大力提升城镇化水平,各市中心城区人口和产业集聚度大幅提高,综合竞争力明显增强,辐射带动周边县区发展。"为实现粤东西北中心城区扩容提质,省政府及相关省直部门重点加强对粤东西北地区各地级市中心城区扩容提质的资金、用地及项目保障。一是设立粤东西北振兴发展股权基金,集中投资于各地市新区起步区及中心城区建设;二是专项下达4.05万亩建设用地指标,用于粤东西北地区中心城区扩容提质的需求;三是加强粤东西北重点项目年度计划投资,推进基础设施建设。经过近几年的发展,粤东西北地区中心城区扩容提质工作取得了明显成效:一是中心城区常住人口稳步增长,人口承载力明显增强;二是新区及新区起步区建设稳步推进,中心城区空间实现有序拓展;三是经济总量提升较快,经济实力显著增强;四是公共服务及基础设施不断完善,中心城区建设品质进一步提高。同时,在旧城改造过程中,加强对历史文化街区、历史建筑的保护利用;在新区建设中,按照绿

色生态示范城区的要求打造新区起步区,大力推进海绵城市、地下综合管廊等建设,进一步提升了城市建设品质。

最后,将城镇化作为推动区域协调发展的重要抓手。粤东西北地区发展缓慢,与这些地区的城镇化水平低直接相关。广东省委、省政府在推动区域协调发展过程中,注意将城镇化作为着力点,以城镇化促进粤东西北地区的发展。随着广东"双转移"战略的逐步推进,粤东西北地区城镇化发展步伐有所加快。至2016年年底,粤东西北地区城镇化率分别为60.02%、42.68%和47.85%。

广东区域协调发展的特点,体现了广东省委、省政府协调区域发展的理念与实践,也是广东区域协调发展取得成效的重要原因。

第三节 广东区域协调发展的基本经验

改革开放以来,广东区域协调发展在取得明显成效的同时,积累了丰富的区域协调发展经验。

一、中央对广东区域协调发展的高度重视

广东在全国经济社会发展格局中占有重要地位,珠三角与粤东西北地区发展的不平衡,引起了中央领导的高度关注和重视。1979年7月,党中央、国务院正式批准广东在改革开放中实行特殊政策、灵活措施和创办经济特区,为广东的改革开放奠定了基础,使广东成为中国改革开放的窗口、综合改革的试验区和排头兵,为国家实行对外开放政策提供了宝贵经验,也为广东区域协调发展创造了条件。深圳、珠海等经济特区的创办,在区域协调发展过程中发挥了辐射带动作用,"双转移"、对口帮扶等政策的实施,是以经济特区的创办为前提的。此后,中央对于广东区域协调发展给予了系列政策支持,如将龙川县、和平县、连平县等13个县(市、区)纳入原中央苏区振兴发展规划,以推动广东原中央苏区加快发展步伐,逐步缩小区域发展差距,促进粤东西北振兴发展。2012年12月,习

第十章 广东区域协调发展的成效、特点及经验

近平总书记在视察广东时提出："广东要努力成为发展中国特色社会主义的排头兵、深化改革开放的先行地、探索科学发展的实验区,为率先全面建成小康社会、率先基本实现社会主义现代化而奋斗。"科学发展要求协调发展,全面建成小康社会包含区域协调,字里行间,蕴含习近平总书记对广东区域协调发展的期望。2017年4月4日,习近平总书记对广东工作做出重要批示,希望广东:"坚持党的领导、坚持中国特色社会主义、坚持新发展理念、坚持改革开放,为全国推进供给侧结构性改革、实施创新驱动发展战略、构建开放型经济新体制提供支撑,努力在全面建成小康社会、加快建设社会主义现代化新征程上走在前列。"协调发展是新发展理念的内涵之一,全面建成小康社会离不开区域协调发展。2018年3月7日,习近平总书记在参加十三届全国人大一次会议广东代表团审议时,要求广东:"在构建推动经济高质量发展体制机制、建设现代化经济体系、形成全面开放新格局、营造共建共治共享社会治理格局上走在全国前列。"高质量发展的体制机制包含协调发展的体制机制,现代化经济体系是协调发展的经济体系。因此,中央领导对广东的期待和希望,包含协调发展的期待和希望。中央对广东区域协调发展的高度关注和重视,这是促进广东区域协调发展的重要力量。

二、广东省委、省政府对区域协调发展的高度重视

区域协调发展涉及广东宏观经济布局,需要广东省委、省政府进行周密部署和顶层设计,坚持党的领导是广东区域协调发展取得明显成效的重要保障。

改革开放以来,中共广东省第五次代表大会到第十二次代表大会,都十分关注广东区域发展不平衡问题,并就推动区域协调发展进行部署和谋划。如中共广东省第十次代表大会,对过去五年区域协调发展的成效进行总结,指出区域协调发展存在的问题,并提出推进区域协调发展的举措。张德江在报告中指出,五年来,"城乡区域协调发展实现新突破","粤北山区和东西两翼发展逐年加快,一些主要经济指标增幅从2005年起高于全省平均水平"。同时,张德江在报告中坦承,"城乡之间、区域之间发展

仍然很不平衡"。针对这一现实，提出"构建区域经济新格局，促进区域协调发展"的要求。这是从党代会层面对区域协调发展进行的顶层设计。

广东省委常委会也将区域协调发展列入议事日程。2017年11月，中共广东省委十二届二次全会在部署开展"大学习、深调研、真落实"活动时，要求找准城乡区域发展不协调等方面的短板，看到短板背后蕴藏的难得机遇和巨大潜力，认真采取措施补齐短板弱项，释放发展潜力，将短板转变为新的发展优势，解决发展不平衡不充分的问题。2018年6月，中共广东省委十二届四次全会表决通过《中共广东省委关于深入学习贯彻落实习近平总书记重要讲话精神奋力实现"四个走在全国前列"的决定》，以构建"一核一带一区"区域发展格局为重点，对区域协调发展进行了新谋划。

为推动区域协调发展，广东省委、省政府出台了系列专门文件。其中，2007年7月广东省政府印发的《广东省东西北振兴计划（2006—2010年）》最为系统和具体，除《广东省东西北振兴计划纲要》外，还包括5个东西两翼地区发展专项规划、5个北部山区发展专项规划。同时，在一些综合性文件中，也包含区域协调发展的内容。如《中共广东省委关于贯彻〈中共中央关于构建社会主义和谐社会若干重大问题的决定〉的实施意见》，对区域协调发展提出了原则性的规定。该意见指出，进一步优化全省区域发展布局，推动省内不同类型地区互动协调发展。鼓励珠江三角洲率先发展，提升区域竞争力，增强辐射带动能力；编制实施"东西北振兴计划"，加大对北部山区和东西两翼地区的扶持力度，加快欠发达地区的发展；加快推进珠江三角洲与欠发达地区的产业转移工业园建设，落实和完善珠江三角洲对山区欠发达地区的对口帮扶政策措施。中共广东省委、省政府出台的系列文件和政策，为广东区域协调发展提供了思想指导和政策指引。

三、创新制度政策推动区域协调发展

区域发展不平衡问题，不是广东独有的现象，全国各省都不同程度地存在，是实现现代化过程中难以回避的现实问题。广东省委、省政府

第十章　广东区域协调发展的成效、特点及经验

在推进区域协调发展过程中，不断进行政策与制度创新，如"双转移"的实施、产业园区共建，就是区域协调发展的"广东创造"和"广东经验"。中心城市辐射带动、中心城区扩容提质、发展县域经济与特色产业、加快城镇化进程、对口帮扶等政策的实施，都是创新的结果。山区工作会、"珠三角地区与山区经济技术合作洽谈会"（后改为"珠江三角洲地区与山区及东西两翼经济技术合作洽谈会"）的持续举办，为推动区域协调发展搭建了双向互动、对话沟通的平台，同样具有创新意义。

为贯彻落实《中共广东省委、广东省人民政府关于进一步促进粤东西北地区振兴发展的决定》，2015年6月、2016年3月至5月、2017年4月至6月，省促进粤东西北地区振兴发展协调领导小组组织开展了促进粤东西北地区振兴发展2014、2015、2016年度工作评估考核。评估考核的内容包括粤东西北各市、省有关部门认真贯彻省委、省政府决策部署，深入实施交通基础设施建设、产业园区提质增效、中心城区扩容提质"三大抓手"和全面对口帮扶工作任务，推动粤东西北地区振兴发展取得的积极成效，并将评估考核结果进行通报。2014、2015年度的考核结果采取评分方式，2016年的考核结果采取评定等级方式。就工作方式而言，也带有创新的性质，使区域协调发展、对口帮扶落到了实处。

广东省政府对粤东西北地区的财政金融支持政策对于缩小区域发展差距、促进区域协调发展发挥了重要作用。通过大规模财政转移支付，既增强了粤东西北地区政府提供公共服务的能力，又通过改善当地投资环境、提高企业投资效益，增强对资本和劳动力的吸引力；扩大金融机构、民间投资对粤东西北地区的支持力度，让更多金融机构参与进来，通过实施重点领域建设项目资本金融资给予贷款贴息等政策，满足粤东西北地区企业和项目融资需求。

2017年，广东实施与区域发展定位相适应的财政转移支付政策，改变把粤东西北作为同类地区的思维定式，完善差异化的评价指标体系和补助标准。支持保护粤北生态屏障，完善生态优先、绿色发展成效与资金分配挂钩的转移支付政策，提高生态考核因素权重，加大财政转移支付力

度；支持东西两翼沿海经济带发展，完善与产业发展、经济增长挂钩的激励性转移支付政策，促进其打造成新的增长极；支持珠三角地区优化发展，提升引领带动能力；研究制定县（市）基层干部财政激励政策，调动基层干部干事创业积极性。这是广东推动区域协调发展的政策创新，体现了广东通过改革协调区域发展的政策导向。

四、汇聚各方面力量推动区域协调发展

广东推动区域协调发展，涉及的地区广、人口多，需要汇聚各方面的力量。首先是党和政府的力量。广东省财政对于粤东西北地区的发展给予了大力支持，通过转移支付、专项补助、贴息资金、扶贫资金等，缓解粤东西北地区发展资金短缺的问题。其次是市场的力量。广东在谋求区域协调发展过程中，重视发挥市场在资源配置过程中的作用，以促进区域间形成合理的分工体系。发挥市场作用的措施包括：一是鼓励和引导区域间生产要素和商品的自由流动；二是加大粤东西北地区固定资产投入，培育粤东西北地区的自我发展能力；三是营造良好社会氛围，鼓励社会各方参与粤东西北地区开发和建设，特别是鼓励有条件、符合要求的企业落户粤东西北地区，鼓励各类资金投资粤东西北地区。最后是企业和社会的力量。广东省委、省政府善于借助企业的力量推动区域协调发展。产业转移有其自身的经济发展规律，说到底，产业转移的主体是企业而不是政府，产业转移是企业根据产业发展形势变化和自身竞争优劣势变化而采取的一种对策行为。社会的力量，民营经济的发展，对于推动广东区域协调发展发挥了重要作用。

五、以满足人民日益增长的美好生活需要作为区域协调发展的出发点

广东解决区域发展不平衡问题，出发点是为了满足人民日益增长的美好生活需要。我国社会的主要矛盾，规定了社会主义初级阶段的中心任务是解决发展不平衡不充分的问题，以满足人民日益增长的美好生活需要。

第十章　广东区域协调发展的成效、特点及经验

广东省委、省政府在制定和实施区域协调发展过程中，以人民对美好生活的向往为坐标，力求通过区域协调发展，改善人民的生存境遇，使人民过上幸福生活，既促进全面建成小康社会目标的实现，也促进我国社会主要矛盾的解决。

中国特色社会主义进入新时代，广东解决区域协调发展的问题任重而道远。实现"四个走在全国前列"的奋斗目标，离不开广东区域协调发展。改革开放40年广东推进区域协调发展的经验，对于新时代具有重要的借鉴和指导意义。

参考文献

[1] 阿尔弗雷德·韦伯. 工业区位论 [M]. 李刚剑, 译. 北京: 商务印书馆, 1997.

[2] 白超. 农业转移人口市民化公共成本分担机制研究 [D]. 荆州: 长江大学, 2017.

[3] 白国强. 产业转移园转型升级与要素响应: 以广东为例 [J]. 产经评论, 2013 (6).

[4] 柏萍. 广东城镇贫困问题探究 [J]. 广东社会科学, 1997 (2).

[5] 柏萍, 周仲高. 粤东西北地区振兴战略: 广东区域协调发展之路 [M]. 广州: 广东人民出版社, 2014.

[6] 白景坤, 张双喜. 专业镇的内涵及中国专业镇的类型分析 [J]. 农业经济问题, 2003 (12).

[7] 陈广汉. 珠三角区域一体化与协调发展研究 [M]. 广州: 广东人民出版社, 2013.

[8] 邓江年. 建设第三代园区推动粤东西北加快发展 [J]. 广东工业园. 2017 (7/8).

[9] 段进军. 中国城镇化研究报告 [M]. 苏州: 苏州大学出版社, 2013.

[10] 杜金沛. 四大特色引领新农村新发展 [N]. 南方日报, 2015 - 09 - 10.

[11] 冯奎. 中国城镇化转型研究 [M]. 北京: 中国发展出版

社，2013.

[12] 广东省城乡规划设计研究院. 珠江三角洲全域空间规划（2016—2020）[Z]. 2017.

[13] 广东省发展和改革委员会. 粤北地区经济社会发展规划纲要（2011—2015年）[Z]. 2011.

[14] 广东省发展和改革委员会. 珠江三角洲城乡规划一体化规划（2009—2020年）[Z]. 2010.

[15] 广东省发展和改革委员会. 广东省区域经济发展报告[M]. 广州：暨南大学出版社，2015.

[16] 广东省发展和改革委员会. 广东省区域经济发展报告（2016）[M]. 广州：广东人民出版社，2017.

[17] 广东省人民政府. 广东省国民经济和社会发展第十三个五年规划纲要[Z]. 2016.

[18] 广东省人民政府. 广东省沿海经济带综合发展规划（2017—2030年）[Z]. 2017.

[19] 广东省人民政府办公厅. 广东省新型城镇化"2511"试点方案[Z]. 2015.

[20] 广东省人民政府办公厅. 广东省人民政府办公厅关于解决无户口人员登记户口问题的实施意见[Z]. 2016.

[21] 广东省社会科学院. 粤港澳大湾区建设报告（2018）[Z]. 2018.

[22] 广东省住房和城乡建设厅. 广东省住房城乡建设工作报告[Z]. 2015.

[23] 广东省住房和城乡建设厅. 广东省县域城乡发展一体化规划编制指引[Z]. 2016.

[24] 广东省住房和城乡建设厅. 广东省新型城镇化规划（2016 - 2020年）[Z]. 2017.

[25] 国务院. 国务院关于进一步推进户籍制度改革的意见[M]. 北京：人民出版社，2014.

［26］广东省农业厅，广东省发改委. 广东省农业发展"十三五"规划［Z］. 2016.

［27］侯永志，张永生，刘培林，等. 区域协同发展：机制与政策［M］. 北京：中国发展出版社，2016.

［28］胡锦涛. 全面认识工业化、信息化、城镇化、市场化、国际化深入发展的新形势新任务［J］. 中国信息界，2007（20）.

［29］胡军. 中国区域协调发展机制体系研究［M］. 北京：中国社会科学出版社，2014.

［30］黄穗光. 粤东西北传统产业如何走出转型升级新路径：来自汕头潮南区的调研报告［J］. 广东经济，2015（9）.

［31］黄红星，马玲玲，李会萍. 广东社会主义新农村建设的经验和建议［J］. 广东经济，2012（1）.

［32］贾卫丽，李普亮."双转移"战略中承接地产业升级的困境与对策［J］. 经济体制改革，2014（1）.

［33］姜文仙. 区域协调发展的动力机制研究［M］. 北京：经济科学出版社，2017.

［34］李建平. 区域规划演进：来自珠三角的实践. 中国城市规划年会，2012（10）.

［35］联合国可持续发展峰会. 让世界转型：2030可持续发展议程（2016－2030）［Z］. 2015.

［36］梁武昌，谢综文，周南风. 粤东西北交通基础设施建设驶上快车道［J］. 广东交通，2017（4）.

［37］刘国军. 以实现基本公共服务均等化推进广东区域协调发展［J］. 决策咨询，2008（3）.

［38］刘慧. 实施精准扶贫与区域协调发展［J］. 中国科学院院刊，2016（3）.

［39］刘杰武. 新型城镇化的提出历程研究［J］. 城市建设理论研究，2012，32.

［40］刘品安. 珠三角地区改革发展战略研究［M］. 广州：广东人民

出版社，2013．

[41] 刘瑞，张占斌，黄锟．中国新型城镇化健康发展报告［M］．北京：社会科学文献出版社，2016．

[42] 陆根尧．浙江经济持续增长与区域协调发展研究［M］．北京：经济科学出版社，2014．

[43] 吕拉昌，黄茹．广东区域发展重大问题研究［M］．广州：华南理工大学出版社，2015．

[44] 李朝庭．广东专业镇转型升级的战略思考［J］．科技管理研究，2013（8）．

[45] 骆芳芳，曾祥山，王碧青．广东新农村建设的现状分析与发展对策［J］．热带农业工程，2016，40（3）．

[46] 孟德友．高速交通发展与区域空间结构演变［M］．北京：社会科学文献出版社，2016．

[47] 欧阳俊，张岳恒．广东专业镇发展的现状与国内外比较研究［J］．科技管理研究，2009（8）．

[48] 覃成林．区域协调发展机制体系研究［J］．经济学家，2011（4）．

[49] 覃成林，陈晨．产业转移工业园的功能与发展模式研究：以广东为例［J］．科技管理研究，2012（13）．

[50]《双转移在广东》编辑委员会．产业转移和劳动力转移在广东：广东省推进"双转移"报告［M］．广州：广东经济出版社，2013．

[51] 舒元．广东发展模式：广东经济发展30年［M］．广州：广东人民出版社，2008．

[52] 孙久文．"建立更加有效的区域协调发展新机制"笔谈：中国区域经济发展的空间特征与演变趋势［J］．中国工业经济，2017（11）．

[53] 孙志远．中国城镇化政策展望［J］．中国建设信息化，2017（5）．

[54] 沈静，陈烈．珠江三角洲专业镇的成长研究［J］．经济地理，2005（3）．

［55］石忆邵. 专业镇：中国小城镇发展的特色之路［J］. 规划，2003，27.

［56］田艳平，冯垒垒. 区域合作、利益共享：区域协调发展的基础［J］. 学习与实践，2015（1）.

［57］王开泳. 珠江三角洲都市经济区的空间组织［M］. 北京：知识产权出版社，2016.

［58］王丽娅，陈弦. 泛珠九省区经济社会发展的比较研究［M］. 北京：中国经济出版社，2010.

［59］吴汉贤，邝国良. 产业技术扩散溢出效应的分析：对广东产业转移承接地政府的启示［J］. 科技管理研究，2010（18）.

［60］王珺. 广东专业镇经济的类型与演进［J］. 广东商学院学报，2001（57）.

［61］肖金成. 城镇化与区域协调发展［M］. 北京：经济科学出版社，2013.

［62］严汉中. 区域协调发展［M］. 中国经济出版社，2010.

［63］叶江峰，任浩，甄杰. 中国国家级产业园区30年发展政策的主题与演变［J］. 科学学研究，2015，33（11）.

［64］叶丽娟，邝国良. 广东产业转移的区域合作模式研究［J］. 科技管理研究，2010（20）.

［65］于永达，张郁达. 中国城镇化发展路径选择［J］. 财经界（学术版），2017（13）.

［66］郁鹏. 区域协调发展的结构配置与创新驱动［J］. 区域经济评论，2017（3）.

［67］南方日报社. 粤东西北地区振兴战略：广东区域协调发展之路［M］. 广州：南方日报出版社，2014.

［68］岳芳敏. 广东专业镇转型升级：机制与路径［J］. 学术研究，2012（2）.

［69］尹艳，方伟，康艺之，等. 广东新农村建设科技支撑体系现状、问题及对策［J］. 广东农业科学，2010（8）.

[70] 杨佩卿. 新型城镇化视阈下推进新农村建设的路径选择 [J]. 当代经济科学, 2017, 39 (1).

[71]《中国城镇化三十年》课题组. 中国城镇化三十年 [M]. 北京：中国建筑工业出版社, 2016.

[72] 张少军. 产业转移与区域协调发展 [M]. 北京：经济科学出版社, 2016.

[73] 张占斌. 解析新型城镇化 [M]. 北京：经济科学出版社, 2014.

[74] 赵祥. 产业集聚、扩散与区域经济协调发展 [M]. 广州：广东人民出版社, 2013.

[75] 郑日强. 湛江港口经济发展路径选择 [M]//陈鸿宇. 区域协调发展五篇：国际视野下的广东科学发展. 广州：广东经济出版社, 2008.

[76] 中共广东省委办公厅. 关于全面推进新一轮绿化广东大行动的决定 [Z]. 2013.

[77] 中共广东省委党史研究室. 执政广东纪要（2003—2007）[M]. 北京：中共党史出版社, 1995.

[78] 中共中央, 国务院. 关于进一步加强土地管理切实保护耕地的通知 [Z]. 1997.

[79] 中共中央, 国务院. 国家新型城镇化规划（2014—2020 年）[Z]. 2014.

[80] 中国指数研究院. 中国新型城镇化发展理论与实践 [M]. 北京：经济管理出版社, 2014.

[81] 中华人民共和国国家发展和改革委员会. 关于 2010 年深化经济体制改革重点工作的意见 [Z]. 2010.

[82] 钟昌标. 区域协调发展中政府与市场的作用研究 [M]. 北京：北京大学出版社, 2016.

[83] 周浩. 交通基础设施与中国经济增长 [M]. 北京：人民出版社, 2015.

[84] 周学良. 交通基础设施、空间溢出与区域经济增长 [M]. 南

京：南京大学出版社，2009．

［85］周元，宋延鹏，李建平，等．后发地区新区开发策略与路径：来自广东粤西的实践［M］．北京：经济科学出版社，2016．

［86］梁广寅，陈广汉．珠三角区域发展报告［M］．北京：中国人民大学出版社，2012．

［87］朱桂龙，钟自然．从要素驱动到创新驱动：广东省专业镇发展及其政策取向［J］．科学学研究，2014，32（1）．

［88］张军．我国农业专业镇产业化创新研究［J］．经济问题，2016（1）．

后　记

　　2018年是中国改革开放40周年。广东作为改革开放的先行地区，在党中央的正确领导下，改革开放和现代化建设一直走在全国前列。为系统总结广东改革开放的成就和经验，为进一步全面深化改革和扩大开放提供理论和实践指导，中共广东省委宣传部策划了"广东改革开放40年研究丛书"。《广东区域协调发展40年》就是其中的一本。

　　本书的结构按照总—分—总的逻辑展开。首先梳理了广东改革开放与区域协调发展的关系，以及区域协调发展的历史演进，其次从产业转型、园区建设、新型城镇化、基础设施建设、新农村建设、公共服务均等化、扶贫攻坚等具体领域进行阐述，最后系统总结了广东区域协调发展的成效、特点和经验。每章原则上按照主要做法、伟大成就、经验规律的逻辑展开，既比较全面地描述了广东区域协调发展40年的演进轨迹，又系统呈现了40年来广东区域协调发展的伟大成就，并尝试总结区域协调背后的经验和规律。由于编撰人员的水平及时间有限，难免存在问题和纰漏，恳请读者提出批评指正。

　　《广东区域协调发展40年》一书由华南师范大学经济与管理学院负责编撰，彭壁玉教授担任主编，徐向龙副教授担任副主编，崔惠斌副研究员负责具体联络工作。本书各章节撰写分工情况如下：第一章，彭壁玉、陈梓睿；第二章，彭壁玉、陈梓睿；第三章，徐向龙、伍致杭；第四章，徐向龙、吴于蓝；第五章，徐向龙、陈邦宁；第六章，徐云叶；第七章，崔惠斌；第八章，熊冠星；第九章，熊冠星；第十章，彭壁玉、陈梓睿。全书由崔惠斌、熊冠星负责统稿，由彭壁玉定稿。

  本书编撰的工作量较大，感谢中共广东省委宣传部、华南师范大学，以及相关部门在资料搜集和编撰过程中给予的大力支持、帮助，感谢中山大学出版社工作人员的辛勤工作！

编者

2018 年 11 月 1 日